"十二五"国家重点图书

上海高校智库
上海财经大学公共政策与治理研究院

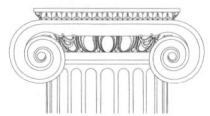

国家出版基金项目
NATIONAL PUBLICATION FOUNDATION

财政政治学译丛

刘守刚 魏陆 主编

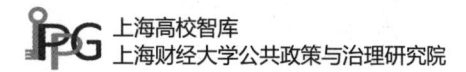

Tax Fairness and Folk Justice

税收公平与民间正义

史蒂文·M.谢福林（Steven M. Sheffrin） 著
杨海燕 译

上海财经大学出版社

图书在版编目(CIP)数据

税收公平与民间正义/史蒂文·M.谢福林(Steven M.Sheffrin)著,杨海燕译.—上海:上海财经大学出版社,2016.12
"十二五"国家重点图书
财政政治学译丛
书名原文:Tax Fairness and Folk Justice
ISBN 978-7-5642-2585-8/F·2585

Ⅰ.①税… Ⅱ.①史… ②杨… Ⅲ.①税收管理-研究 Ⅳ.①F810.423

中国版本图书馆 CIP 数据核字(2016)第 261434 号

□ 责任编辑　袁春玉
□ 封面设计　张克瑶

SHUISHOU GONGPING YU MINJIAN ZHENGYI
税 收 公 平 与 民 间 正 义

史蒂文·M.谢福林　　著
(Steven M. Sheffrin)
杨海燕　　译

上海财经大学出版社出版发行
(上海市武东路321号乙　邮编200434)
网　　址:http://www.sufep.com
电子邮箱:webmaster @ sufep.com
全国新华书店经销
上海叶大印务发展有限公司印刷装订
2016年12月第1版　2016年12月第1次印刷

710mm×1 000mm　1/16　15.75印张　241千字
印数:0 001—3 000　定价:46.00元

图字:09—2015—768号

Tax Fairness and Folk Justice（ISBN 978-0-521-14805-4）by Steven M. Sheffrin, first published by Cambridge University Press 2013.

All rights reserved.
This simplified Chinese edition for the People's Republic of China is published by arrangement with the Press Syndicate of the University of Cambridge, Cambridge, United Kingdom.
2016 © Cambridge University Press & Shanghai University of Finance and Economics Press.

This book is in copyright. No reproduction of any part may take place without the written permission of Cambridge University Press or Shanghai University of Finance and Economics Press.
This edition is for sale in the mainland of China only, excluding Hong Kong SAR, Macao SAR and Taiwan, and may not be bought for export therefrom.
此版本仅限中华人民共和国境内销售,不包括香港、澳门特别行政区及中国台湾。不得出口。

2016年中文版专有出版权属上海财经大学出版社
版权所有　翻版必究

总　序

成立于2013年9月的上海财经大学公共政策与治理研究院,是由上海市教委重点建设的十大高校智库之一。通过建立多学科融合、协同研究、机制创新的科研平台,围绕财政、税收、医疗、教育、土地、社会保障、行政管理等领域,组织专家开展政策咨询和决策研究,致力于以问题为导向,破解中国经济社会发展中的难题,服务政府决策和社会需求,为政府提供公共政策与治理咨询报告,向社会传播公共政策与治理知识,在中国经济改革与社会发展中发挥"咨政启民"的"思想库"作用。

作为公共政策与治理研究的智库,在开展政策咨询和决策研究的同时,我们也关注公共政策与治理领域基础理论的深化与学科的拓展研究。特别地,我们支持从政治视角研究作为国家治理基础和重要支柱的财政制度,鼓励对财政制度构建和现实运行背后体现出来的政治意义及历史智慧进行深度探索。这样一种研究,著名财政学家马斯格雷夫早在其经典教材《财政理论与实践》中就命名为"财政政治学"。但在当前的中国财政学界,遵循马斯格雷夫指出的这一路径,突破经济学视野而从政治学角度研究财政问题,还比较少见。由此既局限了财政学科自身的发展,又不能满足社会对运用财税工具实现公平正义的要求。因此,有必要在中国财政学界呼吁拓展研究的范围,努力构建财政政治学学科。

"财政政治学"虽然尚不是我国学术界的正式名称,但在国外的教学和研究中却有丰富的内容。要在中国构建财政政治学学科,在坚持以"我"为主研究中国问题的同时,应该大量翻译西方学者在该领域的内容,以便为国内财政学者从政治维度研究财政问题提供借鉴。呈现在大家面前的丛书,正是在上海财经大学公共政策与治理研究院资助下形成的"财政政治学译丛"。

"财政政治学译丛"中的文本,主要从美英学者著作中精心选择而来,大致分为理论基础、现实制度与历史经验等几方面。译丛第一辑推出10本译著,未来根据需要和可能,将陆续选择其他相关文本翻译出版。

推进财政政治学译丛出版是公共政策与治理研究院的一项重点工程,我们将以努力促进政策研究和深化理论基础为己任,提升和推进政策和理论研究水平,引领学科发展,服务国家治理。

胡怡建
2015 年 5 月 15 日

税收公平与民间正义

为什么美国民众要严格地限制遗产和赠与税？从表面上来看，似乎只有超级富豪从这一政策中获益，但通过实施劳动所得税收抵免这一当前唯一的也是规模最大的扶贫项目，美国国内低收入的工薪阶层获取的补贴数额也大大提高了。为什么人们如此痛恨财产税？虽然对这一税种的反抗运动看上去似乎只出现在经济波动时期。为什么纳税人中的一些群体比另外一些更愿意遵从纳税当局的要求，即使他们面对的是同样的执法制度？这些问题如此令人困惑，却又都与人们对于税收公平的感受密切相关。仅仅是因为民众对这些问题的看法前后不一致吗？从同理心出发，对以上这些民众的态度给予一个逻辑一致的解释，就必须要从心理学角度了解人们是如何理解公平以及如何将这种公平的概念应用到税收领域中去的。本书阐述的主旨是，对"民间正义"的严肃思考如何加深我们对这样两个问题的理解：税收体系实际是如何运作的以及可能对税收体系进行怎样的改革？

本书作者史蒂文·M. 谢福林（Steven M. Sheffrin）是图兰大学（Tulane University）的经济学教授，并任该校墨菲研究所（the Murphy Institute）常务所长。他独著或合著了多本著作，包括《财产税与税收反抗》（Property Taxes and Tax Revolts）（与 Arthur O'Sullivan 和 Terri A. Sexton 合著，剑桥大学出版社 2007 年版）、《理性预期》（Rational Expectations）（剑桥大学出版社 1996 年第二版）等。他的论文发表于很多著名的学术杂志上，包括《美国经济评论》（American Economic Review）、《经济学季刊》（Quarterly Journal of

Economics)、《经济展望杂志》(Journal of Economic Perspectives)、《经济学与统计学评论》(Review of Economics and Statistics)、《国家税收杂志》(National Tax Journal)、《国际经济学杂志》(Journal of International Economics)、《金融杂志》(Journal of Finance)、《货币经济学杂志》(Journal of Monetary Economics)、《国际经济评论》(International Economic Review)等。作者从麻省理工学院(MIT)获得了博士学位。

前　言

　　为什么美国民众要严格地限制遗产与赠与税？从表面上来看，似乎只有超级富豪从这一政策中获益，但通过实施劳动所得税收抵免这一当前唯一的也是规模最大的扶贫项目，美国国内低收入的工薪阶层获取的补贴数额也大大提高了。为什么在这样一个时代，当社会评论家们哀叹在美国乃至席卷全球的收入不公现象加剧时，普通个人却欣然接受体育明星和演艺人员获得天文数字般的高收入，并视之为常。为什么人们如此痛恨财产税，但似乎对这一税种的反抗和抵制只发生在经济变化时期？为什么有关财产税的一些改革成功了，但另外一些却失败了？为什么纳税人中的一些群体比另一些更愿意遵从税务当局的要求，即使他们面对的是同样的执法制度？为什么税务机关在税收执法的过程中会"越界"？还有，为什么一些人在逃税过程中稍有不慎就突然之间成为被社会鄙视的对象？

　　这些令人困惑的问题在有关税收公平的各个领域反复出现。许多人会认为，它们揭露了民众所具有的经济哲学的局限性，或指出民众在哲学上的前后不一致性。然而，对于以上以及类似的问题，还可以有一个更能引发共鸣并且具有一致标准的解释。关键在于，要能认识到并理解日常生活中人们对于公平的心理感受，以及如何将这些感受应用到税收领域中。普通的个人具有一系列范围更广的关于税收公平的心理原则，而这些原则同我们日常讨论中占主导地位的公正观点存在很多基本的、系统的区别。

　　从二十多年前至今，不管是在美国还是在其他国家，围绕着"税收公平"这一主题的政治论战依然胜负不明，甚至令人更加沮丧。公众对此问题的讨论，完全集中在通过税收法规来进行收入再分配方面。支持强化再分配的观点成为新闻媒体的兴趣和热点所在，但与此同时，事实上几乎没有涉及改变实际税

001

率或基本税制结构的真正的改革。更有甚者,很多对于收入再分配的建议和提案极其温和。一个具体的例子就是,有建议要求逐渐将所得税的最高边际税率恢复到20世纪90年代末的水平。尽管很少采取政治运动的方式,但有关再分配问题的一大难题和困扰是:政治制度进一步两极分化,在处理这些具有挑战性的问题上,为了达成妥协正面临很大的压力。

　　本书的主要论点是:税收公平是重要的,但并不完全等同于收入再分配。对普通人来说,税收公平还有其他意思,主要是其所得到的利益应该与其所纳税收相匹配,纳税人有权利从法律规定上和与税务机关打交道时得到基本的尊重和合理对待,他们在努力赚钱时也要遵纪守法。普通人对收入不平等并不是完全漠不关心,但如果人人都通过诚实致富,则对收入和财富的再分配诉求也会缓和一些。我们使用"民间正义"这一术语来简单指称社会上普通个人对于税收公平所持有的观点。

　　从很多哲学和经济学的学术成果来看,对税收公平的研究重点放在了收入再分配上,但在很多时候,这一关注并不能影响普通人的日常生活。约翰·罗尔斯(John Rawls)和詹姆斯·米尔利斯(James Mirrlees)的很多理论和著作都是以收入再分配为核心的,这些观点具有很大的影响力,已经渗透到我们社会的主流舆论制造者的思想中,成为他们有关税收公平的本能反应了。对应于"民间正义",我们将此学术观点称为"专家正义"。

　　本书的目的是希望复兴有关民间正义的理念,并将其关注重点和热点回归到公众的对话和讨论中。本书使用一些有充分依据的社会心理学原则,以此构建民间正义的理念。一些心理学原则,如程序正义、公平理论和修正的公正等概念,是心理学世界以外也广为人知的;但另一些原则,如道德使命(Moral Mandates)和制度正当化理论(System Justification Theory),了解的人就不那么多了。不管怎样,所有上述原则都会从某些方面影响到公众对于税收体系的直觉和感受。

　　在本书中,我们会从一些不同方面来使用民间正义的上述原则。首先,我们确定民间正义的原则,以阐明在各种各样的实际税收设定中,现有的政策和实践做法是什么样的。我们通过应用这些原则来实现这一目标,解释在财产税、所得税、遗产和赠与税以及纳税遵从等领域中出现的一些明显的困惑和难

前 言

题,其中一些问题我们会作为重点加以关注。大体上,我们会通过展示一系列形形色色的数据、观察和历史上的例子来说明民间正义的原则对于理解日常世界中具体的税收政策所具有的现实解释力。

其次,我们试图探讨民间正义与专家正义的区别和冲突。比如,如果专家理论所建议的政策与根深蒂固的来自民间正义的理念发生冲突时应该怎么办?在这样的假设情况下,政策如何实施?什么样的政策是合适的?

最后,我们也认为,在某些情况下,决定应该选择什么样的政策时,较之专家正义,民间正义的直觉结论可能提供更好的指导。在一些案例中,遵循民间正义的直觉可能会充实并改进我们对于政策的设想和可操作性。同样,民间正义也能对专家政策提供有用的意见和必要的修正。

这种跨学科的研究对象具有一系列不同的根源与影响,其观点主要来自经济学家、法学和税收政策专家、哲学家和社会心理学家等的研究。二十多年前,在准备参加一次相关学术会议并且要出版论文集时,乔尔·斯莱姆罗德(Joel Slemrod)鼓励我去研究税收公平的心理学根源。在此过程中,我发现这是一个非常值得钻研的领域,很多心理学家和行为经济学家的观点活跃而新颖,他们正在开创的研究对我具有很大的吸引力。与此同时,我也投入研究了财产税反抗活动和一般税收非遵从问题,这两个领域也被视为对税收体系"非公平"不满意的具体表现形式。琼·扬曼(Joan Youngman)和乔治·马丁内斯(Jorge Martinez)要求我就自己的经验,从公平文献和财产税反抗运动的角度来描述和介绍为什么公众对于财产税存在持续的不满意。后来,杰弗里·布伦南(Geoffrey Brennan)建议我可以将自己关于民间正义、公平和财产税的思考与见解扩展到税收的其他领域去,新加坡南洋理工大学的王启彦(Qiyan Ong)也专门为我介绍了行为经济学中比较新的相关研究领域。在这些各不相同的经历的影响下,我开始理解一些可能的因素,这些因素对普通个人和研究公平的理论学家的影响存在差异。

在拓展民间正义的心理学构成因素时,我得到来自两位社会心理学家的非常有价值的建议,他们是来自加州大学戴维斯分校的艾里森·莱基伍德(Alison Ledgerwood)和辛西娅·皮克特(Cynthia Pickett)。他们向我提供了社会心理学发展领域与我的民间正义观点直接相关的深刻洞见。我的同事们,来自图兰大学墨菲研究所的布鲁斯·布劳尔(Bruce Brower)、约翰·霍华德(John Howard)和乔恩·赖利(Jon Riley),也向我提供了关于这一研究的哲学设定的非常有用的反馈。我还曾将此研究的不同内容在图兰大学税收圆桌会议、国家税收协会的年会以及印第安纳大学毛雷尔(Maurer)法律学院的会议上加以研讨,感谢所有的参加者和讨论者的评论。他们以及所有其他我这里没有提到的学者们的真知灼见,都有助于丰富本书的内容和叙述。

还有很多优秀的很有天赋的学生协助我进行了相关研究,他们的一些有创造性的想法也使我受益匪浅。加州大学戴维斯分校的研究生泰尼·麦格奇安(Teny Maghakian)和艾莉拉·库卡(Elira Kuka)分别协助我进行了所得税和税收遵从方面的研究。图兰大学的本科生马特·特纳(Matt Turner)协助我研究了财产税论战和美国以外的发展情况,以及有关遗产和赠与税的调查方法及手段。

一位来自剑桥大学出版社的评论人对我的手稿提出了很多见解深刻的意见与建议,这些评论都已被整合到此书中,他还对有关心理学、哲学和经济学的一系列关键术语提出了新的想法,这有助于使未来此书适合的读者面更加广泛。最后,我特别想要感谢此书的编辑斯科特·帕里斯(Scott Parris),感谢他对此项目的支持和信心。

心理学、哲学和经济学术语词汇表

资本化(Capitalization)：在经济学中，认为资产（比如住房）的价格包含了当前和未来的税收的价值。

认知失调理论(Cognitive Dissonance Theory)：一种心理学理论，认为个人会希望减少他们的信念之间的差异，从而缓解焦虑。

结果主义(Consequentialism)：一种哲学理论，认为我们应当通过行为的实际后果来批判这些行为的道德价值。

道义论(Denotological Theories)：在哲学上，集中关注行为人的主观意图的道德理论，根据义务和权利而建立。

应得(Desert)：一种哲学理论，声称个人应该基于他们的行为得到特定的回报。这一理论有两种版本：前制度性的应得坚持个人应该根据其行为得到相应的回报，不管他们的行为发生在什么样的制度设定的细节框架内；制度性的应得坚持只有依据背景制度的特点，个人才有权利得到回报。

分配正义(Distributive Justice)：说明资源应该如何合理地在个人之间进行分配的理论。

公平理论(Equity Theory)：一种哲学理论，认为个人会更希望看到产出或回报与投入或努力密切相关。

超额负担（Excess Burden）：税收领域的概念，认为除了筹集收入以外，税收扭曲了经济行为，并降低了社会福利。

横向公平（Horizontal Equity）：税收领域的概念，认为境况相同或类似的个人应该缴纳相同或类似的税收，这才是公平的。

隐性税收（Implicit Taxation）：在经济学中，认为恰恰是因为资产具有的一些有价值的税收优惠，反而使资产的所有者们可能得到的回报减少。解释这一现象的一个很好的例子是免税债券的利率会低于作为对比的其他应税债券的利率。

不平等厌恶（Inequity Aversion）：一种经济学理论，认为个人对于不平等会产生厌恶。

财产的市场价格与评估价格（Market versus Assessed Value for Properties）：在税收领域，政府官员会宣布或评估一项财产的价值以对此征收财产税。按市场价格征税意味着估价是基于此项财产在市场中售卖的可能的价格。

对公平的修正观点（Modified Notion of Fairness）：来自实验的证据表明，个人会愿意牺牲自己的资源以提高公平，但他们愿意牺牲的程度会因为社会关于获得资源权利的认可和观点而发生调整。

道德使命（Moral Mandates）：一种心理学理论，声称个人会对一些可能不顾及其他考虑因素的特定的道德观念形成某种看似强大但也许非理性的忠诚态度。

最优所得税（Optimal Income Taxation）：一种经济学理论，探讨在考虑个人行为对税收的反应基础上，如何最大化社会福利。

考验机制（Ordeal Mechanism）：一些机构要求（希望获得政府补贴的）个人完成一些繁重的任务和要求，以使政府能够将其区分成不同的类型。

政治现实主义（Political Realism）：一种政治哲学，主要关注个人在具体的政治设定下会采取什么样的行为。

程序正义（Procedural Justice）：一种心理学理论，强调个人会非常重视决定最终结果的程序和过程。

反思均衡（Reflective Equilibrium）：一种哲学观点，认为关于正义的合理判断必须最终与对正义的日常判断一致。这样的结果会通过以上两种判断相互间协调一致的过程来实现。

修复式正义（Restorative Justice）：关于"错误"应该如何变为"正确"的理论。这种理论也被称为报应式正义。

基于收入的和基于税率的财产税体系（Revenue-versus Rate-based Property Tax Systems）：在基于收入的财产税体系中，税率设定要根据政府的税收目标来调整。在基于税率的财产税体系中，税率是固定的，根据实际评估价格的涨跌，税收收入也会波动。

显著性（Salience）：经济现象达到什么程度才能被经济行为人关注到。

社会交换理论（Social Exchange Theory）：一种社会学理论，认为个人之间的相互关系是一种金钱、权力、地位及类似因素的交易。

制度正当化理论（System Justification Theory）：一种心理学理论，强调个人是如何需要感觉到社会制度是正当的。

贴标签(Tagging)：使用一些可观察的特点，如身高或种族，以此确定个人应获得的社会福利或应缴纳的税收。

税收归宿(Tax Incidence)：在经济学中，回答谁实际承担了税收负担的问题。

税收道德(Tax Morale)：描述纳税意愿的特征的一系列态度设定。

功利主义(Utilitarianism)：一种道德理论，认为我们应该通过对个人的福利或效用的实际影响来评价行为的结果。

纵向公平(Vertical Equity)：税收领域的概念，认为应该对收入或财富更多的个人征收更高的税收。

发声(Voice)：在社会互动过程中，表达个人意见或观点的能力。

目 录

总序 ·· 1

前言 ·· 1

心理学、哲学及经济学术语词汇表 ··· 1

第一章　走进税收公平 ··· 1

第二章　民间正义的基础 ·· 27

第三章　公平问题与财产税 ··· 67

第四章　我们应该通过税收重新分配收入吗? ······································ 115

第五章　人们为什么纳税? ··· 159

第六章　应得、公平理论和税收 ··· 187

第七章　结束语与展望 ·· 211

参考文献 ·· 221

第一章　走进税收公平

美国和其他成熟的经济体都面临着持续性的财政问题。诸如人口老龄化、由于成本增加而对健康保障的需求增长、对教育机会平等化的承诺加总在一起,为实现这些目标所需要的财政资金明显超过了民众为此而愿意支付的税收。为所需的财政支出匹配所需的税收收入自然是一个困难的政治挑战,因为这迫使政治家们和民众必须决定他们真正想要的是什么,以及他们为此所愿意付出和牺牲的代价。谁都不会认为在一个复杂的体系中衡量比较以上决定的得与失、成本与收益是一件容易的事。但是,与税收"公平"相关的问题会使得处理上述挑战变得尤为棘手。税收公平涉及一系列各种各样的问题和事务:应该征收哪种税收?谁应该承担这些税收?应该如何征收管理税收?应该遵循怎样的程序来做出这些决策?

有时,人们以为可以通过一系列单独的工具和局限于财政领域论辩的一些概念来分析税收公平问题,但是现实情况大有不同。哲学家、经济学家、心理学家、律师和税收理论学者们都从各个不同的角度讨论过税收公平问题。从如此大量的文献中显现出来的结论是:税收公平需要被视为更广泛的有关公平、公正和正义的探讨的一个组成部分,它不应该被简单归并到仅仅是财政领域的问题。同时,很多来自公众的对税收公平有更强烈感情色彩的观点使得这一问题进一步复杂化。这些观点经常与税收理论学者们持有的意见大相径庭。哪一种观点应该更占上风呢?

有一个意象被蚀刻在西方文明的灵魂中,即苏格拉底徘徊在雅典的小径上,探寻他的同胞们如何追随真正意义上的"正义"及其相关概念。但必然的结果是，苏格拉底并不能从他不幸的同胞那里得到启迪，他们只能提供一个关于正义的不完整的定义或者思想，苏格拉底将证明其只是不完整的和不连贯的正义理论。虽然我们可能不同意柏拉图《理想国》中所描述的苏格拉底对正义的解释，但无论如何，我们会继续我们的信念，相信所流行的正义的概念和其他道德观念还尚未在民间普及，其内在联系也不明显。基于这一考虑，哲学家或者应用社会学家的任务之一即是发展关于正义的更复杂、深入的理论，并以此来教育启迪一般的民众。

尽管我们确实从先哲的智慧遗产中受益，但事实上，民众还是能从他们的日常生活的常规基础上得出复杂的道德判断和主要的决策思路，并提出了涉及面很广的关于什么是公平和什么是不公平的意见与观点。这些判断在人们的年龄还很小的时候就已经出现了。小孩子们很快就学会对他们的玩伴的"不公平"的行为表达愤怒，并经常以相互间的冲突而告终。很显然，普通民众在日常生活中持有一种民间正义的直觉，与此相对应的是社会理论学者们所持有的专家正义的概念。不过，在很多公开的表述中，这一民间正义的观点被认为是幼稚的，或逊色于专家们关于正义的观点，因而受到轻视。

这一关于民间正义的偏见深深地扎根于我们的社会话语和论述中。举个例子，当面对日益增长的收入和财富的不平等，在思考我们应该如何评估这不平等的增长的"问题"以及为此应该采用什么样的社会政策（比如税收政策）时，我们总是不自觉地回归到知识分子对此的观点上以寻求答案。

有时候，我们会探寻这些问题的公众意见，但很多政治学者和分析家在使用民意测验的数据时，会认为民众的观点是易受控制和影响的，如果以此作为决策的基础，难免不够严肃和精确。举例来说，在描述为什么美国公众支持乔治·W. 布什总统的减税法案时，政治学家拉里·巴特尔斯（Larry Bartels）认为这一法案实际上主要是富人因此而受益，他写道："这些人中的大多数支持减税并不是因为他们不在乎经济上的不平等，而是因为他们无法将相关的价值观整合到他们对政策的偏好上去。"[①]作为一个公共舆论分析家，美国企业研究所的卡尔林·鲍曼（Karlyn Bowman）也表达了类似的想法："民意调查可以提供有关公众思维的有益的见解，但如果要直接依此来制定政策，未免太不

---

① Bartels（2009）。Lupia 等（2007）反对 Bartels 关于减税的声明。

够明确和清晰。"②

由于缺乏对于民众观点的信任,社会理论家们,其中很多人是平等主义者的拥趸,只是略微顾及一点社会舆论而已。约翰·罗尔斯的《正义论》可能是20世纪晚期对专家有关社会正义的观点最有影响力的小册子,在此书中,他专门举例说明了这一现象。从罗尔斯的观点来看,反抗社会不平等是社会正义的核心内容,必须积极推行只对基本自由限制的政策,并无需过多考虑个人对于税收的行为反应。

在经济学文献中,专家意见也有其自己的视角。诺贝尔经济学奖得主詹姆斯·米尔利斯发展了一套最优税收理论。③ 米尔利斯从功利主义的观点出发,认为个人效用仅因为其获得收入的能力而不同,他基于此来最大化社会福利函数。然后,他又设计了一个有关所得税和再分配的量化模型,在此模型中,将政府方面的有限信息的影响和税收对经济的反激励作用也考虑在内。这一方法如此有效,以致整整一代经济学者在分析日益复杂的经济问题时,都把它作为分配正义的专家模型的出发点。这已经成为相当于罗尔斯理论的经济学家分析分配问题的理论工具了。除了基本自由的概念,经济学家们普遍认为,罗尔斯认为我们应该最大化最差的个人的福利水平的结论,即"最小者最大化"原则,就是一个在基本的米尔利斯框架下依靠社会福利函数的精确限定的可能结果。④

在比较这些有关正义的专家理论时,我们提供了一种替代的可能,即民间正义。什么是民间正义?从广义来看,这是各种不同观点的个人所持有的、在他们的日常生活中对正义的多维度的理解。对于理解公正的常规观点的一个线索是,在日常生活中,相对于纯粹的分配问题,或者说"谁得到了什么",个人往往对过程和程序问题更加关心。专家理论在考虑公正时则不可避免地聚焦在分配问题上。民间正义会关注分配,同样也包括对程序的考虑。⑤

当苏格拉底被视为是民间正义之敌时,亚里士多德也是其同盟。在其名

---

② Bowman(2009),第 106 页。
③ Mirrlees(1971)。
④ 经济学家对罗尔斯理论的这一演绎是简化的,忽略了富人的效用以及其观点的复杂程度。但是,这确实试图使得罗尔斯的"最小者最大化"原则更加言之成理。
⑤ 正如第二章将要讨论的,罗尔斯理论重视程序,但其总的目标和研究重心本质上还是分配。在 Robert Nozick(1974)的一项有影响力的研究中,也有一部分非常关注程序问题。

著《政治学》中,亚里士多德强调人实际上是生活在政治环境中,也就是说,环境超越了家庭。人之所以为人的特征是语言,正是这一点使人不同于蜜蜂和其他社会性动物。与蜜蜂不同,人类天生生活在政治环境中,他们使用语言这一天赋所寻求的不只是安全的生活(正如托马斯·霍布斯的名著《利维坦》所描述的),更是要保障这一**好的生活**。要保障这种生活,最重要的是基于政治背景,要能清楚地阐释与在论争中说明好和坏、对和错的概念。换句话说,人类是根据他们自己所信奉的民间正义的内涵来探索好的生活。正是对民间正义的追寻,使得人类成为天然的政治动物。

后来,在理解民间正义时,亚里士多德已不再是我们唯一必要的思想渊薮。时至今日,现代学术知识宝库中熠熠生辉的各类真知灼见让我们可以从更多的维度去思考民间正义。比如,从社会心理学、认知科学、道德哲学以及道德心理学这一新的研究领域中,我们可以体会到其关于民间正义研究的细微差异。我们先从其中某些领域的发展出发,对其作出简要的综述,并在下一章从细节方面再进行深入探讨。

一些社会心理学家将研究领域拓展到**程序正义**之上,这一概念是指在很多社会问题中,过程格外重要,甚至有时比结果更重要。一项最近的研究综述证明,这一研究跨越了不同的实证方法论、不同文化和不同的社会环境,其结果有很强的说服力。⑥ 程序正义有两个方面的研究尤为突出:一是**发声**(Voice),即表明自己的观点和讲故事的能力;二是对社会地位的尊重,或者说**尊重对待**(respectful treatment)。对法律过程的观察研究从开始到迅速发展,形成社会心理学主要的领域,改变了我们对于社会法律研究和组织行为学的理解,并且慢慢地将关注领域移至经济环境。⑦

社会心理学对民间正义所做出的贡献并不止于程序正义。传统上,心理学家还从其他两个维度看待正义这一常规概念,即**修复式正义**(restorative justice)(社会中的错误是怎样被纠正的)和**分配式正义**(distributive justice)(产品是如何分配的)。⑧ 修复式正义不仅与纯粹的法律环境有关,而且与财

---

⑥ MacCoun(2005)。

⑦ Dolan 等(2007)在健康保健的配给问题上考察了程序正义的构成。Ong、Riyanto 和 Sheffin(2012)构建了连通程序正义和博弈理论及最后通牒博弈之间的桥梁。

⑧ Wenzel(2002)。

政经济环境都脱不了干系,比如防止逃避税收的政策。⑨

分配式正义的涉及面很广,相关研究也很多,由此推进了一些特定理论的发展。例如,一个很重要的关于正义的理论是我们都知道的**平等理论**(equity theory)。这种方法假定对平等的判断经常是基于一方面努力和支出以及另一方面结果和回报这两者的关系之上的。⑩ 这一理念在评估由市场导致的经济不平等以及纳税人感受到的缴纳的税收和获得的收益之间的关系时很有价值。

心理学家和经济学家们详细地研究了**公平**的基本规范如何影响商品和服务的配置,甚至会导致看似利他的行为。现在有很丰富的实验性文献证明了这些发现。其他研究者们也证明了个人经常持有的强道德立场——**道德使命**——是如何主导他们的社会交往并超越经济动机的。心理学家们也提到对公平的个人评价和社会环境之间的关系很复杂,并不总是特别理性的。一项新的研究领域——**制度正当化理论**——描绘了个人如何调整其关于公平的理念以与现状相适应,即一般所说的社会认知不协调理论。⑪

社会心理学并非是为阐明民间正义提供原始材料的唯一来源。在心理学和哲学研究的核心领域中,有一些新的令人惊喜的进展构成了个人道德评判的基石。从哲学上来说,这些观点与对专家的公平概念的简单服从背道而驰。举一个例子,我们来思考道德意识和做出道德评价的能力的发展在进化心理学中所起到的核心作用。现在有越来越多的心理学家相信,人们具有获得道德评判的与生俱来的能力,就如同诺姆·乔姆斯基(Noam Chomsky)理论所说的先天的语言习得技能。正如斯蒂芬·平克(Stephen Pinker)再三强调的,即使不同社会的具体的道德评价各自不同,人类学家也发现,实际上所有的文明在其道德类别中最核心的一小部分也是大同小异的。这包括防止伤害、公平、拥护集体、尊重权威和一些关于纯粹性的理念。⑫ 这些类别构成了人类道德品行最基本的"语法规则",特定的社会实体也要遵循这些规则行事。

进化论的观点可以解释人类为什么发展出这些道德特征。比如,公平就

---

⑨ 参见 Braithwaite(1989)。
⑩ 参见 Walster 和 Walster(1978)以及 King 和 Sheffrin(2002)的综述。
⑪ 参见 Blasi 和 Jost(2006)。
⑫ Pinker(2008)。

可以被看作是为保证必要的合作而使群体的社会关系更有效率的一个必要的伴生结果。博弈理论学家发展了一个直观的模型，用以阐释在一个充满敌意的世界中，公平的特征如何作为一种生存机制在人类社会中延续和拓展。从进化的观点来看，即使一些特别的道德特征也能得到解释。约书亚·格林纳（Joshua Greene）兼具神经科学家和哲学家双重身份，他依据伦理推理强调，当伤害是由一种看得见的行为所引发，且与个人相关而非遥不可及时，那么人们的道德反应会更加强烈得多。[13] 他认为，引发道德特征的进化环境是我们作为狩猎者—采集者的祖先们紧密联系的世界，在这样的世界中，各种行动——比如一个野生动物的攻击——会造成即时的和看得见的后果。因此，人们对于那些虽然可能引发同样严重的后果但较为遥远的行动——比如广为扩散的核武器——的反应则没有那么敏感。

现代认知神经科学将人类的思想看作很多控制模块，这些模块在一定程度上可以自发运行，并在大脑中更高的层次上相互结合。例如，有主管视觉、触觉、语言和人类行动总体的各类模块。这些模块依据经验规则和捷径迅速并有效地将信息传达给大脑。我们感知上的误解和错觉经常是这些认知捷径所导致的。举个例子，如果我们的大脑以目标的清晰程度作为判断距离的标准，那么，当环境不太清楚时，我们判断距离就可能失误。道德判断也构成了这些模块之一；就像大脑中的其他模块一样，我们基于此模块所察觉的某些显著的特点，出于直觉迅速地做出道德判断。

心理学家们早就指出，我们做出行动的理由经常与我们的行动不一致。在道德层面，实验结果显示，我们同时采取行动和做出判断，而稍后才想到理由。出于进化的原因，我们需要很快地做出评估和判断——在日常生活中，我们的时间很宝贵，可没有奢侈到像哲学家一样思考、思考、再行动。[14]

道德心理学相对较新的领域的研究显示，道德判断在人类互动的所有方面都极为重要。哲学家约书亚·诺布（Joshua Knobe）的工作就是这方面成就

---

[13] Greene(2003)。
[14] Knobe 和 Leiter(2007)指出，在实践中，人类的伦理行为更符合亚里士多德和尼采所描绘的图景，而非康德或穆勒的著作所述。前两者认为天性和本能决定了道德判断，而后两者的重点在道德推理和道德原则上。

的很好的例子。⑮ 通过一系列的实验,他发现我们的道德判断是如何粉饰我们对行为的评估的。思考一个问题:一个给定的行动是否是故意的?我们认为这一判断不应该基于道德基础,而是要看现实情形的客观事实。无论如何,诺布的实验揭示的事实是,不管我们将行动描述为故意还是非故意,要依据他们所感知到的道德情境来做出。设想这样一个情境:一家公司的老总说,他要生产一种有利可图的新产品,即使可能给环境带来危害。如果他真的生产这一产品,被问到的很多了解实情的人会认为这个老总是故意危害环境。但是,如果这个老总说产品的生产在获利的同时会有利于环境,同样的实验对象却会认为这种"有利"并非有意而为之。因此,事实上,同样的行动在会产生有害的结果时会被描述为有意的,而在带来正面的后果时反而被认为不是有意的。⑯

诺布所组织的另外一个实验所揭示的结论是,即使是关于因果关系的判断,都会受到道德因素的影响。设想这样一个场景,前台人员被允许从文具柜中拿笔,而教授们则不被允许。某一天,钢笔非常紧缺。是谁导致了这样的短缺?几乎所有的实验对象都认为是教授干的,尽管那天早上前台人员和教授的行动完全一样。这些实验和其他相关实验的结果显示,道德评判位于我们同其他人的感知和互动的非常基础的位置。实际上,"道德模块"显然并不能独立于其他模块,而是与我们其他的感知模块直接相互影响,对行动评测、动机判断和因果归责等发挥作用。

心理学和相关领域大量的研究充分说明,民间正义并不是一种意外出现在人类身上的特征,而是深深扎根于人这一物种的天性中的。我们在下一章会从总体上详细考察这一范围,并总结出关于民间正义关键概念的完整清单。但一个重要的问题也随之而来:应该怎样看待民间正义的核心概念与专家正义的观念之间的关系?

我们可以使用不同的研究方法来确定民间正义和专家正义之间的关联。路径之一是"归化"(naturaliged)伦理,即在很大程度上把伦理和正义的出现归入人类的进化过程。神经科学家威廉·凯斯比尔(William Casebeer)即倡

---

⑮ Knobe(2005b,2005c)。
⑯ 如果我们假设这个企业老总的目的仅仅是追求利润的最大化,那么对环境不管是有害还是有利,其行动都会被认为是有意的。

导这种方法。[17] 基于神经科学的最新进展,他认为亚里士多德所设想的伦理类型比其他哲学方法更加"符合"现代研究的发现。因为伦理既然是人类天性的一部分,任何伦理体系都必须遵从其底层的哲学和进化论之根。因此,这可以用"归化的"伦理这一术语来表达。不能反映我们潜在天性的伦理体系——比如基于很长的推理链条的康德学派——无法用正义来分析人类的情况,并在涉及伦理的情况时可能会产生误导性的观点。设想这样一种伦理体系,其不能真实地反映人类到底如何行动或者如何考虑行动的。这样的理论轻易地忽视了预期的接受者,几乎没有什么社会含义。

任何教过基础哲学的人都会看出这里存在潜在的困难。伦理学是典型地考虑我们"应该"如何去做,而同时神经科学和认知心理学则帮助理解我们实际是如何做的。正如大卫·休谟曾经警告过我们的,从实际行为的"是"很容易滑向伦理行为的"应该是"。从现实来看,"是"与"应该是"之间的界限远比我们想的更模糊,在构建社会理论时,基于这一区别并不是最好的方法。然而,除了可能的复杂性之外,如果要把现在社会所盛行的将道德地位视为理想化的行为而奉若神明,则还是存在明显的困难。现实世界人吃人的情况可以说是一个极端的案例,但这野蛮的事实恰恰阐明了这一点。更一般的情况,根据约书亚·格林纳的观察发现,从前狩猎者—采集者的社会里个人和亲密关系中所形成的道德结构类型,并不能适用于全球紧密联系的现代化的世界。民间道德和民间正义并不能完全取代专家正义的观点。[18]

第二种研究路径是我们所要强调的、运用更广泛的对正义的哲学讨论,赋予民间正义的理念以更多思想的空间。这种观点尊重"是"和"应该是"之间的差异,使用民间正义的理念来帮助阐释"应该是"的内涵,认为其具体体现在实际的社会情形和可能性之中。

与这种广义的研究方法相一致,有三种相关的具有说服力的考虑因素,在我们的社会协商过程中,这些因素需要民间正义发挥重要的作用。我把第一个考虑因素命名为共鸣。除非一种伦理学或社会学理论与民间观念足够接近,并同个人的日常生活形成共鸣,否则,这一理论或基于此理论所构建的制

---

[17] Casebeer(2003)。
[18] 也可参见 Cohen(2005)。

度并不容易成为社会实践的一部分。任何不能与民间观念形成共鸣的伦理学或社会学理论,作为社会变迁的一种载体,最终注定会面临失败的结局。因此,理解正义的民间观点,对构建有效的社会结构来说极为重要。在一次有关个人对自己的子女与他人的子女的深层偏爱的面谈讨论中,约书亚·格林纳这样评论道:"我并不心存幻想,认为自己就可以克服这一偏见。因为其他人都有这一偏见,所以要想迫使他们克服,后果反而会很严重。因此,从**政策的角度**来说,如果试图要求人们完全平等地关爱所有的孩子,会显得很荒唐可笑。"[19]如果我们同意格林纳的判断,那么,这一道德事实会影响到很多社会政策,比如教育政策的制定。

另外一个有关共鸣的例子来自于财产税领域。尽管很多西方税收专家费尽心力,但在很多发展中国家推广基于市场价值的财产税制度,这些努力依然见效甚微。那些专家们不能理解而以下我们将要阐述的理由是:西方国家的财产税制度与那些发展中国家关于公平的理念没有形成共鸣。

第二个因素,也是关联更密切的考虑因素,即对于制度的论证。现有的社会制度在一定程度上体现了信仰、社会认知、个人实践,建立在民间正义的观念之上。对这些制度有效的改革——与乌托邦式革命梦想相反——需要基于对现有的社会实践和规范的小心谨慎的理解,从而制定有效的社会政策。在财产税的舞台上,美国绝大多数的州再一次对财产税的范围设置了强有力的限制。理解这些限制的理由,对于思考对这一制度可能的改革至关重要。

支持民间正义的重要作用的第三个考虑因素,是从进化论的角度和专家知识的观点中得到启发。人类在执行特定的行动上具有无与伦比的能力,即使与我们现在运转速度最快的电脑相比也毫不逊色。我们不需要使用多少有意识的思考,就可以瞬间认出面容和分辨性别。社会进化同样也赋予了我们众多其他重要的能力,比如辨别真诚的和不真诚的话语、看破江湖骗子的伎俩、发掘社会上真正具有奉献精神的领导人,哪怕有时候这些判断并不是绝对准确的。这些社会技能和偏好会使个人对某些偏离社会规范的行为格外敏感。人的身体里已经有内置的"雷达"来探测这些偏离。大众的态度和意见可能会通过一种方式影响到专家知识或隐性知识,而这种方式不容易通过我们

---

[19] 引自 Sommers(2009),第 141 页。

的哲学理想主义以及经济学或计算机模型来获得。

　　密切关注民间正义的态度和观点会帮助我们在了解专家知识的来源时又打开一扇新的窗口。举个例子,我们远古作为狩猎者—采集者的祖先要生存,必须依赖于群体合作,其中每个个人都要发挥重要的作用。正是因为这些原因,人们必须对在社会交往中其他人是否付出公平的贡献高度敏感。这些态度也会蔓延到对于公平税收和收入再分配的思考上。

　　以上三种考虑因素的每一条——共鸣、制度和专家系统——说明民间正义的观念和个人心理学可以对社会情形做出合理解释。我们的研究能更进一步吗？我们能否通过民间正义观点的表面价值增加对我们社会制度的严肃了解,然后探究其在具体的制度化环境下的含义和影响？这正是本书写作的目的,我们将运用这一方法,分析有很多社会争议的非常具体的税收政策问题。

　　研究税收政策是进行这种类型的探索的一个理想的选择。它突出了专家领域的特征,在税收法律、税收管理、税收经济学以及税收政策的混合学科中多重专业观点重叠在一起,其目的是为了融合法律的、管理的和经济学的视角于一体。所有这些领域都有很高的专业知识的进入门槛,经常被视为难度很大和晦涩难懂——正是那种被认为只有专家才能解决问题的学科。

　　在实践中,税收政策因为太过重要而不能只考虑专家意见。税收政策通过种种途径影响到普通人的生活,而他们对税收和税收政策的意见表达又常常混乱而繁杂。部分程度上代表了其支持者和个人背景的政治家们,也对众多范围的税收的公平性和适当性持有强烈坚定的信念。这样的结果就是,在很大程度上,个人和政治家们对于税收政策的观点也被考虑在内,这一领域就不仅仅只是专家们要研究的问题。

　　此外,税收政策领域的另一特点是,在很多重要的问题上,大众意见和民间正义与原有的精英思想之间似乎存在很深的鸿沟。埃里希·科奇勒(Erich Kirchler)在最近出版的《税收行为的经济心理学》(The Economic Psychology of Tax Behavior)一书中,对有关税收感受、态度和行为的心理学探析做了研究综述,为研究民间正义的概念提供了相当多的一手材料。[20]

---

　　[20] Kirchler(2007)。我们重点强调的民间正义的核心概念包括一些 Kirchler 广泛讨论的概念以及他的书中没有包括的其他内容。

第一章 走进税收公平

在税收领域,至少有三个非常重要的实质性领域,而在这些领域中,民间和专家对于税收存在很深的观点分歧。这三个领域就是:财产税、对于收入再分配的态度以及对于税收规则和法律的遵从。

让我们依次考虑这些领域,并简要预览一下后面章节中我们将要处理的一些复杂问题。首先,考虑财产税的情形。

关于财产税,有两个无可争议的事实。第一个事实是,财产税是经济学专家们最推崇的为地方政府筹资的工具。以下是专家们提出的关键理由:

● 在这样的时代,纳税人的流动性和税收当局的征税范围日益扩大,财产税的税基相对固定,特别是一种税基——土地——完全不能流动。因此,亨利·乔治引用了大卫·李嘉图的观点,宣称要征收"单一税",并推动由拉丁美洲税收理论学家们所提出的"价值捕获"理论。[21]

● 在这样的时代,移民数量特别是多样化程度日益增加,财产税可以作为一种民众选择地方公共服务的规模、范围和质量工具的有效的地方税种。查尔斯·蒂伯特(Charles Tiebout)、布鲁斯·汉密尔顿(Bruce Hamilton)等人都阐述过,在一定的条件下,财产税是如何连同地方区划方式来实现税收的有效分散化受益体系,同时对经济的扭曲程度最小。[22]

● 在这样的时代,不平等日益增加,财产税可以被视为是一种累进税。根据财产税"新论",不同地区的平均有效税率可以视为对资本的征税。对此,平均税率的偏离更类似于消费税。至少,绝大多数经济学家认为,作为对资本征税的平均税率的构成功能比对工资征税或者更具有地方性特点的销售税的累进性程度更高。

● 在这样的时代,政治上动荡不宁,对政府透明度的呼吁层出不穷,而财产税的负担并不是恶意的《利维坦》里所设计的那种"隐蔽的税收",每一年或两年,纳税人在支付税单时就会面对为获得政府服务而付出的代价。另外,与所得税和销售税不同,财产税的记录对于大众都是公开易得的。

● 经济学家们在一定程度上对财产税有所保留,他们倾向于更多地关注对财产税的征管或者法律限制。对大多数经济学家而言,最理想的税基是财

---

[21] 了解拉丁美洲学者的观点,请见 Smolka 和 Furtado(2001)。
[22] 了解相关讨论和参考,请见 Oate(1999)。

产当前的市场价值。如果发生偏离,会有很多原因,包括重新评估不经常发生、评估员没有经过很好培训,还有最重要的,被立法者或全民公投的税率限制割断了市场价与评估价之间的关联。

第二个事实是纳税的民众痛恨财产税。持续的问卷调查显示了公众对财产税的认同度很低。例如,美国税收基金会《2006年美国对税收和财富态度年度调查》发现,39%的调查对象将财产税形容为州和地方税中"最坏的税收,即最不公平的税收",相对应地,州所得税被选择的比例为20%、销售税为18%、州企业所得税为7%。[23] 只有在2007年,当汽油价格开始上涨时,民众才发现另一种税——汽油税——他们对其厌恶的程度比对财产税更甚。[24]

纳税人将他们对财产税的厌恶付诸行动。美国的税收对话与纳税人限制财产税范围的行动名称产生了共鸣——加州第13号法案和马萨诸塞州2½提案就是其中最著名的案例。纳税人设计了种种对于财产税的创新限制——根据2006年的一项调查显示,美国大陆的48个州中只有5个州没有对财产税有任何限制。[25] 很多对财产税的著名的限制措施——例如,加利福尼亚州和佛罗里达州对财产价值评估增长的限制——明确打破了市场价与评估价之间的关联;有投票权的民众显然并不像经济学家们那样对基于市场价值的财产税那么钟爱。对于财产税的限制并不仅仅是一种战后的现象;美国20世纪30年代开征的州销售税和所得税,也经历了与导致削减财产税同样力量的冲击。[26]

第二个民间态度与专家意见相违的舞台是再分配领域,这在传统上是专家理论的地盘。相对于很多现代财政学内容而言,通过税收实现再分配的偏好更处于研究的核心。主流经济学模型力图达到税收和支出的公平与效率间的平衡,而这一公平在一定程度上是通过税收结构来实现的。从最简单的层面上来看,政治家和政策制定者们一直在热辩一种税是累进的还是累退的,以尽可能获得选民的支持。从最复杂的层面上来看,沿袭米尔利斯传统的财政经济学家们使用根据个人效用加总的社会福利函数来决定最优税收结构,从

---

[23] 这些以及相关数据可见于税收基金会(2006)。
[24] 在2007年的调查中,在所有不受欢迎的税收中遗产税高居榜首。参见税收基金会(2007)。
[25] 参见 Anderson(2007)。
[26] 要了解对加利福尼亚州这一现象的讨论,可以参见 Hartley、Sheffrin 和 Vasche(1996)。

而在公平和效率之间进行明确的权衡取舍。

尽管经济学家们很熟悉"福利主义"的定位,这意味着只有给个人效用赋予适当的权重才是重要的,但他们在应该给出专业意见的首选社会福利函数或者再分配的意愿程度选择上却缄口不言。因此,分析家们根据关于不平等的社会偏好程度,提出了一个"最优税收"结构的范围。典型的模拟分析显示,这样的结果对严格的社会福利函数很敏感。举例来看,乔纳森·格鲁伯(Jonathan Gruber)和伊曼纽尔·赛斯(Emmanuel Saez)(2000)发现所得税的最高边际税率基于分配偏好大幅改变。㉗ 布鲁尔、赛斯和谢波德(Brewer、Saez 和 Shepard)(2008)据此考察了当前英国的税收结构。㉘

正如路易斯·卡普洛(Louis Kaplow)(2008)提醒我们的,我们用来评价个人福利水平的标准的效用函数,隐含着对再分配的格外的偏好。㉙ 如同卡普洛在这个例子中所做的那样,试想一个社会福利函数(SWF),给每个个人赋予相同的权重。假设每个个人拥有一个消费的自然对数形式的效用函数,或 $\ln(c_i)$。在这个案例中,边际效用是 $1/c_i$,因而收入为 1 万美元的个人 A 的边际效用是收入为 10 万美元的 B 的 10 倍。如果将 10 美元从 B 转给 A,用社会福利衡量的结果会更好,哪怕再分配的"漏桶"效应会溢出 8.99 美元。常用的其他效用函数意味着可能对再分配更强的偏好。正如卡普洛的评论:"功利主义的社会福利函数所能容忍的超额损失的程度是极高的。"㉚

这种对再分配隐含的钟爱显然与大众的观点并不匹配,至少美国的情况是这样。在第四章中,我们会仔细地从细节上考察已有的关于再分配的大众观点和计量证据。对此证据的仔细审视显示,大众对于再分配并没有那么热衷。但是,就目前而言,从持续的民间投票来看,有以下三个棘手的事实,给专家对于收入再分配的再分配视角造成了困难。

● 民众极端厌恶遗产和赠与税。在最近的一次调查中,2/3 的受访者赞同"完全取消遗产税这样一种对逝者留下的财产所征的税收。"同时,只有2/10

㉗ Gruber 和 Saez(2000)。
㉘ Brewer、Saez 和 Shepard(2008)。
㉙ Kaplow(2008)。
㉚ Kaplow(2008),第 3 页。

的人反对这一陈述。㉛尽管一个显而易见的事实是：只有非常小的比例的美国人的遗产达到遗产税的起征点。根据税收政策中心的数据，每400个死亡案例中，只有1个要缴纳遗产税；而且2009年全年实际缴纳遗产税的只有6 100例。然而，尽管有来自很多鼎鼎大名的超级富豪们的支持，比如沃伦·巴菲特和比尔·盖茨的老爸威廉·H.盖茨，遗产税还是受到了深深的鄙视。很多知识分子对这一事实很失望，他们将此归结于可能是游说者的影响，或者因为大众理解力的欠缺。㉜

● 传统上，基于对我们是否应该将富人的钱再分配给穷人的回答，美国大众分成了两派意见。根据2008年的一次调查，当被问及"我们的政府是否应该或是否不应该通过对富人征重税来再分配财富"时，50%的调查对象持反对意见，而46%的人支持。令人惊讶的是，在1939年，美国大萧条的末期，《财富》杂志的民意调查显示，只有35%的民众支持再分配，而有54%的人反对。㉝民众对于这些问题的意见很大程度上受到问题是如何设计和表述的影响。一般而言，大多数人确实认为富人多多少少应该缴纳更多的税，但通常这一赞成的比例也只介于50%~60%。

● 民意调查机构发现，美国大众希望对家庭需要支付的所有税收——无论是来自联邦的、州的还是地方的——占其收入的百分比的上限规定一个持续一致的上限。从调查来看，这一部分的比例从没超过25%。美国洛普中心〔译者注：洛普中心，全名美国洛普民意研究中心（The Roper Center for Public Opinion Research），是美国最大和最有影响的民意调查和数据研究机构〕主任、政治学家埃弗里特·拉德（Everett Ladd）评论说："这一共识是美国国内民意调查史上仅有的最特别的发现。""不同党派和阶级对于'理想的'公平税收的理念并无显著的差异。"㉞

除此民意调查的数据以外，还有关于民众意见的另一体现——这次包括大多数政治家——这与标准的经济学思维有所分歧。基本的经济学理论认

㉛ Bowman(2009)。
㉜ Graetz和Shapiro(2005)、Slemrod(2006)。
㉝ Bowman(2009)。
㉞ Wildavsky(1996)。

为，比起各种形式的收入补贴，比如食品券或者房屋补贴住宅券，穷人更希望得到现金津贴。钞票到手以后，家庭可以自行决定他们最希望的消费组合，这可能意味着更好的居住条件、更多的食品消费，甚至带孩子们多去几趟迪士尼乐园玩。政治家们和政策制定者们显然不赞同这一前提。政治家们坚持以食品券来代替现金，以及对贫困家庭提供公共住房或住房券，而不是给予他们同等金额的可支配收入。对此一般规则的一个重要例外是劳动所得税收抵免，但民众可以接受劳动所得税收抵免，因为这与劳动力参与是联系在一起的。为了获得补贴而工作正好符合了民间正义的一个重要组成内容：公平理论。

对这种实物转移的一种简单解释，可能是出于政治上的互投赞成票交易。举例来说，从农业州来的参议员支持食品券计划，因为这可以增加他们州的农产品的需求；城市的政治家们则对资助穷人的任何计划都给予认可。另外，关于住房问题，最近发生的金融危机使我们意识到，总有一大群游说者潜伏在议会附近，推动着全国的新住宅建设。

不管怎样，反对给穷人纯现金转移的观点似乎在大众的意识中更为根深蒂固。克林顿总统推进的福利改革令民主党中的很多人特别失望。此项福利改革背后的核心理念是，坚持要求所有身体健康的福利领取者必须工作，即使对象是带孩子的年轻妈妈也不例外。坦率地说，很多这类工作并非职业道路发展的起点，可能只是一些"象征性的工作"，但是美国民众强烈赞同的一个要求是：所有的而非只是一小部分的社会资助的领取者们必须工作。阻碍实现这一美好愿望的一个因素则是穷人开始工作以后面临的非常高的"总的边际税率"。他们不仅必须要放弃工资补贴——比如劳动所得税收抵免，而且也很可能失去一些很重要的福利——比如通过医疗补助计划的健康保健补贴，更不用提额外的儿童保健支出了。很多社会评论者为这样的明显惩罚性的工作负激励措施感到惋惜，但赞扬其鼓励工作本身的意图。

克林顿总统和美国大众的美好愿景是：穷人尽可能地工作，而沿袭米尔利斯传统的最优税收理论文献对此却并不抱幻想。最优税收理论应用于具体的和现实性的设定——比如麦克·布鲁尔、伊曼纽尔·赛斯和安德鲁·谢波德（Mike Brewer、Emmanuel Saez 和 Andrew Sheppard）对英国所做的研究——

的一个典型的结果是,实际上,很大比例处于工作年龄的人口并未工作。[35] 此外,对这些更低收入水平的人来说,如果为取得福利而工作,他们实际获得的社会福利逐渐减少,边际税率则显得更高,这会妨碍他们做出工作的选择。正如我们在第四章中将要讨论的,对于低所得税级次上的高边际税率这样一种再分配收入的方式,不会影响高所得税级次的个人的劳动积极性。

揭示再分配领域专家与大众观点的区别的基本原理是本书第四章的任务。但正如我们已提到的,其中一个线索可能存在于演化行为中。群体中的社会生存需要群体成员的合作、付出努力和参与。在一些关键设定中,推卸责任的群体成员会对生存的前景造成负面影响。因此,对全员参与可能有一种社会偏见。对这些观念很敏感的一套派生规则可能成为人们对于所希望的再分配的共同感觉的基础。

传统的专家,尤其是经济学家们,与大众意见和态度有所区别的第三个舞台是在纳税遵从这个领域。人们为什么要缴税?

关于纳税遵从的传统的经济学理论是基于威慑。在迈克尔·阿林厄姆和阿格纳尔·桑德莫(Michael Allingham 和 Agnar Sandmo)的经典著作中,逃避税收的决定本质上是一个赌注。一个纳税人决定是否要纳税或者将收入的多少不上报给税务当局,要权衡冒此风险的成本和收益。逃税的好处是,如果不被发现的话,个人可以将原来应该交给政府的钱用于额外的支出,以增加效用;坏处则是如果被查到的话,必须要赔付额外的罚款。将这一决策置于经济学的语境下,就成为基于惩罚、被发现的概率、对待风险的态度的结构的预期效用计算。正因为此,大量文献都试图基于经济学理论的指导来运用这一模型的框架和基础。

不过,这种方法也有两个基本的缺点。第一,与经验研究不符的是,美国对于相对富裕群体的非工资收入的审计概率非常低,以致根据基本模型预测出来的税收不遵从远远高于我们从实际生活中观察到的情况。[36] 还有一个显而易见的事实是,很多个人依法纳税仅仅是因为他们相信这样做是一件道德的事。[37] 自然地,也许可以不管社会性质,通过增加额外的考虑因素来改进遵

---

[35] Brewer、Saez 和 Sheppard(2008)。
[36] Slemrod 和 Skinner(1985)。
[37] Sheffrin 和 Wilson(1985)。

从模型的基础,比如同伴压力或者社会污名,但是基本的威慑框架仍然是核心的经济模型。[38]

在一些设定中,威慑可能是决定性的因素。新加坡用普遍的登记卡对其人口做标记,实施严格的工作许可,对机动车购买和登记的限制也很紧。在这样的环境下,对于税收不遵从、汽车的买卖运营、药品使用的严格和分等级的惩罚措施看起来确实很有效。但是,大多数其他社会并没有这样有说服力的社会控制以使威慑生效。即使是新加坡政府,也在建设社会凝聚力的项目方面投资巨大。

发生在西澳大利亚州卡尔古利的澳大利亚金矿矿工的故事,说明了对纳税遵从的威慑模型的另一个限制。[39] 20世纪90年代,当卡尔古利发现金矿时,财产不多的矿工家庭一跃而成为新富阶层。随着他们社会地位的变化,也出现了新的问题和挑战,特别是他们所感受到的所需缴纳的税收更高了。从80年代末期到90年代中期,澳大利亚金融企业开始团结起来,大规模购买一些符合他们所知道的澳大利亚避税"方案"。他们把很多系列的产品投资的特征分类——从人工造林到皮肤护理治疗——但是这些投资的共同特征都是具有大量的税收优惠,扣除对杠杆投资极高的投资以及高额的折旧。这些方案与美国1986年《税收改革法案》之前十分类似,后者是对利率扣除设限,制定"消极亏损规则"以遏制中产阶级避税项目的过度扩散。1998年,澳大利亚税务局宣布,之前进行的这些投资只是为了获得税收利益,因而是不合法的,随之而来的是,他们开始征收罚款和罚息。这一举措导致超过42 000个纳税人罢税的抗议和威胁,影响范围远远超出了卡尔古利一地,并造成澳大利亚所得税体系的严重危机。

就这个案例来看,到底是哪里出错了?卡尔古利的矿工可以给我们一些线索。事件之后,研究者对大约有600名参与上述方案的矿工进行了深度访谈。矿工们在投资之前,通常都寻求了税收机构的第三方意见,他们大多数都认为这些是有配套税收政策的合法投资,因而当被澳大利亚税务局宣布为非法投资时,他们非常震惊。同时,澳大利亚税务局还要求他们在一个非常短的

---

[38] Frank Cowell(1990)。
[39] K. Murphy(2003)。

时间里要补缴原来的税款,还要再加上罚款和罚息。当矿工们要求对欠税的总金额给出更多的信息说明时,他们被告知大部分支付是要回溯到从他们最早的投资获利时开始计算并累积利息。

特别激怒矿工们和其他抗议者的,是澳大利亚税务局处理这一事件的方法。从抗议者的角度来看,在用行政性手段宣布投资不合法之前,澳大利亚税务局必须了解这些避税方案已经正常运作很多年了。然后税务局坚持要立即缴纳——包括从"反映"时期开始的利息——并附上说明,如果在一个很短的通知期间内没有缴付,还会有额外的处罚。此外,澳大利亚税务局在圣诞节期间发出的信件,对于非专家而言是很难看懂的。很多矿工接到的信中指责他们是骗税者,这更进一步激起了他们的怒火。

四年之后,澳大利亚税务局与纳税人达成了一项妥协。对于这些也是积极的大规模营销和糟糕的税务建议的受害者,税务局免除了他们的罚款和罚息,并且允许他们原来的债务也可以在两年的时间里偿付而不计利息。这一举措平息了事件,使澳大利亚税务局的这段插曲得以过去。回顾一下,澳大利亚税务局的过于强硬的决定和错误时机的选择是引发纳税人骚动和抗议的主要原因。实际上,纳税人也愿意认同这一原则,即不是所有有丰厚的税收利益的投资都是被允许的,但是他们被如此粗鲁地对待,导致了一场针对税务当局的严重的法律危机。这场危机是社会互动的失败,而传统的威慑模型对此也几乎完全无能为力。

我们所列举的这三个例子——对财产税的厌恶、对再分配的矛盾心理以及社会和个人语境下的纳税遵从——结果都指向了同一个方向。正如我们之前所讨论的,相比于纯粹的税收分配,居民和纳税人更加关心征税的程序和过程——无论他们能否在征税和支出的决策中发声,无论他们的支付能否获得适当的收益,无论他们所缴纳的税收是否被浪费,也无论他们是否被税务当局尊重地对待。与此相反,专家的观点普遍是集中于通过税收体系来进行资源再分配这一领域。这是一个在很多政治理论家中盛行的、将再分配视作正义的灵魂的强大的趋势——或者用罗尔斯的术语来说,即"作为公平的正义"。

我们的计划是首先从民间对税收正义和公平的理念出发,审查从这些观点得出的税收政策的难题。理想的情况是,这样的方法会揭示新的洞见,从而理解普通的税收正义和公平的概念是如何决定制度与结果的。利用这些理解，我们将来会从这个角度出发，得出进一步的税收研究的建议，或者在享有充分的知情权的前提下，甚至可以直接讨论税收改革的参数。

要着手这一计划，需要一个对民间正义的理念的解释。如果要深入探讨民间正义的概念，最好的资源是什么？正如我们讨论的，我们应该从一些重要的研究领域开始进入。最有成效的一个领域是社会心理学方面。若干年来，社会心理学家们组织了很多实验、调查和观测，以理解个人所持有的不同类型的公平的理念。这方面的文献特别多，并且还没有完全融入社会科学的所有领域中。第二个相关性很紧密的研究领域是社会认知心理学或者神经心理学。这方面的研究者们使用各种各样的方法，将公平和其他考虑因素的社会感受，与通过类似 PET 扫描和 fMRI 技术的测量大脑活动的日益复杂的电子设备结合起来。最后，实验经济学研究也通过精心控制的经济设定来探寻公平的观念，运用博弈论的结构框架和经济理性来分析结果。人类学家甚至将这些技术应用到整个星球上。总的来说，这些方法将会使我们得以勾画出一幅民间正义概念的蓄水池。并不是所有这些概念都必须与其他达成一致，但是这会给我们提供一个包含多种研究工具的工具箱，以研究其产生的特定的问题和事项。

在第二章，我们将开始探讨民间正义的基础。我们接着使用这些观念来挑战当前非常流行的、自上而下的关于社会正义的方法，同时也批判普遍的对于税收自上而下的再分配方法。随后的章节会涉及财产税难题，主要是通过税收的收入再分配以及纳税遵从问题。以下的每一个章节都会比较来自民间正义和专家对此的观点，从而阐明这两种方式之间的分歧。关于税收的章节将会探寻与民间正义主题相关的现有的贡献，并吸收新的原创性的经济学研究成果。

在工作开始之前，我们需要将我们的方法限定在税收的相关心理学和学术性的研究语境之中。有两个相关的研究领域补充了我们的发现和洞察。第一个是构成研究主体的认知心理学和决策理论；第二个是法学家们关于税法中收入实现概念的讨论。

认知心理学的研究特别关注个人做出决策和社会理解的认知限制。正如丹尼尔·卡尼曼和阿曼斯·特沃斯基(Daniel Kahneman 和 Amos Tversky)在其前沿工作中所强调的,个人做出决策的能力有限,并经常受制于各种特征偏差的影响。[40] 这一研究被理查德·赛勒(Richard Thaler)和其他人以"行为经济学"的名义引入经济学中,甚至开创了一个名为"行为财政学"的分支学科。[41]

卡尼曼·特沃斯基和他们的追随者们所发现的人类决策的特征偏差到底是什么?以下是文献中已经谈论过的一些不同类型的偏差:[42]

● 概率。个人在分析和处理信息出现的可能性上存在困难。一个已被了解的偏差是"小数法则",指的是个人会从小样本或者小的结果中过度概括,以偏概全。

● 记忆或判断。我们倾向于对那些鲜明的或容易记忆的经历过度重视。我们倾向于寻找证据来证实我们已有的判断,而不是挑战我们的想法。我们对我们的知识或者对事情的判断极端地过于自信。我们也由于对滥用后见之明的愧疚,而说服自己相信我们从一开始就相信事情会发生。

● 锚定(Anchoring)[译者注:锚定心理(Anchoring):人们在面临多重选择时,往往存在使用一个锚,或者某个隐含的数字,来做出判断的倾向。例如投资者会将长时间维持的价位区间作为衡量股票真实价值的基准]。我们在数字评估中可能会摇摆于一个虚假的起点。戴安娜·科伊尔(Diane Coyle)详细叙述了一个故事,说的是一个随机轮盘赌的结果是如何锚定人们关于非洲国家数目的判断。[43]

● 现状。我们给予现状过重的权数。举例来看,给学生 2 美元,或者价值 2 美元的彩票。那些得到彩票的非常不情愿去将其换成现钞,反之亦然。更常见的是,我们对我们碰巧拥有的东西赋予了一个非理性的价格,并且在卖自己的东西时,相对买同样的东西所愿意花的钱,开价要高得多。

● 表述。在面对相同的事实时,基于它们是如何表述的,我们可能做出不

---

[40] 关于他们理论的一个经典阐释,可参见 Tversky 和 Kahneman(1974,1981)。
[41] 关于这一文献的若干例子,可参见 McCaffery 和 Slemrod(2006)的一些文章。
[42] Diane Coyle(2010,第五章),McCaffery 和 Baron(2006)。
[43] Diane Coyle(2010,第五章)。

同的决策。参考点很关键。在面对收益时,人们倾向于避免冒险;在面对损失时,倾向于冒一点风险。卡尼曼和特沃斯基所举的一个经典例子是,人们被告知如果不治疗的话,一种疾病会使600人丧生,接着他们被告知有两种治疗的选择。在最初的设定中,大多数人偏好一种可以保证救活200人的治疗方案。但如果同样的问题这样表述:肯定会有400人因为这种治疗方案而死亡,则他们倾向于选择另一种风险更大的方案。这个以及其他类似的实验结果显示,对情境的社会描述对于我们实际的决策行为有显著的影响。

卡尼曼和特沃斯基在一种新的决策理论里将这样一些观念规范化,并命名为"期望理论"。期望理论很好地总结了这些偏差,强调了现状和参考点的角色。这个理论在凸显参考点的重要性上很有用,个人正是用参考点来评价不同的结果。特别地,根据期望理论,人们是从其参考点的变化来判断结果的,而不是结果自身的价值。更有甚者,人们基于参考点来区别对待收益和损失。个人对收益不愿意冒险——不愿意赌一把——但面对损失则宁愿冒一点风险。更进一步,他们对损失非常敏感——在文献中这种现象被称为"损失厌恶(loss aversion)"(译者注:损失一定数量的钱给个人带来的不安,要远远大于赚取同样数量的钱带来的喜悦)。

行为经济学中另一个重要的心理学发现,是几乎全部由理查德·赛勒[44]发展出来的心理账户的概念。在评估收益、损失、收入来源或者支出时,个人不仅仅是将其所有资金加总到一个账户中去。实际的情况是,他们根据资金的不同来源或支出项目归入单独的心理账户中。举个例子,对赌博的损失和赌博赚的钱区别对待,对来自证券投资组合的收益增加与来自工资的同等收入增加的态度也完全不同。或者,从一个税收的例子来看,先多缴所得税再获得退款,与一开始就缴纳应当的税额具有截然不同的心理后果。反过来说,这些感觉的差异会导致决策和行动的不同。因此,心理账户对于实际行为确实有影响。

这些源自认知心理学的发现引发了一系列重要的问题。个人关于民间正义的观点发展受到他们认知限制的约束。我们不能自动地假设个人在对民间正义做出评价时都能看穿复杂的税收状况。这些对税收的认知偏差有多重要?

---

[44] Thaler(1999)对相关文献做了一个很好的回顾。

很多作者专门在税收领域探讨了这些偏差。[45] 这些偏差主要有以下一些类别：

一类是表述偏差。当被问及税收负担的理想的分配时，如果问的是税率或者税收的绝对数额，人们给出的回答倾向于不同。一般而言，如果税负以税率而不是金额的形式呈现时，人们倾向于选择更具累进性的税收。另一个反复出现的表述偏差是关于税收法规的激励。人们通常厌恶作为惩罚的激励，而喜欢作为奖赏的激励形式。正如爱德华·麦卡弗里和乔纳森·巴罗（Edward McCaffery 和 Jonathan Baron）所指出的，税收体系充斥着很多潜在的不对称，例如，对婚姻的奖励实际上就是对单身的惩罚。[46] 基于托马斯·谢林（Thomas Schelling）的洞察，他们发现这些不对称与累进的税收结构之间有一种重要的相互作用。当调查时，人们希望给穷人的儿童福利补贴比给富人的更大。然而，当同样的激励表现为对没有子女的惩罚时，他们却希望给富人的更加严厉。当然，在关于穷人和富人家庭的激励结构方面，这两种偏好是不一致的。

他们也发现在一个复合税制（如工薪税和所得税）的情况下，当面临同时或者分开征收工薪税和所得税时，个人所希望的理想的税收负担的分配是不一样的。换句话说，人们遭受了他们称之为"分离"偏差之困——人们只是将注意力集中在了税收的问题上，而没有关注到可能导致的整个收入再分配问题。

第二种类型的偏差被称为实体偏差。[47] 大众相信如果有企业税，那么企业就确实应该缴纳税收给政府。因为这是一个合理的信念，会将"零税收"的水平铭记于我们的税法中，并增加了税收管理体制的复杂性。很多通过税收体系实施的投资补贴项目，比如给予税收抵免或者加速折旧扣除，减轻了企业投资的税收负担。但是如果企业必须要纳税，这会限制带来补贴的数额，并造成企业间的不公平竞争。

第三个系列的偏差来自于显著性偏差。正如我们之前所讨论的，人类的大脑并没有无限能力去处理信息，因而必须聚焦于排除了其他因素的环境的特定特征方面。即使是在一个拥挤吵闹的鸡尾酒会上，如果你以为某人说到

---

[45] 相关文献综述参见 Sheffrin(1994)、McCaffery(2005)、McCaffery 和 Baron(2006)。
[46] McCaffery 和 Baron(2006)。
[47] Sheffin(1994)。

你的名字，你的耳朵也会竖起来。在任何环境中，特定的内容（比如你的名字）会特别显著。

很多研究者将此观点运用于税收中，强调一些特定类型的税种比其他的更显著。例如，在美国，销售税并没有列在商店的价格标签上，但结账时在收据中会显示。另一方面，在一些开征增值税的国家（实际上除了美国以外的所有发达国家都征收了此税），税收都已经包含在了商品的价格之中，在柜台结账时并不需要额外再收费。在经济学意义上，这两者是密切相关的税收，它们的目的都是对消费征税，并且从纯粹的经济观点来看，可以从结构设置上使其达到完全相同的效果。但是，销售税和增值税之间是否存在行为差异，从而使得经济主体对其区别对待呢？

哈佛大学的经济学家哈吉·柴提（Raj Chetty）和他的合作者通过在北加州超市进行的实验研究了销售税的显著性。[48] 他们选择了货架上的一些商品，贴上另外的标签，标明价格以及对应的销售税。然后利用一系列控制手段，比较与没有额外的税收标签的商品的销售差异。他们发现，当人们了解了完整的价格时，销售量会下降。这一现象表明，增值税（其商品售价已包括全部的税收）与销售税可能具有不同的经济效应。

第四个系列的偏差被称为概念偏差。税收中有很多相对微妙和难懂的概念，包括我们的政治家在内的大众可能都不太理解。其中之一就是税收归宿，这个概念是指谁真正承受了税收的经济负担；对应于税收的法定负担的概念，后者是指谁仅仅名义上要缴税给政府。在这一点上，大众对于工薪税存在普遍的困惑和误解，实际上，此税是由雇主和雇员各承担一半。从长期来看，经济学家们相信，工薪税的一半名义上是雇员负担而另一半由雇主负担，两者并没有什么关系。无论政府名义上是对雇主还是对雇员征税，雇员所要承担的工薪税的长期经济负担都是一样的。然而，对这些法定条款的认可改变在政治上是非常困难的。

第二个例子是**税负资本化**——这个概念说的是资产的价格已经包括了预期的税收负担。房产价格应该反映当地财产税的水平。如果财产税随后削减

---

[48] 参见 Chetty（2009）。Gamage 和 Shanske（2011）为财政学提供了关于显著性的经济和政治重要性的综述。

了,房产价格会上升,因而对购买者而言则是获得了意外之财。第三个例子是**隐性税收**——这个概念是指获得税收优惠的资产比应税资产的回报要低。例如,免税债券的投资收益可能比那些应税债券低,因而对一些个人来说,购买免税的证券并不一定是一个明智的选择。

现在让我们转到一些法学学者们的相关研究上。实际税收制度的一个非常重要的具有心理学成分的要素是**实现原则**(realization principle)。[49] 美国和实际上所有其他国家在财产出售以前,并不对投资的收益或损失征税。价值的增加,比如股票或稀有的画作的升值,(用税收的术语来说)在其出售实现以前并不会被征税。这种观念对于平常人来说是很自然的,因为除非股票变卖,其价值的变化都被认为只是"纸面的收益"或者"纸面的损失"。还有,即使我们知道我们拥有的法国印象派名画价值大涨,但除非我们已经真的找到了一个有意愿的买家,否则我们并不能确定其实际的收益。

尽管从表面来看,这一观点似乎相对合理,但其对传统的经济学思想造成冲击,并且也给税收规则带来很严重的问题。根据经济学家所称的海格—西蒙斯(Haig-Simons)原则,资产价值的任何增加都构成了所得,因为个人可以根据自己的需要来支配使用这些潜在的资源。个人 A 得到 100 美元的现金收益,并且当年持有股票的增值收益为 100 美元,因此,只要个人 A 有能力卖掉股票实现收益,其可支配的资源是 200 美元。个人 B 有 200 美元的收益,其掌握的资源与 A 完全相同。因为他们具有一样的额外资源支配能力,所以我们说他们的收入相同。从经济学的观点来看,他们使用 200 美元的真实收入满足其需要而获得的效用满足程度也是相同的。

问题的麻烦之处在于:如果基于税收目的,未实现的收入不需要"计算"在内,可能会刺激应计入财产升值的收益,而非现金收益。因此,为了规避所得税,个人可能倾向于持有股票——即使是借钱来用于消费——而不打算出售这些股票。那些非常富有的人(甚至还不是那么富有的人)都会尽量使用这一策略以延期纳税。实际上在美国,财产的收益在死亡时基本上也是被免除纳税的,所以从实际效果来看,大量的资产收益从来都不用缴纳所得税。

那么,所得税体系中实现优惠的基础是什么?爱德华·泽林斯基

---

[49] 关于实现原则的有意思的讨论,参见 Chorvat(2003)和 Zelinsky(1997)。

(Edward Zelinsky)详细描述了支持在缴纳所得税之前收益要实现的关键的论点:没有出售的资产很难估价,如果个人的财产没有出售则可能没有现金缴税,个人也有动力来低估资产升值,给纳税遵从造成困难等。[50] 上述中的一些困难非常现实:艺术品、不动产以及有限责任企业很难估价,因而也很难根据其资产每年的收益来征税。然而,这一观点对于股票的支持力度就不够了,因为股票买卖交易时的价值是即时显示的。最初,美国最高法院认为对未实现的收益征税是违宪的,但随着时间的迁移,法院的主张改变了,如今有很多特别的规定,未实现的收益也会被征税。举个例子,如果你有一个共同基金,对于基金所有人来说,其资本收益也被视为当期收入计算在内。

有一部分对实现原则的呼吁,明显是基于心理意义上的。泰伦斯·霍尔瓦特(Terrence Chorvat)建议,为了最好地理解实现原则,我们可以设想个人将纸面的收益或损失单独放在不同的心理账户中,与真实实现的收益或损失的处理方式不同。[51] 他也认为,因为个人对待纸面收益的方式不同,这同现金收益给人们带来的满意程度也有区别,所以海格—西蒙斯模型并不是衡量个人福利的很合适的标尺。泽林斯基也通过观察发现,在一个民主社会中,政策的实施效果需要人们对其接受。如果个人感觉未实现的收益并不是真实的收入,那么将其与真实收入同等对待的税收体系会面临遵从的困难。这是一种版本的我们所讨论的"共鸣"。

由此可知,心理的偏差会影响税收政策,因为这会改变政治话语。聪明的政治家们和利益群体会选择合适的表述,以提出对他们最有利的案例。在一些案例中,基于这些深层次的偏差来解释税收体系的特征是可能的。举例来看,考虑美国的可选择最低税负制(Alternative Minimum Tax,AMT),一种对于个人和公司所得税制以外的平行税收体系。个人与企业缴纳其常规应纳税额或者其可选择的最低税负两者之间的高者。这一制度保证了即使对贬值有大量的扣除或其他税收优惠,个人或者企业通常仍然要缴税。这一制度的起源被视为来自实体偏差,即认为所有的经济实体,不管是公司还是富有的个人,都必须承担纳税义务。

---

[50] Zelinsky(1997)提供了有关这些议题的完整的讨论。
[51] Chorvat(2003)也认为,如果个人不把未实现的收入当作真实的收益,可以减轻扭曲效应。

有时,通过社会互动和政治对话,这些偏差可以消除。表述偏差经常会引起个人的关注,而他们也可能对此回应。在真实的世界中,个人不仅仅回答各种调查问卷,还会参与正在进行中的对话和讨论。部分政治过程恰恰可以克服这些自然的偏差。原则上,非正式的对话也可以应用于有难度的案例,比如对于经济实体的公众关注以及他们是否缴纳了公平的税收份额。

高度的概念偏差给所有的理论增加了困难。几乎没有社会理论学家能看透财政问题的复杂性,这也被用于很多对于公正的专家观点的支持者上。所有的学科都将来自外行的写作视为无知可笑的。经济学家抱怨一些政治哲学家缺乏经济素养,而后者反过来经常嘲笑在经济理论中对男人和女人的描述乏善可陈。此外,政治学家可能认为,经济学家和哲学家的提议在政治方面都显得很天真。

民间正义的理念——有关公正、公平、过程和程序的观点——由于认知偏差都有所区别。民间正义的概念主要是基于社会心理学,而不是作为传统行为经济学基础的认知心理学。正如我们在以后的章节中会看到的,税收体系的很多关键特征可以通过理解民间正义的概念来得到最好的解释。在一些案例中,从认知心理学或法律文献中得到的洞见会进一步完善我们的解释。然而,一般来说,我们会从一本不同的、其价值未得到充分认识的心理学著作中受益。很自然地,民间正义的判断受制于认知偏好的程度,可能会错误地形成,或者甚至被误导。但是,最好是不要预先判断民间正义的理性,而是更仔细地观察其来源,它所传递的潜在的洞见,并且理解这些根深蒂固的观念是如何在特定的制度设置中起作用的。

亚里士多德最早阐述了这一理论,即民间正义的理念在政治设定中对于追求美好的生活非常重要。"人类所不同于其他动物的特性,就在于他对善恶和是否合乎正义以及其他类似观念的辨认,而家庭和城邦的结合正是这类义理的结合。"[52]借助于现代心理学和实验方法对于公平和正义的研究,我们可以超越亚里士多德,以一种现代的眼光来看待人类的行动是如何地不同(在日常生活中追求正义),将税收描述为——一种社会制度,用小奥利弗·温德尔·霍姆斯(Oliver Wendell Holmes, Jr.)的话来说,就是"文明社会的代价"。

---

[52] Barker(1968),第1卷,第2章,第6页。

第二章 民间正义的基础

在第一章,我们提出在审议社会政策时要把考虑民间正义的三种论断放在核心地位。首先,如果社会理论与实践不能与个人的心理预期产生"共鸣",那么,在解读个体行为时,这些理论往往会失去其迷人的光彩。以财产税为例,其理论和实践上的差距令人信服地阐释了这一原则。第二条论断是基于社会惯例。社会现有的规范和实践会基于个体的心理基础而发展和演化,要弄清这些惯例的逻辑,就要求对人们的心理基础有准确的理解,对财产税的限制问题是一个很好的例子。最后,我们可以推测,民间正义和个体心理的观点可以给"专家"知识提供洞见。社会进化使得个人和群体掌握更多技能,从而在社会环境中取得成功。例如,他们可以在特定的社会场景中感知情绪、发现不诚实。研究个体的大众心理学的基础可以丰富这些领域的知识,使我们能够理解社会惯例的演进和社会专业领域的发展。

这一调查项目依赖于对民间正义清晰且连贯的描述,基于此,才可能得出有创见的观点。本章的第一部分,我们会详细描述民间正义心理的五个重要因素:程序正义;公平和社会交换理论;对公平的有效认知;道德使命;制度正当化理论。我们逐一分析这些理论的基础,试图了解它们是如何被应用在具体的社会政策的设定中的。

基于以上见解,我们在本章的第二部分回到第一章中提出的问题,并进一步探讨:在实证的和规范的社会科学研究中,民间正义应该分别承担什么样的功能。我们首先探究社会科学理论中理想主义和现实主义对立的问题。基于哲学家雷蒙德·盖伊斯(Raymond Geuss)的研究成果,我们对比了这两种方法，并将两者统一于我们所提出的"民间正义"的概念。①

接下来，我们思考由利亚姆·墨菲和托马斯·纳格尔（Liam Murphy 和 Thomas Nagel）在其著作《所有权的神话》中提出的广为人知的对税收公平和正义的相关观点。但他们的分析并未给予民间正义的潜在心理基础以足够的重视；相反，他们关于公正的分析只是基于自由主义、专家传统中的理想化观念，因而导致这一分析可能过于侧重目标导向而落入不切实际的境地。②

民间正义也可用来阐述法律和经济中规范方法的某些重要方面，就如同路易斯·卡普洛和斯蒂文·萨维尔（Louis Kaplow 和 Steven Shavell）的著作《公平和福利》中所展现的那样。③ 他们的主要观点是，经济福利分析是决定立法规则的合适的规范判定标准。他们认为，基于公平标准来决定法律条款是更好的方法。乍看起来，这似乎是另一个目标导向的伦理方法。但实际上，即使在传统福利分析中民间正义也扮演着重要角色，并且为我们全面的分析方法提供了更多正当的理由。

最后，即使在罗尔斯主义传统中，罗尔斯所定义的"反思均衡"里也包含了民间正义的概念。"反思均衡"认为哲学上理想化的公正和个体在"知情"的情况下做出的判断最终会达成统一。我们会在本章讨论这个概念和民间正义之间的关系，并且会在第六章关于哲学上"应得"的概念中给出一个具体应用的例子。

大众心理的五项基础

社会心理是一个广泛的多样化的领域，拥有众多的实践者和多种理论。人际正义涉及众多社会心理学理论；为了更好地阐述民间正义，我们有必要强调一些特定的领域作为我们研究所涉及的范围，并将其余内容排除在外。将这五项主题汇总后，我们可以清晰地发现，我们引用了大量多样化的原始资料，其中有些在第一章中已经特别强调了。在社会心理学领域，我受到来自汤姆·泰勒、瓦莱丽·布雷斯韦特和林达·斯奇特卡（Tom Tyler、Valerie

---

① Geuss（2008）。
② Murphy 和 Nagel（2002）。
③ Kaplow 和 Shavell（2002）。

Braithwaite 和 Linda Skitka)等人的作品的影响。这些作者虽然观点鲜明各异,但是他们都试图将自己关于公正的心理学构成的观点置于比较语境中。他们依据各自的方法,运用自身理论来解释公共政策的后果,并将自己的想法付诸实践。④

对于这五类主题,我会先对其核心理论进行描述,然后讨论各种各样的为该理论提供实证基础的证据。虽然公平和社会交换理论最符合经济学的精神,但是我还是会从程序公正开始分析,因为我认为这可能是经济学和税收理论中最被低估的观念。

程序正义

在日常生活中,我们通常认为公平是与结果相联系的——谁获益了?谁损失了?谁得到了什么?这种观点并不少见。作为大多数经济学研究的理论基础的功利主义,其显著的哲学传统就始于判断最终结果是否令人满意的状态。⑤ 强调结果的另外一个说法叫做**结果主义**,其关注点在于特定政策或决定所导致的特定后果和影响。

但是,一个研究领域涉及社会心理、法律学识和合规研究的大型研究机构表示,整体社会满意度不仅仅基于最终的结果,还取决于导致结果的过程和程序。关于程序正义或者程序公平的相关文献的研究已有三十多年历史,其始创者是约翰·蒂伯(John Thibaut)和劳伦斯·沃克(Laurens Walker),他们研究了法律体系中程序的作用。⑥ 20世纪80年代,汤姆·泰勒和他的合作者将该理论的范围扩大到更广泛的社会体系中,包括法律实施和制定、劳资关系以及公民对政治后果的接受或默许。

过程和公平在经济学文献中也有所体现。卡尼曼、尼奇和赛勒(Kahneman、Knetsch 和 Thaler)(1986)的早期研究探讨了经济行为,比如提价,在不同的假设条件下是如何通过比较成本的提高和需求的增加而被感知的。比斯、特里普和尼尔(Bies、Tripp 和 Neale)(1993)拓展了这项研究,使关注重点更直接地体现在过程中,强调被感知到的公平和实际群体的参与对于结果的

---

④ Erich Kirchler(2007)的调研也可以作为不错的资料来源应用在税收研究中。
⑤ 理论上,功利主义可以扩展到具体的过程中,但会失去部分作为理论的敏锐性。
⑥ Thibaut 和 Walker(1975)。

决定之间的关联。更近期的例子包括菲尔德和弗雷(Feld 和 Frey)(2007)所做的一项调查,其结果有助于理解过程和程序在瑞士的税收遵从中所起到的作用。

过程和程序影响社会结果的理念催生了众多的相关文献,它们依赖于广泛多样的方法来得出结论。毫无疑问,这些文献跨越多个学科,包含各种学识,其写作风格也是多种多样——既有事实性描述,也有实验方法和数据分析。但是,并没有一种明确的研究可以证实这个观念的有效性。如同麦考恩(MacCoun)(2005)在评论文献时所强调的那样:"关键在于这些文献作为一个整体所累积的活力。"[7]

程序的很多方面在不同的情境中都很重要,而尤以以下两点为甚:第一,在社会互动交往中受到尊重,并被有尊严地对待;第二,"发声",或者说参与到影响结果的过程中的能力和表达自我的能力。这两项特征是紧密相关的。

汤姆·泰勒和艾伦·林德(Alan Lind)(2002)曾经强调了对受到尊重和发声的需求背后的逻辑。个体通过社会合作来获益,而社会合作要求我们放弃对别人的控制。但是,将自己置于别人的怜悯之下,也会使得我们面临被虐待和包括精神、情绪甚至身体受到伤害的危险。公平公开的决策程序和准予发声的机会可以减少这些风险,并使得我们得以享受社会合作带来的益处,同时减少个人隐私的暴露。历经生物进化和社会发展,这已经成为我们固有的本能。我们会支持公平的程序,而不那么在意短期的经济回报。受到尊重和发声能够增加社会互动中的长期得益。

掌握程序正义最好的方法之一,是研究一些在不同的社会领域中关于尊重和发声的现实案例。[8] 考虑以下一系列事例:

● 为了减轻法院在汽车事故案件中的工作负担,新泽西州在20世纪80年代引进了一套强制性的但没有法律约束力的仲裁程序。令人意外的是,法院官员发现他们的总工作量(包括案件审理和仲裁)实际上却增加了。能够申请仲裁的机会会诱使公众放弃双方协商而选择仲裁。[9] 虽然会花费更多的时

---

[7] MacCoun(2005),第17页。
[8] 这些事例来自MacCoun(2005)和其他引用的参考文献。
[9] MacCoun(2005),第171页。

第二章 民间正义的基础

间和交易成本,但公众更愿意通过仲裁程序来发出自己的声音,在公共场合中表达自己的意愿和诉求。

● 在对刑事司法案件的一系列研究中,泰勒和他的同事们发现,当犯人们感知到程序是公正的,而且决策者的处置也是公平的,即使被判处长时间的刑罚,他们仍会对当局持更积极的看法。

● 让公众感觉公平的执法行动更加有效已经成为共识。典型的反例是,种族暴动和社会分裂的发生往往就是因为部分群体觉得受到了不公平的对待。

● 尽管民事审判的成本更高,甚至有时会有损名誉,但无论是胜方还是败方,仍都倾向于支持该程序,原因很简单,只是因为参与者有机会在法庭中表达自己的观点。

● 仲裁程序中感知到的公平使得参与者更愿意接受既有结果,而不是争取新的审判。

● 比斯和泰勒(1993)发现,受雇者在工作中感知到的程序不公平,与其试图对雇佣方提起诉讼两者是紧密相关的。

● 在解雇员工的离职谈话中,能否让员工感知到公平,决定着员工是否会提出非法解雇的诉讼,这种对公平的感知甚至比单纯的金钱因素,或者员工在公司的整个职业生涯所感知到的待遇更加重要。[10]

● 同一公司的两家工厂的工人都被降薪15%。一家工厂的发言人表达了同情,而另一家只是宣告了降薪。两家工厂的盗窃行为都有所增加,但只宣告降薪的工厂幅度大很多。被偷的东西对工人们几乎没有价值。[11]

● 医生的有效沟通和被患者感知到的真诚,能够减少被起诉治疗不当的可能性。[12]

● 一位妈妈直接惩罚了她打碎花瓶的孩子,而没有先去进行证实到底发生了什么。当一年级的小学生们听了这样的故事以后,都对此表达了反对的态度。[13]

---

[10] MacCoun(2005),第175页。
[11] Greenberg(1990)。
[12] Hickson 等(1992)。
[13] Gold 等(1984)。

031

让我们从这些研究中回来,思考一个简单的问题:相对于公平的结果,为什么公平的过程也很重要?在大多数这些事例中,发声是感知公平的重要因素。为什么个体会如此关心发声的机会呢?

有三种完全不同的解释可以回答这个问题。

第一种观点植根于功利主义者或者结果主义者的传统。个体相信发出自己的声音或者参与到过程中将会改进他们的结果。发声和对决策过程的参与之所以重要,是因为他们能产生更好的结果。因此,公平最终能带来现实的功利效用。分配公平领域的创始人蒂伯和沃克就持有这种观点,但是在我们刚刚引用的某些事例中恰恰相反。

第二种观点是,个体之所以重视参与社会协商,就在于协商本身并且个人可以从参与的过程中获得固有的满足感。把社会参与想象成一种"温情"。个体可能只是出于固有的需要去参与社会互动并表达自己观点,特别是当存在着金钱上或社会上的回报,而且回报很高时。

第三种相关的观点认为,发声能满足某些其他种类的需求,比如让公众明确他们的地位,或者满足某些自我价值的深层需求。泰勒、林德和其同事们在社会环境中强调了这种方式。公平的程序和声音能够使人们确认在群体中的地位,提升人们的状态,平息对歧视和仲裁行为的恐惧。总之,公平的过程能够加强个体的自我价值感和社会尊重感。这些因素对于社会的平稳运行都是非常重要的。

一系列的研究证实了程序正义这一社会模型的重要性。程序正义一般在以下几种情况中会有更强的效果:(1)人们对地位的担心非常明确;(2)人们在相关群体中拥有更高的身份;(3)人们拥有标准心理学中所谓的更高层次的归属感;(4)当权者和决策者处于同一社会群体中。⑭

个体对程序公平的重视度会因为结果分配的不同而不同。当人们感觉结果可能并不太有利的时候,程序正义体现得最为重要。非常有利的结果可以一定程度上弥补程序上的不当,但是如果实际结果并不令人满意,人们对过程会更加敏感。⑮

---

⑭ Tyler 和 Lind(2002)。要了解更多关于社会公平的理论,参见 Tyler 等(1997)。

⑮ Brokner 和 Weisenfeld(1996)通过一项元分析研究支持了这个发现。

虽然从证据上来看,支持将程序正义视为民间正义的一个组成部分的观点相对来说并无争议,但是仍然存在一些问题值得探讨。例如,公平的过程究竟包括哪些成分？发声、中立、一致、透明、决策的正确性和错误的可取消性都被认为是程序正义的必要组成部分。医疗领域的一项研究表明,发声和正确性是最重要的,但是如果行为发生在强调精确的社会场境中,这一结果可能会比较敏感。[16]

尽管这些文献都在说明,所有三种理论中程序正义的根源——功利、温情和社会认可——是很重要的,却并没有说明哪项因素更加重要,以及区别于其他因素的固有困难。特别地,如果社会因素像泰勒和林德认为的那么重要,那么社会环境的改变是否会影响发声的效果呢？为了分离出社会因素,王、利安托和谢福林(2012)研究了在只考虑单纯货币报酬的最后通牒博弈中发声的作用。一部分参与者有机会表达自己对于公平的资源配置的偏好,而另一部分人则没有这样的机会。他们发现发声在这个单纯的金钱环境下是有影响的。在此最后通牒博弈中,有机会向中立第三方发声的参与者更愿意接受较低的报酬。但是,如果他们认为他们是在直接向能够影响到实际结果的人表达观点时,他们会要求更高的报酬。这些结果表明,在这个单纯金钱的环境中,发声主要是通过"温情"渠道和"期望"渠道来起作用的。

公平和社会交换理论

心理学中公平理论的基础在于,当人们行为的报酬和待遇与他们的付出和努力相关时,他们会对自己和自己与他人的关系感到更加满意。虽然这点毋庸置疑,但仍然存在一些意想不到的问题。例如,我们可以设想一下基于皮特查德等(1972)所做实验的如下场景。

他们以公开的报酬率招募了一批参与者。在任务开始之前,参与者们被告知三件事实的其中之一。在"公平的情况"中,他们获得了公开的报酬;在"不公平的情况"中,他们被告知公告中出现了错误,并且他们只能得到较低的报酬;在"多付的情况"中,他们被告知公告错了,给的报酬过高,但是他们仍会获得公告中的报酬。然后参与者们被问到对实验参与的满意程度。结果显

---

[16] Dolan 等(2009)通过调研,试图探究在配给医疗服务的决策中程序公正因素的作用。

示,公平情况中的参与者是最满意的,这也与很多其他研究中的结论相一致。少付和多付的情形中参与者的满意度都较低,尤其是少付情形中的参与者满意度最低。

为避免有人认为这些发现仅仅局限于市场经济中,心理学家们在更为私人的领域也验证了这些原则。例如,当夫妻们被问到他们与伴侣之间的互动是否平等时,满意度最高的是那些表示平等互动的群体,而不是那些认为自己处于更优势地位的群体。[17]

公平理论可以被看作社会学传统流派中社会交换理论的扩展和应用。社会交换理论的创始人之一乔治·C.霍曼斯有一段经典的名言对此做了简要的概括:

> 社会行为就是物品的交换,这里的物品既包括物质形态的,也包括非物质形态的,比如认可和声望的象征。人们不断对他人付出并试图得到回报,而得到回报的同时又面临给予对方的压力。不断交换的最终结果一定是趋向于平衡。对于交换中的个体而言,付出的即为成本,得到的即为回报,个体的行为总是趋向于使得两者之差也即收益达到最大化。[18]

霍曼斯使用了从现在的经济学、政治学和社会学中所熟知的"理性选择理论"中的词汇,并拓展到社会互动领域。安东尼·唐斯、詹姆斯·布坎南、戈登·塔洛克和曼瑟·奥尔森等学者将这种个体间交易式互动的核心观念引入了分析民主理论、投票和游说等领域中的集体决策问题。他们的贡献在于开创了一个全新的研究领域,对政治中的象征性内容(人们主观上所理解的奋斗的目标)和其竞争性利益的底层结构进行了区分。虽然理性选择的标签被大多数经济学家和与时俱进的政治学家所青睐,但有时也会被另一部分学者,特别是在社会学和人类学领域的社会学家们所不屑。但是,其核心思想也是被其他传统社会学家所熟知的。

犀利的观察家尔文·戈夫曼常常用不同的语气和情感表达类似的观点。

---

[17] Tyler 等(1997),第 50 页。
[18] Homans(1958),第 606 页。

谈到婚姻时，戈夫曼这样说："求婚就是男人汇总他的社会属性并告诉女人，她的社会属性将会由于她的拒绝而达不到如此程度的好。"[19]

公平理论通过强调在社会互动中公平的作用修正了社会交换理论。社会互动中除了共同获益、权力和债务的累积外，还包含更多的内容。对基本公平的考量是社会关系的固有内容。伊莱恩·沃尔斯特、G.威廉·沃尔斯特和埃伦·贝莎（Elaine Walster、G. William Walster 和 Ellen Bersheid）在他们被经常引用的关于公平理论的著作中提出了四项重要的命题。[20] 第一，如同经典社会交换理论所认为的，个体会试图在社会互动中获取最大化的净所得。但是，第二点超越了社会交换理论，认为群体可以通过发展一种公平分配资源的机制来使得整体的利益最大化。这就保证了群体会进行必要的合作，以追求群体性目标或使得群体利益最大化。

作为一个推论，群体将会采取奖励公平行为和惩罚不公平行为的社会机制，并使其成为社会规范。第三，个体之间还需要使这些社会规范内部化，以解决参与到不公平的社会互动中的个体可能面临的贫困的后果。第四，他们可以通过直接行为或者采取心理—逻辑学的机制来减轻这种压力。

霍曼斯也意识到了心理调节的可能性，他相信人们若得到超过正常标准的回报，将会感到内疚。根据比例分配时，所获得的低于公平标准的人们会愤怒，而高于公平标准的则会内疚。[21]

怎样才算是精确的公平结果呢？大多数公平理论学家认为它是一种投入（努力）和产出（结果）之间的均衡。一种特殊的公式是在净产出（产出减去投入）和投入之间设置一个严格的比例。完全公平交换情形下不同个体之间的这个比例应该是相等的。[22] 另外一种正式的定义认为："公平的关系意味着，仔细审视这段关系的人相信，所有参与者都会从这段关系中得到公平的相对收益。"[23]这个定义既强调了公平的相对收益，又说明了"审视者"可以是也可以不是交换的直接参与方。但是，这个理论的大部分应用并不需要确切的公

---

[19] Goffman(1952)，第456页。
[20] Walster 等(1978)，第6页。
[21] Health(1976)，第49—50页。
[22] Walster 等(1978)，第10页。他们公式中包含了考虑积极或消极净产出和投入时的调整因素。
[23] Walster 等(1978)，第12页。

式；他们只用基本的比例概念。公平理论同样研究个体或群体对公平进行感知和体验的不同方法，并且关于公平的评判标准一直被应用于日常生活中。

当面临不公平的情形时，个体可以采取两种不同的策略使情况得以改善。第一，可以通过调整自己的投入来恢复比例，例如，个人可以选择增加或减少自己的努力程度。亚当斯和罗斯布阿姆（Adams 和 Rosenbuam）(1962)的经典研究显示，认为自己被多付报酬的工人会更努力地工作。在这些工人中，按固定工资获取报酬的人会增加他们的工作时间，而按件数获取报酬的会提升他们的工作质量。另一种选择是，个体可以通过从不同角度看待任务或关系来重塑"心理公平"。例如，在一项研究中，那些认为自己被少付报酬的人不仅会减少自己的努力（数量上的反应），而且会以为自己比那些获取更高报酬的人能力更低。在对比试验中，那些认为自己被多付薪酬的人觉得自己的任务难度更高。在各类社会情形中，除了调节努力程度以外，还可以通过改变信念和期望来重塑公平。我们在关于制度正当化理论的讨论中，很快也会发现类似的现象。

正如我们已经发现的那样，公平存在于社会生活的方方面面，甚至包括最亲密的关系之间。心理适应也是这样。一项研究对男士进行测试，并告知他们的测试结果是高还是低。然后他们会遇到一位要么漂亮要么不漂亮的年轻女士。女士会汇报男士对她们的感兴趣的程度。与公平理论相一致，那些被告知测试做得好的男士对漂亮的女士更感兴趣，而那些被告知测试做得不好的男士对不漂亮的女士更感兴趣。[24]

基于大量的实验事实，其中包括关于剥削者和受害人的关系，以及慈善背后的动机和反馈的实验，公平理论为分析社会关系提供了关键的洞察和实用的起点。它特别强调了个体在日常生活中采取的平衡明显不公平现象甚至违背他们利益的策略的范围。在一项实验中，心理学家让学生们认为是自己弄坏了一架昂贵的仪器。损坏越严重，学生们越会同意通过增加学费而提高老师的收入来加以补偿。[25]

慈善和捐赠行为也有成本。很多单向的礼物反而会造成接受者的不安，

---

[24] Walster 等(1978)，第 169 页。
[25] Walster 等(1978)，第 30 页。

无法进行回报的接受者表现出更低的满足感。沃尔泽(Waltzer)和他的同事们相信公平理论的结果和塔西佗(Tacitus)的观察是一致的,即"恩惠只在可报答范围内是可以接受的,超出这一程度,只会造成怨恨而不是感激"。㉖

公平理论的核心在于：公平意味着付出和回报的基本平衡这一观念。如果个体或社会中出现了不平衡,就需要通过一些调整来重塑平衡。值得注意的是,回报过多或过少的个人的社会满足感程度都会比得到公平对待的个人更少。这一点使得该理论比单纯的社会交换更具深度,并使两者得以明显区分。如同我们在本书后面一些章节会讨论到的,公平理论也是心理学和哲学中"应得"观念的基础,这一观念对于理解补偿、奖励和分配公平都很重要。

对公平的有效认知

我们对公正的感知是否是与生俱来的,甚至连小狗也能做到？发表于《美国国家科学院院刊》上的一篇美联社的报道,介绍了在奥地利进行的一项实验,其结果似乎证实了这一观点。㉗ 这一实验对比了那些学会握手或"握爪"的小狗们与其他无此技能的同伴的行为差异。握手的奖励是腊肠或者面包。但是,如果一只狗因为握手得到了奖励而另一只没有,那么那只没有得到奖励的狗就会停止参与游戏(具体奖品是腊肠还是面包似乎并不重要)。实验者认为,狗先天就拥有公平的意识,猴子也是。如同小孩抱怨其父母的某些行为是"不公平"的那样,连动物的行为也体现了这一点,这难道还不能说明人类具有根深蒂固的、与生俱来的公平意识吗？

我们将会看到,对公平的行为反应并不像人们在这个实验中发现的那样先天和单纯。然而,还是有相当多的证据表明:对公平的感知构成了人们对公平牢不可破的信仰的基础。这些证据来源广泛,以下一个简单的最后通牒博弈的结果也充分证明了这一结论。

这个博弈过程是这样设计的：将100美元在两个实验参与者之间进行分配,一个是方案的"提议者",另一个是方案的"决定者"。提议者先提出一个分配方案,然后由决定者决定是否接受该方案。如果决定者决定接受,那么他们

㉖ Walster 等(1978),第110页。
㉗ Schmid(2008)。

将按照提议者提出的方案进行分配。如果决定者决定不接受,那么他们俩什么都得不到。

一个"理性"的个人会如何玩这个游戏呢?提议者应该提议分配非常少的数额,比如1美元给决定者。决定者在面临1美元和什么都没有的选择时,应该接受这个提议,因为即使是1美元也比没有要好,而其他的选择都是"不理性"的。提议者会因此得到99美元。

大量的实验结果显示,在这个最后通牒游戏中,参与者并不会这样选择。通常情况下,提议者会分配30～40美元给对方,50－50对半平分也很常见。更有甚者,分配给决定者若少于总数的20%(在此例中,即20美元)时,经常会被其拒绝。[28]

从经济理论来看,这一结果令人困惑。同样采用实验博弈理论的"独裁者"游戏,也呈现出类似的结果。在独裁者博弈中,由一人单方面决定留多少和分多少。与期望中单纯的自私行为相反,事实显示,独裁者仍会分配一些给另一位参与者。数额一般比最后通牒游戏中要少,因为最后通牒游戏中提议者需要考虑决定者的反应,但是不管怎样,独裁者并没有自己拿走所有的金额。

这些游戏中另一个让人费解的结果是:为何最后通牒游戏中的决定者会拒绝接受一个较低比例的分配提议,从而白白损失了自己本来可以得到的收益。研究甚至还显示,即使当奖金很高时,决定者仍然会做出同样的选择,这些决定的代价显然很高。他们通过拒绝的方式来抗议感知到的提议的不公平。

一些神经科学家认为公平植根于人类大脑的神经回路之中。加州大学洛杉矶分校的一项研究利用现代大脑成像技术来检查参与者在进行最后通牒游戏时活跃的大脑区域。一位研究的参与者说:"接受一个公平的提议和我们吃到渴望的食物、赢钱或者看到漂亮的面孔时所激活的大脑回路相同。"[29]在实验设计中,他们给予参与者相同数额的金钱,但却告知他们获得的是总金额中较高或较低比例的分配额。"公平的奖励"就是较高的比例,"不公平的奖励"

---

[28] 相关证据请参见 Camerer 和 Thaler(1995)以及 Fehr 和 Schmidt(1999)。
[29] 引自 Wolpert(2008),基于 Tabibnia 等(2008)的研究。

就是相反。公平的奖励触发了与实现欲望相关的大脑回路。不公平的奖励并不会激活这些大脑区域。甚至,不公平的奖励会更多触发与厌恶相关的大脑区域。那些接受不公平分配的人们也在控制情绪的大脑区域中有所体现。总之,"公平"的奖励被当作基本欲望的实现,而"不公平"的奖励触发与厌恶相关的大脑区域。接受不公平奖励需要触发特殊的大脑机制。

众多经济学家发展出了更好的关于公平的经济理论来解释最后通牒和独裁者博弈中的结果。其中一个广为人知的模型是基于对**不公平厌恶**的理念,这个观点认为个体偏好是厌恶不公平结果的。费尔和施密特(Fehr 和 Schmidt)(1999)具体发展了这一理论,并说明这一理论是如何用来解释包括博弈理论实验结果在内的大量的经济现象的。其他的经济模型,比如拉宾(Rabin)(1993)提出的一个模型,将焦点集中在社会互动和"互惠"中参与者的意图上。通过建立各种模型来解释这些结果,这些博弈理论学者们证明了公平是社会互动过程中固有的组成部分,并可以此来解释人们的行为。

但是,对实验结果更深入的研究发现,公平的想法会受社会因素和特定情形因素影响。罗斯(Roth)等(1991)的早期研究发现,发达国家中的文化差异和真实社会背景也有影响。在一项涉及面极广的研究中,一组经济学家和人类学家排除了现代化陷阱的因素,研究了基于全世界,包括原始狩猎社会、刀耕火种的农业社会和小规模农业社会在内的经济中最后通牒博弈的结果。[30] 与典型的发达国家的结果相比,其提议者给出的平均方案差异很大,范围从26%~58%,而发达国家的跨文化研究中的平均方案结果是44%。

此外,或许更加重要的是,在一些国家里较低的方案几乎被普遍接受。例如,秘鲁亚马孙河畔的马奇根加部落就是这样。人类学家约瑟夫·亨里希(Joseph Henrich)发现这个部落的人们完全没有提供公平份额的意识,同时也并不期望获得公平的份额。亨里希认为他们的这种信仰在一定程度上可追溯到他们的社会架构,而构成这一社会架构的基础是"缺乏社会阶级性和政治复杂性"的小型大家庭组织。[31] 在多国的研究中,类似的因素也被用来解释不同社会中的结果。看重"合作收益"和"市场一体化"的价值观,会导致需要更

---

[30] Henrich 等(2001)。
[31] Henrich(2000),第 974 页。

多分配份额和对不公平方案较高的拒绝率。即使在马奇根加部落,其实也存在着一点公平的意识,他们给出的方案中最多的是15%。

即使是在世界偏远的地方,实验室实验终究只是实验室实验。人们在真实社会中运用真实顾虑和对公平的评判处理日常事务时,会被日常生活中无所不在的决定和情形所影响。更为近期的研究确实证实了最后通牒博弈对现实问题的反映过于简化,可能会掩盖人们在日常生活中评判公平时会考虑的一些重要因素。

日常生活中,大多数人的收入是来自工作而不是外部实验。大量的实验表明,独裁者博弈中被分配资金的来源会影响结果。罗伯特·奥克索比和约翰·斯普拉贡(Robert Oxoby and John Spraggon)(2008)的一项研究很有意思,他们让独裁者博弈中的独裁者或者接受者在开始游戏之前通过一项行为标准化测试来"赚取"一定的收入。

回顾一下,在标准的独裁者博弈中,独裁者应该保留所有金额给自己而不分配给接受者。在实验设定中,大多数独裁者会放弃一部分金额,这与"理性"理论刚好相反。然而,当独裁者通过先前努力赚取收入时,他们更倾向于保留所有金额给自己。当独裁者得知接受者先前赚取了收入时,他们会分配更多的金额给接受者,有时会超过50%。因此,资金来源或者社会背景确实会对结果有影响。其他近期的研究也得出了类似的结论,这进一步强调了资源分配对于环境中的事前信息非常敏感。[32]

有趣的是,奥克索比和斯普拉贡明确揭示了他们的结果和公平理论的关联性:

> 公平理论为我们的结果提供了一种可能的解释。根据公平理论,人们期望获得他们认为公平的结果。"公平的结果"在于既定决策环境下的"产出"和能导致决策环境的"投入"……在我们的试验中,人们对最终收入的分配决定受到先前赚取收入行为的强烈影响……这些行为产生了财产权。[33]

---

[32] 同样参见 List 和 Cherry(2008)。
[33] Oxoby 和 Spraggon(2008),第710—711页。

公平理论强调了衡量公平程度时社会行为的背景。目前看来,公平实验的结果也展示出类似的社会背景的影响。到底是公平还是不公平?这一判断似乎对社会惯例和博弈规则很敏感。

在某些社会情形中,传统的实验结果会更好地阐释公平。例如,如果家庭成员或亲密关系中的某方得到了遗产和彩票这样的意外横财,会被看作"天上掉下来的馅饼",并会产生与最后通牒博弈和独裁者博弈中类似的期望。此外,即使考虑社会背景,仍然会有对公平的需求。例如,最后通牒博弈中的决定者,即使有先前的收入,也仍会拒绝非常低的分配方案。

是的,狗狗们确实会对其他狗获得的奖励做出反应;当人们感觉规则是"公平"或"不公平"的时候,大脑的不同区域也确实会被激活。然而,在大多数社会设定中,当人们在评判到底是公平还是不公平时,必须要考虑背景因素。日常生活并不是双盲的实验室实验,而是包括很多不那么精确的、复杂的、需要赚取生计的情形。

从更广的视角来审视这一问题,我们会看到人们对"应得"这一概念的理解会对公平的评判有重要影响。人们可能"应该得到"收入的方式是合法劳动,而不是通过操纵股票、逃避税收或者大量地赢取彩票来赚钱。我们采用"应得"这个概念来考虑接下来的一些违反道德的极端情形。

道德使命

当伯纳德·麦道夫在 2008 年下半年承认其庞氏骗局已经运作了几十年的时候,金融界和慈善界都为之震惊。麦道夫向投资者们承诺,不论经济形势好坏,都会支付给他们高额的预期回报。他并没有把资金投入期权或其他高收益的投资渠道,而是在包括国内外对冲基金在内的一些投资大鳄的帮助下,仅仅只是简单地吸收新投资者,并把新投入资金分配给既有的投资者。麦道夫在社交和慈善圈也非常活跃,他任职于很多企业董事会和各类基金的要职,并且巧妙地运用这些社会关系来构建他的投资链。

麦道夫认罪了,他的金融帝国随之崩溃,但对经济和社会的影响可以说是极其惨痛的。美好的预期化为泡影,很多家庭的财富被榨干,慈善组织被迫巨量缩减资助,以致累及原本的众多受惠者,受害者陷入消沉、焦虑,甚至轻生,最终连麦道夫自己的儿子都自杀了。曾因记录人类种种暴行而获得诺贝尔文学奖的备受尊敬的小说家埃利·威赛尔也身陷其中,他自己的钱财以及他管理的慈善基金也因此丧失殆尽。人们将怒火通通发泄到麦道夫本人和他的家庭上,对待他们不再有尊敬和礼貌。这些事件发生在2008～2009年世界金融危机期间,成为对金融体系缺陷的又一项控诉。昨天还是和蔼的慈父式的金融顾问,今天却背叛了大众,这成为对经济体系的社会信心的又一次沉重打击,并点燃了人们积郁已久的熊熊怒火。

二十年前发生在纽约的另一起金融丑闻,同样引发了民众的满腔义愤。在1989年的这起事件中,酒店巨头李奥娜·赫尔姆斯利因逃避税收而获罪。因为刻薄而臭名昭著的赫尔姆斯利是手腕强硬的商界女强人,人们既崇拜她,又害怕她。但当她彻底越过逃税的红线时,不管之前有多崇拜她的人,也都对她愤恨不已。关于她的最著名的一个段子是,一位保姆曾无意中听到她说:"除非连妖精也先缴了税,否则政府休想从我们这里拿到一分钱。"

我们不难发现,还有很多其他事例,都是因为金钱或者税收而引发了公众的愤怒。虽然公众对国际税收的细节可能并不清楚,但是当一些美国公司为了优惠的税收条件而将总部搬到加勒比时,公众和众议员们仍然怒不可遏。当螺丝刀制造商斯坦利工具公司为了税收的目的而计划将法定住所迁至百慕大时(专业术语叫作税收倒置),立刻招致了人们的愤怒,并被称为背信弃义的"本尼迪克特·阿诺德"[译者注:本尼迪克特·阿诺德(1741－1801)是美国独立战争时期的革命家和军事家。1775年他在马萨诸塞的莱克星顿爆发战争时志愿从戎,参加殖民地人民对英国人的战争,他作战英勇,屡负重伤,官位终至少将,因为残疾调往费城,接着为维持奢侈生活而破坏州和军规。1779年他向英国方面出卖美军情报。1780年9月阴谋通敌的计划败露后脱逃,后来作为英军的一名准将,1781年率兵对康涅狄格的新伦敦进行袭击,后在伦敦度过余生。阿诺德被乔治·华盛顿判处缺席死刑。这个道德败坏的人物Benedict Arnold,他的名字由此成为"叛徒"的美式代名词,等同于《圣经》中的犹大]。与国际税收相比,人们对公司薪酬相关问题的评价稍好一些。一些企业在2008～2009年接受了政府的资助,当它们给高管支付额外的高工资时,人们同样对此愤愤不平。特别是在美国国际集团(AIG)的事例中,连美国财政部都无法叫停这项支付,更引发了公众的冲天怒火。

原则上,这些事例在一定程度上都可以用公平理论来解释。在这些案例中,"回报"和"付出"是不相称的。或者说,可以归咎为程序正义被破坏,因为主导这些交易的"规则"看起来并不公平。然而,这些解释不能自圆其说的地方恰恰在于,对这些事件道义上的谴责并不能减少其发生。诚然,公众或许并不喜欢不对等的或不完美的流程,但这并不一定会导致刻薄、消沉,甚至自杀。触动民众内心深处的一定还有其他一些什么。

公众的义愤有一些特殊的地方。在最近一项对道德的心理和进化基础的研究综述中,史蒂芬·平克写道:"道德是一种我们可以开启和关闭的心理状态,当它被开启时,我们的思维会被一种独特的心态所支配。这种心态会使我们认为某种行为是不道德的(杀人是不对的),而不仅仅是不认同(我不喜欢甘蓝菜)、不时尚(喇叭裤过时了),或者不谨慎(不要抓蚊子包)。"[34]

我们在第一章曾简要提到,人类学家们试图扩展不同文化间道德信仰的多样性的种类。一种分类方法列出了五种不同的类别:避免社会互动中的伤害、公平对等、团队合作和分享、对合法权威的服从和尊重以及纯洁或纯粹的理念意识。[35] 故意伤害、极端自我和自私、鄙视合法权威和故意侮辱破坏这些类型的行为,都会引起强烈的道德不满。

在一系列论文里,琳达·斯奇特卡和她的同事们发展出一套"道德使命"理论,并应用在社会设定中。她们认为,个人的道德观念深藏于内心深处,具有很强的主观信念来判断什么是对和什么是错。人类学家们定义的众多道德类型,以及被违背后的愤怒、迷惘和崩溃,是个人形成自己道德信念和人生观的背景。这些道德信念塑造了不同的个人,并构成个人的自我形象。他们的道德信念不需要基于理性,也不需要与任何理性的或哲学的意识一致。但是,道德使命的准确含义是:"个人从心理上将其视为判断对错的最基本的不可妥协的真理。"[36]例如,关于堕胎这件事,人们可能会持强烈反对的态度,但也支持采取金钱惩罚。人们也会基于道德使命而尊重堕胎的选择,甚至通过这种强烈的信念来获得认同。

---

[34] Pinker(2008),第1页(电子版)。
[35] Pinker(2008)。
[36] Skitka 和 Mullen(2002),第1420页。

根据这一理论，人们并不会被道德使命引导他们所有的想法、感觉和行为。"道德使命是特定环境、特定议题下对个体的假设，而不是一个普适性的标准。"㊲我们很难根据诸如人口统计、政党关联、意识形态或其他典型的社会调查变量来预测特定的道德使命。它们相对独立，并有自己的特征。在不违反道德使命的日常设定中，正常的公平观念和程序占主导地位。但是，一旦直接触及道德使命，出于我们的道德本能和由此对自我的内在要求，就会引发深层次的回应，会颠覆传统的对于过程和程序的观念。

在一项用心理学方法探讨公平的调查中，斯奇特卡将道德使命界定为三种心理公平。第一种观念是与交易和公平相联系的，即**经济人**。第二种观念涉及与社会规范相关的程序，即**社会人**。第三种是道德使命领域，即**道德人**。这三种不同的定位都存在于社会设定中发挥潜在的作用，并且共同深化了公平的意识。㊳

为了剥离出道德使命所起到的特有的作用，斯奇特卡和她的合作者们寻求高强度的道德设定。这些设定假设个体对结果的满足感更取决于他们事先存在的道德使命，而不是事后的过程或程序。程序公平的考虑更多发生在常规的日常事件中；但是，一旦事件触及强烈的道德情感，人们会更关注最终结果以及结果是否与他们持有的道德信念一致，此时，产生结果的过程反而没那么重要了。

众多的研究都证实了道德使命的重要性。斯奇特卡和穆伦(Skitaka and Mullen)(2002)研究了当小埃连·冈萨雷斯回到古巴他父亲身边时人们的反应(译者注：这里作者介绍了对社会影响很大的古巴男孩埃连事件。1999年11月，当时年仅6岁的埃连随母亲偷渡美国，途中遇海难，其母死去，埃连则获救抵达美国，由居于佛罗里达的叔父收留，从而引发了一场政治意味很浓的监护权争夺战。埃连父亲要求美国送还孩子，因而与美国的亲戚对抗。最后，美国法院裁定，应把埃连遣返古巴与父亲团圆)。他之前和母亲一起用汽车内胎当游泳圈漂浮到佛罗里达，他母亲不幸在途中身亡。佛罗里达的亲戚希望他留下，而他父亲则希望他回到古巴。最终，联邦探员把冈萨雷斯从佛罗里达

㊲ Skitka 和 Mullen(2002)，第 1420 页。
㊳ 获取公平理论的概述请参见 Skitka 等(2009)。

的亲戚家中带走,并送回了古巴。斯奇特卡和她的合作者(2002)分别调研了在当局驱逐冈萨雷斯之前、刚刚驱逐之时和遣返回古巴之后这三个阶段的人们的反应。他们可以收集到足够的信息来判断人们在这个事件中的立场(小男孩是否应该被遣返),以及人们关于制度公平是否优先于联邦执法的信念和认知。他们发现个人对最终结果(男孩被遣返古巴)是否公平的信念更多取决于他们事先的道德立场,而不是取决于过程和公平的普遍信念。至少在这个特殊的事件中,公平正义的意识比过程更重要。[39]

在鲍曼和斯奇特卡(2009)的一项研究中进行了这样一个实验,人们加入一个模拟的集体,行动成功后得到的奖励会捐给慈善组织。[40] 但事实上,并没有所谓的集体,只是个人与电脑的互动。他们告诉参与者,集体中的一位成员可以指定捐赠的慈善机构。比方说,当集体成功赚取大量的金钱后,人们被告知,这些钱会捐给"反对堕胎行动组织",并收到一位虚构的某人的信息,"我选择这个机构是因为他们组织抵制堕胎的抗议活动"。部分参与者有机会发出他们的声音,去提名并描述他们希望这笔钱被用于什么样的慈善组织。在实验之前,人们已经做过一份关于堕胎的看法的调查问卷。实验之后,他们被问到认为程序是否公平,以及他们是否喜欢在这个集体中工作。这项研究重要的发现在于,与先前的研究一致,发声确实有助于提升对过程公平的感知,但是否喜欢在集体中工作**仅仅**取决于先前的道德信念而不是过程中的变量。在个人喜好上,道德使命远远比其他因素更重要。

在另一项研究中,鲍曼和斯奇特卡还是通过对堕胎的不同态度来探讨基于调研设定的道德使命的效果。[41] 不管是反对堕胎还是支持这一选择的人们,根据他们信仰的强度被分级。半数的人有机会发表自己的看法,并被告之他们的看法会被立法者参考。最后,两组参与者被要求表态支持还是反对美国最高法院判定的著名的罗伊诉韦德案(译者注:1969 年 8 月,美国得克萨斯州的女服务生诺玛·麦克考文声称遭到强暴,由于没有能力生育和抚养孩子,要求医生为她堕胎。但是得克萨斯州刑法规定,除了为了"保护怀孕妇女的生

---

[39] Skitka 和 Mullen(2008)回应了那些批判他们原始论文的过程公平的支持者。但是他们承认,在某些环境下,即使存在道德因素,过程因素也是很重要的。
[40] 参见 Bauman 和 Skitka(2009)的研究 1。
[41] 参见 Bauman 和 Skitka(2009)的研究 2。

命"以外的堕胎行为都是犯罪行为,没有医生愿意为她实施堕胎。麦克考文以简·罗伊为名,指控得州禁止堕胎的法律,侵犯了她的"隐私权"。地方法院判决,该法侵犯了原告,受美国宪法第九条所保障的权利,但是没有提出禁止令,罗伊向美国联邦最高法院上诉。联邦最高法院于1973年以7比2的票数,认定得州刑法限制妇女堕胎权的规定违反宪法增修条文第14条"正当法律程序"条款。最后的判决结果:(1)宪法保护的隐私权包括妇女自行决定是否终止妊娠的权利,法律过分宽泛地禁止堕胎,侵犯了妇女隐私权。(2)三阶段标准:应根据胎儿存活性划分妇女堕胎权和政府干预的界限:在妊娠3个月之前,妇女堕胎权不受干预;在3个月后,6个月前,政府干预目的以保障妇女健康为限;6个月之后,政府可以为保护潜在生命而禁止堕胎)。鲍曼和斯奇特卡发现,如同预想中的一样,是否接受最高法院判决的意愿与先前关于堕胎的信念密切相关,并且只与这一信念有关。在进一步评价程序公平的时候,他们发现,发声只对道德强度不高的人们有影响。对于高道德强度的人们而言,结果决定了他们所认可的公平。因此,我们再一次证实了道德使命的重要影响。

然而,这个理论遇到了一个难题,就是并未发现什么样的事件会与强烈的道德使命相关。我们先前提到,特定的道德使命与广义的道德种类只有松散的联系。在极度复杂和缺乏信息的经济社会设定中,人们根本无力应付。例如,试想一下,移民对一个国家是"好"还是"不好"?这是个很难回答的问题。在给出判断时,可能需要考虑到类似集体团结的维度和观念,甚至"民族的纯粹性"问题。当然,另一个重要的方面就是移民的经济效应。如果导致良性的经济后果,那么其他因素相对就不那么重要。但是,公众如何知道这些呢?甚至经济学家在评价移民对经济的影响时也有不同意见。劳动的专业化分工和消费品的价格下降所带来的好处,是否会超过造成某些群体的收入下降所带来的潜在的消极影响?

这些都是非常难以回答的经济问题,但是,即使没有一个确定的答案,也不会影响人们对移民这件事所持有的强烈的道德信念。如何看待移民以及此观念是否受强烈的道德使命的影响?要回答上述问题,就需要超出事实或研究的过程,由社会来决定。社会和宗教价值观、经济走势、媒体方向的引领等,共同构成了最终的社会决策,并影响道德使命的形成。

这些复杂的因素会导致看似随意的道德使命。更有甚者,一旦我们发现道德因素天然地会影响到社会决策时,这一影响将会扩展到先前没有预料到的领域。个人和集体会视其所有,如财产,为他们社会生活的一部分,并赋予它们强烈的道德情感和信念。[42] 我们将在本书的后面部分看到,对财产税的感受与财产的本质和家庭归属的道德感是紧密相关的。

另一个道德使命产生影响的重要领域就是耻辱的观念。人们通常认为那些从政府获取补助或者不工作的人们是可耻的。公平理论可以部分解释这些反应,但是那些暗含的情感因素则更为强烈。部分研究者认为这种耻辱的观念不人道和缺乏社会关怀,我们在第四章将会看到如何利用社会耻辱改善社会效果。

回到我们之前所列举的麦道夫、赫尔姆斯利、斯坦利工具公司和美国国际集团的例子,所有这些事件都与社会决策的道德使命起了冲突。麦道夫和赫尔姆斯利略显轻率地忽视了公平互惠的社会惯例,而斯坦利工具公司和美国国际集团的高管们则漠视了社会责任。美国国际集团分发的红利也没有通过"应得"测试。在麦道夫和美国国际集团的例子中,涉及金额的大小也导致了人们的愤怒。史前人类可能理解不了庞氏计划、税收逃避、"税收倒置"或者"紧急救助",但是他们所具有的相同的道德本能在这些案例中都有体现,虽然这些道德本能的现代版本明显是基于社会建构而形成的。

制度正当化理论

截至目前,我们已经用心理学甚至神经学上的前沿知识来描述个体,并判断在程序中、社会经济交换中和在资源的分配中是否存在不公平。在许多社会环境中,个体经常会因为见到或遇到违法事件或不公平事件而义愤填膺。个体站在舞台的中央,根据复杂而主观的个人信仰和情感反馈去评判世界上的事情是否公平。

社会心理学中还存在另一种传统,认为个人并非完全自主,而是会改变自己的观点、思想甚至情感回应,以适应外部社会环境。或许这一传统的最常见的支柱是**认知失调理论**。认知失调是指由于同时持有两种相互矛盾的思想、

---

[42] 参见 Ledgerwood 等(2007)。

信仰或者认识,导致心理上的无所适从。认知失调理论揭示了人们会想方设法转变态度、信仰、行为,或者对自我进行合理化或合法化,来降低他们的不舒适感。在某种程度上,该理论是对伊索寓言中的"酸葡萄"概念的进一步发展。

利昂·费斯汀格的著作《当预言失灵》是众多认知失调理论的经典研究之一。[43] 就像电视节目《阴阳魔界》中的一集所描述的那样,这本书同样讲述了一个相信外星人会降临地球的组织的故事。这一组织的头目宣称从外星人那边接收到一个秘密,地球很快就会遭遇一系列毁灭性的打击和灾难。外星人承诺,在灾难发生前,他们将派出一艘船来拯救这一组织的成员。费斯汀格让他的学生潜入这一组织去研究其中的成员,这一惊人的举动在当今的大学里肯定是不被允许的。费斯汀格很想看到,这一组织中的成员将做何反应,因为他们头目的预言注定会失败。但费斯汀格和他的学生们发现,仅仅这一组织外围的成员最终放弃了对组织的信仰,而那些对组织做出最大承诺的忠诚的信徒,不仅保持着这一信仰,而且愈加痴迷其中,甚至劝导别人去相信。这些真正的信徒只有通过对先前信仰更深的信服,才能化解这一变故所导致的内心失调。

其他阐述认知失调的研究虽然没有那么引人注目,但或多或少也阐明了这一现象。例如:

- 实验参与者被要求进行重复枯燥的工作。群组中半数的人仅收到少量象征性的报酬,而另一半的人却所获颇丰。当被要求去说服别人关于承担这项工作的价值性的时候,收入较少的那部分人往往更加积极。[44] 而收入最少的那部分人甚至找到更多的理由来给自己浪费的时间找合理化借口。
- 首先,要求女性参与者评估一系列的家用电器,然后允许她们留下1~2件。这些选择完成之后,要求她们重新对这些家电进行评估。被选中的家电在排名中会有所上升,而没被选中的那些排名会有所下降。[45] 从这个例子可以看出,人们是如何解决决策后失调的问题的。
- 将孩子们和玩具单独放在一间房间里,但是告诉孩子们不可以玩玩

---

[43] Festinger 等(1956)。
[44] Festinger 和 Carlsmith(1959)。
[45] Brehm(1956)。

具。实验者对一部分孩子给予严厉的警告,而对另一部分则较为温和。与预期相反,当最终允许孩子们把玩玩具的时候,那些被温和警告的孩子反而并没有那么想玩玩具。这一理论对此的解释是,在预期惩罚没那么严厉时,孩子们会设想更多理由来不玩玩具,因而他们通过降低兴趣有效地减少了玩具的吸引力。[46]

认知失调理论文献关注的重点在于,在较小的社会环境设定下个人的反应。最近出现的一篇更新的文献颇为类似,但更强调个人如何在更广泛的社会环境中来调整他们的观点。**制度正当化理论**探索了个体为何倾向于维护社会现状,即使他们并没有从中获得好处。[47]

为了说明制度正当化理论的范畴,我们来考虑一下布拉西和约斯特(Blasi and Jost)(2006)所讨论的众多案例:

● 在2000年紧锣密鼓的总统大选之前,实验参与者收到一份编造的关于他们喜爱的候选人(戈尔或者布什)胜出可能性的民意数据,并被询问他们对候选人的整体期望。当他们自己支持的候选人前景惨淡时,人们更可能将他们本来支持的候选人评估为不那么令人满意的,转而觉得其他候选人更合适。这是一个很好地阐释社会上"酸葡萄"和"甜柠檬"现象的例子。

● 白种人、拉丁美洲人和亚裔美国人学生被要求一起参加一个"互相认识"的活动,这些学生的姓氏可以清楚地反映出他们所属的种族群体。所有的三个团体都倾向于与白种人交朋友。这一发现说明弱势群体更喜欢与优势群体进行往来。[48]

● 个体对于不同群体的刻板印象,取决于他们感觉到的这些群体对社会秩序的威胁。人们被要求阅读下面两则对美国的描述中的一个:第一个故事描绘了处于威胁中的美国,而另一个则描绘了处于良好状况下的美国。然后人们被要求用若干形容词来评价强势的人和过胖的人,受"衰退中的美国"影

---

[46] Aaronson 和 Carlsmith(1963)。
[47] 获取问卷和概述,请参见 Blasi 和 Jost(2006)。
[48] 这项研究并不能说明弱势群体的这一选择是出于对优势群体一定程度的嫉妒,还仅仅是想利用这个场合来获取机会。

响的人们更倾向于将强势的人评价为聪明但不快乐,而对于过胖者的评价则是懒惰但善交际。在感知到威胁时,人们明显更倾向于与社会现状相一致的陈述。

为了将这一理论放置于实际环境中,很有必要将这一理论与其他普遍持有的关于社会现象的,或者强调个人利益,或者强调集体利益的观点进行对比。基于利己主义的假设,许多社会科学和日常现象得以预测:企业主追求利润、社会流动寻求最优"匹配"、利己的政客寻求长的任期甚至直接渎职。类似地,我们的身份经历和宗教政治强化了我们对团体信条的敏感性。我们习惯于看到美籍犹太人和福音派基督徒支持以色列人,众多的少数群体在大学或政府机构积极开展行动项目,倡导对"奴隶"进行补偿,或者要求对第二次世界大战中被关入日本人的集中营的受害者进行正式承认并赔偿。实际上,很多时候我们的政治行动要么是出于个人利益,要么是出于群体利益。

然而,制度正当化理论也认为很多社会现象既不能用个人利益来解释,也不能用群体利益来解释。特别地,有一种深层的倾向是去接受社会现状,并且认为现有的社会阶层分化是公平的。这与人们固有的"公平世界"的心理信仰紧密相关,"假定人们(包括我们自己)应该得到的都已得到了,并且人们得到的都是应该得到的"。[49] 当然,社会中存在激变的时刻,现存的秩序会被推翻以追求变革或者乌托邦式的目标,但这些时刻毕竟很罕见,大多数情况下还是保守的本能在起主导作用。

支持制度正当化理论的证据有多确凿呢?在约斯特、巴纳吉和诺赛克(Jost、Banaji and Nosek)(2004)的一项调查中,他们列出了从该理论中获取的20个命题,并评估相关的支持证据。除了上述发现外,他们还发现了大量的证据,可以证明存在对弱势个体(即群体外的受惠的弱势人员)的"群体外偏袒",并且人们对制度正当化的呼声越高,该偏袒也越会强化。

以下的研究发现具有典型性。首先评估人们对社会现状合法性判断的尺度,然后来看这些判断与群体内偏袒和群体外偏袒的方式是否相关。对于社会地位高的群体,他们的信仰更多与群体内偏袒相关,而对于社会地位低的群

---

[49] 该理论出自 Melvin Lerner(1980),并可参见 Blasi 和 Jost(2006)第 1124 页中的简单描述。

体,则更多与群体外偏袒相关。[50] 一些基于日常事例的研究证实了这一发现。例如,大学名称(斯坦福和圣何塞州立)的积极或消极的潜在关联,地理位置(帕洛阿尔托和圣何塞)或者校队吉祥物(主红雀和斯巴达人)都会产生影响。[51] 在这些研究中,无论地位高还是低的群体都表达了对高地位群体无意识的偏袒。[52] 这说明这种现象不局限于种族或性别的案例中。

其他一些研究探讨地位高低不同的群体的心理表现,如抑郁、神经质和不自信,并把这些结果和制度正当化方式联系起来。总体来说,这些证据表明,制度正当化理论强调了一项重要的社会心理倾向。

制度正当化理论也可以应用于经济和税收政策的众多领域。它对研究者们提出了一个警告:因为社会群体会出于心理原因接受社会现状,所以对于再分配和不公平的态度可以说部分是内因性的。这种态度对于商业周期的状态颇为敏感,在经济不景气的时候会更多地倾向于接受不公平。

关于社会现状公正的信仰——如精英教育制度,或者社会结果中应该重视努力胜于重视运气——同样会被个体的社会地位高低以及制度所受到的内外部威胁的程度的大小所影响,这些都会导致制度正当化的加强。[53] 相反,那些在经历了不同经济和社会威胁环境下仍然牢固的态度可能更加根深蒂固,而不是源于"公平世界"或者制度正当化的动机。探索社会环境变化下态度的稳定性,是寻找动机和理解其态度背后的奥秘的一个非常好的工具。

民间正义的规范分析的启示

这本书的主题是理解和评价税收制度,并可能对其进行改革。我们必须认真对待之前已经详细描述过的构成民间正义的因素。如果不考虑这些人的内在属性,无论是实证还是规范分析,社会科学都会不起作用,并且在制定社会政策好坏的评判标准时也很糟糕。被称为**政治现实主义**的政治哲学的传统也支持上述观点。

---

[50] Jost、Banaji 和 Nosek(2004),第 901 页。
[51] 著名的斯坦福大学坐落于加州的帕洛阿尔托,其吉祥物是主红雀。
[52] Jost、Pelham 和 Carvallo(2004)。
[53] 参见 Ledgerwood 等(2011)。

罗蒙德·盖伊斯(Raymond Geuss)的《哲学和真正的政治学》一书虽然篇幅不长,但其中的分析令人信服。他在此书中提出了关于政治哲学的研究方法和目标的一些观点。盖伊斯将他的方法与他所称为的"伦理至上"战略进行了对比。该战略认为建立一个完美的理论需要两步:第一步,基于道德行为的原则构建一种理想化的力量;第二步,将此理想化的理论付诸政治代理人的具体行动中。与此相反,他的"现实主义"方法具有以下四个特点:

第一个特点是,政治哲学必须要以社会、经济和政治制度的实际运行作为开始,必须要考虑特定的历史背景和政治人物真实的动机。这一现实主义研究方法的特点,与认为人们应该如何行动的理想化方案形成了鲜明对比。政治哲学需要与实际的政治实践和信仰直接接触,即使后者有时不乏幻想的色彩。第二个特点和第一点相关,认为政治哲学应该主要侧重于行动,而不是简单的信仰或主张。第三个特点,对政治学和政治哲学的研究应该建立在历史层面上。盖伊斯认为追求政治哲学的"永恒的问题"是徒劳的,因为这些问题的答案需要放在特定的历史和政治背景中。最后一个特点,盖伊斯认为政治更像一个艺术品而不是理论应用,这与迈克尔·奥克肖特的隐性知识理论相呼应,好比工匠的工艺品,隐性知识也没法用纯粹的理论术语进行表达,但在实际的操作和制作中得以展现。[54]

盖伊斯故意模糊了"政治理论"和"政治哲学"的界限,也没有明确地区分规范方法和实证方法。在他看来,"政治可以按照不同方法进行研究……并没有唯一标准的建立政治理论的风格"。[55] 虽然他并没有否认在特定的情况下可以产生规范和实证的区别,但是只专注于这一区别会限制政治哲学的范围,并阻碍它探索其他问题。

在盖伊斯看来,政治哲学应该关注出现在所有历史时期的相互关联的三个问题。第一个是弗拉基米尔·列宁提出的问题,"是谁?"这个问题专注于权力,以及人们在政治体系中可以对其他人做什么。第二个问题由弗里德里希·尼采提出:在实际情况下,人们的优先级和偏好是什么?具体来说,当人们被迫做出具体的最好选择时,他们如何在"真实时刻"表现出自己的取舍?

---

[54] 在 Oakshott(1962)的论文中表达了这些观点。
[55] Geuss(2008),第 17 页。

第三个问题来自马克斯·韦伯:任何政权的政治合法性的基础是什么?

任何政治制度的核心都离不开上述三个问题,很显然,这三个问题历史久远,并且将随空间与时间的变化而变化。正如盖伊斯所说:

> 我们发现自己是有限的、脆弱的、相互依赖的生物,同时也可以有独立的行动和判断。我们注定要通过各种权力关系与他人相关联,在面临时间和资源有限的压力下,我们采取一致的行动,而这样一种方式在某种程度上解释了我们以及他人为什么会这么做;在一定范围内,除非我们是异常宽容或深刻,我们总期待别人给我们一些类似的对于他们和他们的行为的解释。㊼

考虑到这点,政治哲学的任务是什么呢? 政治哲学有诸多功用。它帮助我们理解社会中的权力关系、既定的决策以及社会对它所做选择的解释和说明,甚至社会也要给自己一个理由去进行选择。同样地,它帮助我们去评估这些关系。不仅如此,还可以让我们认识到我们可以怎样界定自己在这个系统中的位置,并找寻方向,这种认识是很有意义的。政治哲学也不局限于当前的政治实践,通过把看似不相关的一系列做法视作未来潜在的一个整体的愿景(比如"福利国家"或"机遇社会")的部分内容,不断地在理念上进行创新。反过来,这些理念也能够激发出一些不通过新视角就无法轻易察觉的新机会和政治创新。最后,政治哲学给当前的政治安排提供了新的合法性解释,澄清了对社会理解的常见谬误,从而创建或者揭开了政治意识形态的真相。

尽管盖伊斯的研究比我们关于"民间正义"对税收政策制定功效的调研项目范围更广,我们的研究的重点同样集中在理解具体的基于历史背景的特定情形上。我们的调研项目也强调政治理论和政治哲学需要考虑实际动机,而不应该只是构建"理想的"体制类型,或者脱离了个体行为的模型。在研究中,我们从个人和社会的动机着手,并且分析这些动机是怎样渗透在社会体制建立和发展的过程中的。

通过讨论盖伊斯对于约翰·罗尔斯的著作《正义论》的解析,有助于我们去体会他的论证的说服力(盖伊斯也剖析了罗伯特·诺齐克对于"权利"的强

㊼ Geuss(2008),第37页。

调,但是他对罗尔斯的观点的批判更适合达到我们的目的)。让我们简要地回顾一下罗尔斯的理论。

在他的论著中,罗尔斯探讨了正义在现代社会的根基,他的著作试图寻找任何一个社会所基于的规范的原则。其目标是建立一个关乎正义的理论,这个理论被看作是公平的根基。罗尔斯用来建立这个理论的方法,是把个体还原到"原初状态",以便决定社会规则和结构。在这个"原初状态"上,个体被赋予了理性和人的本质属性,但是不知道他们将在一个社会中所处的境况。因此,当选择社会秩序结构时,他们会进行一系列"理性的掂量",这些"理性的掂量"最终会成为被称为**反思的均衡**的一部分。在这个理性化的设置中,出现的关于正义的理论上的原则被拿到关于公平的通俗而日常的信念中去对照。经过广泛的、深入的、反复的掂量,正义的理论原则和公平的日常信念都会经历改变。当这个过程终结时,这两者是一致的。因此,研究结果是一个反思均衡,在这个均衡点上,信念和理论原则最终是统一的。

追踪这个过程,罗尔斯认为两个基本的社会特征会从中显露出来。首先,个人有广泛的基本的自由,这其中有某些更加基本的自由,连政府也不容许侵犯;其次,除非不平等能提升社会中境况最差的人们的福利水平,社会才能够容忍这种不平等。这被称为差异原则。罗尔斯认为,反思均衡融合了这些原则。

罗尔斯的理论得出了相当多的引人注目的结论。因为个人在原初状态不知道他们自己的价值观、偏好、智商、动机或者家庭背景,他认为他们会选择并不偏袒这些优势的社会体制。因此,像有野心的、聪明的或者幸运的个人不会具有物质上的优势,除非这些优势能够提升社会上境况最差者的福利。这些优势可以被看作整合的社会资源,这类资源使整个社会获利,而不会直接归于某个个人。一个人出身优越,或者在成长过程中被培养得很有野心和上进心,仅仅是一种幸运。个体也许"应得"这些由工作而产生的回报,这些回报是合理的期望,但这种合理性仅仅因为基本的社会回报机制是公平的。不能将个体基于其行为而应得某些回报的观念抽离开来,只能基于思考一个公正的社会中的正当预期的情况下来考虑。

罗尔斯以"独立的社会理想"开始,对正义进行分析,盖伊斯强调了这一点，并以此展开他对罗尔斯理论的批判。现引用《正义论》的开头几句："正义是社会体制首要的美德，就像真理对于思想体系一样……（我们）对于正义的首要性有一个直觉性的认可。"(57)盖伊斯反问到底存不存在一个事实上对正义有一致观念的"我们"的集体。正如盖伊斯曾经相当详细地表述过的一样，日常用语中"正义"的概念是不清晰的——在不同的时间和地点中有不同的意义。正义应该被理解为像罗马律法中所解释的那样"给各自所应得的"（现代公平理论）吗？还是应该体现经验主义者的看法，即正义是一切卓越美德的呈现吗？或者说，公正是资源共享平等、机会平等、过程或程序公平的代名词吗？

所有这些概念和我们在"民间正义"的分析中所发展起来的其他概念一样，从不同的维度阐释了我们关于正义和公平的理念。对正义概念的理解是多元化的，它们以各自独特的方式进行了极佳的演绎。然而，当美德是多样化时，它们会产生不可避免的冲突。我们在这些美德中应当如何调节这些不可避免的冲突呢？如果有冲突，处在罗尔斯原初状态时的"我们"，该怎样在这些美德中做选择呢？所谓的"我们"的偏好和身份，难道不会改变在这个原初状态中要发生的权衡取舍吗？平等的观念是不是总是高于社会中美德的理想，或是社会关系中的公平交易呢？

现在，罗尔斯的维护者可能强调：由于位于原初状态的人们的理念和判断最终会趋于收敛，那么实现反思均衡的过程是能够解决问题的。但这个命题是建立在一系列对个人理念和态度的一些不明确的、经验主义的假设上的。假定社会成员持有与罗尔斯及其追随者截然不同的强大的信念。反思的均衡能够带来新的成果吗？或者说，可能由于依据的初始个人信念依据的不同而造成有很多不同的反思均衡吗？实验型的哲学家们会在此提出建议，在进入空想的哲学研究前，我们应当根据彻底的经验视角来考察潜在的个人理念。(58)

盖伊斯进一步指出，罗尔斯的原初状态的概念既太强又太弱。太强是因为它不允许个人可能深藏的某些观点的存在（比方说拥有纯粹的平等主义者理念或者贵族阶级观点）。太弱是因为它可能允许了在阐释原初状态时，积极参与和表达这些观点却受某些含有恶意的理念（比如女性歧视论）的影响。

---

(57) Geuss（2008），第 70 页和第 73 页。

(58) Steven Stich 在《Sommers》第八章的访谈中强调了这种观点。我们将在本章末和第六章进一步讨论这一观点。

公平不是唯一一项社会美德。盖伊斯表示，在某些特定的情况下，人性、尊严和慈善会战胜公平。那些年轻的或者有孕在身的妇女在犯罪后是否应该（"公平地"）同样被监禁呢？如果不是，公平的哪一部分需要被修正以及应该做出怎样的修正？同样的问题在特定情景下的分配问题上也存在。一个自愿操劳家务的女人是否应当获得与寡妇或已婚夫妇相同的社会福利呢？处于原初状态真的能够在反思后达成对这些问题的道德理论上的一致吗？这些我们内在的倾向、深层次的道德判断和我们对社会制度的公平性评价都是我们的社会和制度结构所具有的普遍性特点。

当我们将目光朝向"民间正义"，如果关于平等的理念被"硬连接"到人类的心理上，我们又怎么能期待罗尔斯对作为公平的正义及其相应影响的关注，能够超越人们在制度构建时可能选择的，更重要的是的确选择的价值评判标准呢？盖伊斯批评罗尔斯不去联系实际，而是创立了一个"理想化的理论"。"众所周知，罗尔斯理论研究中缺乏理想的需求是如何实现的，这并不是光彩熠熠的脸庞上的一个美人痣，而是一个致命肿瘤在皮肤上的信号。"[59]

从另一个截然不同的观点来看，经济学家和哲学家阿马蒂亚·森（Amartya Sen）在他最近的一本书《正义观》里回应了盖伊斯对罗尔斯的一些批判。他的批判在于，罗尔斯主义传统对于理想制度的规则过于关注，而忽视了基于历史背景会产生的结果。然而，由盖伊斯和阿马蒂亚·森同时强调并定义的是，为实现"正义"，需要深刻理解社会中的权力和缺乏权力以及日常生活中规则是如何实施的。实现和结果都必须被关注。产生的结果反映了处在历史和社会背景之下的制度以及"民间正义"的更深层次的原则。

一个理想主义者的宣言

在其2002年的著作《所有权的迷思》中，利亚姆·墨菲（Liam Murphy）和托马斯·纳格尔（Thomas Nagel）提出了一个恰当的例子来说明现代的自由主义专家对于税收的哲学思考。在前言中，他们正确地观察到，独立于"罗尔斯主义革命"和对于正义的哲学兴趣的复兴，对税收的思考方兴未艾。经济学家和税收政策专家运用自己的语言并通过内部争论发展了很多概念，如**横向**

---

[59] Geuss(2008)，第94页。

公平(境况相似的个人应受到平等对待)和**纵向公平**(对社会上经济状况好的人征收更高的税),这些与哲学文献没有直接的联系。墨菲和纳格尔的研究项目是为了纠正这种脱节,将税收公平的争论与哲学上的近期进展联系起来。

墨菲和纳格尔认为,在税收政策重点的讨论中,过分强调基于测量有关税前收入的税收负担,隐含的前提是个人或其他实体**有权**享有这笔收入。他们称这种"假定税前的市场结果是公平的"的观念是关于财产权的"日常生活中的自由主义"的体现。[60] 他们的著作重点强调,并不能假定人们获得的税前收入就一定是公正的。任何企图在此基础上构建的公平的观念,对待公平和正义都不会令人满意。

从狭义来看,基本经济理论也认识到用税前收入去衡量税收负担的局限性。假设生产商以 1 美元的价格卖给消费者一个产品。然后政府向生产商征收 6% 的销售税,生产商可以通过收取消费者 1.06 美元来将全部金额的税收转嫁给消费者。生产商将不用承受任何税收,他的税后收入仍是 1 美元。然而,对生产商收税会给旁观者一种感觉,仿佛是生产商承受了这些税收负担。

不过,墨菲和纳格尔提出了一个更加基本的观点。用他们的话来说:"私人财产是一种合法的约定,而税收制度构成其中的一部分;因此,不能通过对私有财产的影响来评估税收制度,可以视其为本来就是独立存在并且是现实有效的。税收必须要被看作是其帮助构建的总体财产权制度的一个组成部分。税收上的正义或非正义只意味着财产权制度,或者说由于特定的税收体制所导致的正义或非正义。"[61]这个逻辑的含义是,我们不能通过税收本身,而是需要通过整个经济体制的公平性来看税收公平与否。

换一种说法,税收制度通过筹集收入以支持政府系统,从而通过这一法律体制定义和限制了一些特定类型的财产权,并使其合法化。这些由税收制度筹资和支持的法律合约,定义了经济体制的因素,从而允许个体参与经济活动而获得税前收入。因此,为了评估税收制度的公平性,就需要评估经济中作为一个整体的资源分配状况。一个例子是罗尔斯主义所采取的,即试图评估收入分配的公平性。事实上并没有纯粹的基于税收的公平评估。

---

[60] Murphy 和 Nagel(2002),第 15 页。
[61] Murphy 和 Nagel(2002),第 8 页。

以上批评带来的后果是,他们书中的一个重要主题,即税收文献中最基本的横向公平和纵向公平的这两个概念,如果脱离了对经济体制整体的公正性分析,其在伦理道德层面上并没有独立的地位。横向公平(境况相同的人缴纳相同的税收)和纵向公平(收入较低的人缴纳较少的税收)仍然是基于税前收入的分配。如果税前收入的分配没有独立的道德地位,那么这两个概念也没办法站得住脚。墨菲和纳格尔认为,真正重要的是最终税后收入分配,而不是税前分配的概念。[62]

墨菲和纳格尔所见不差,横向公平和纵向公平这两个概念确实被立法者、经济学家、法学教授和其他税收专家用来分析税收的公平性。尽管这些标准经常被认为是不足以据此制定特定的政策,一些评论人士仍然采取了另一种方法,试图证明这两个标准单独来看也可能有效。这些批评聚焦于横向公平的概念,从而在确定对待那些境况更好或者更糟的个人时,先来判断什么样的人是境况相同的,并以此作为前提条件。

许多经济学家,其中最有名的是路易斯·卡普洛,反对将横向公平作为判断税收公平性的独立机制。[63] 对于横向公平,批评者指出:说两个当事人实际上境况相同时,需要做出复杂的判断。在事故后给受害者补偿10万美元,能否看作给没有受伤的工人10万美元是一回事?或者,另一个经典例子是,一个有两个成人与两个孩子但只有一人工作的家庭和两个人都工作的家庭,两者应该缴纳相同的税收吗?显然,做出的判断应该独立于判定当事人是否处于相似的地位。如果事实就是这样,为什么还要有一个独立的横向公平的理论?

不同于这些对横向公平和纵向公平概念应用的合法性的关注,墨菲和纳格尔的论证沿着另一个方向进行。他们质疑所有关于税收负担的税前收入的讨论究竟是否有意义。相反地,他们认为,需要通过收入分配的伦理视角对税收政策进行透彻的分析。

正如我们在第一章中所讨论的,沿袭詹姆斯·米尔利斯传统的最优税收政策满足了这个需求,并且通过灵活选择社会目标函数实现了罗尔斯主义的

---

[62] 最优税收理论也是基于社会福利函数评估的最终结果。
[63] Kaplow(1989)。

纯粹分配问题。在处理他们认为很关键的累进性的问题时,墨菲和纳格尔有效地运用了最优税收的方法。[64] 这是对其非常重要的认可。路易斯·卡普洛在其著作《财政学与税收理论》中通过具体的例子证明,从经济学家的视角来看,最优税收理论不只在分配领域中很重要,而且也涉及效率问题。例如,到底是以收入还是以消费作为税基,需要在综合的最优税收框架下分析,而不能只是从不同税基的相对效率出发来讨论。墨菲和纳格尔确实对税收激励效应的规模持明确的怀疑态度,但不同的基于经验的判断可以很容易地纳入最优税收框架之中。

从一个更广的视角来看税收在整个社会中所扮演的角色,显然,墨菲和纳格尔关于公平和税收的观点也存在**局限性**,并且实际上,对于税收制度的理解也过于理想化。他们只关注联邦政府的税收。即使在有限的范畴里,他们主要的兴趣也只在于分配所扮演的角色。他们从理论上讨论了公共物品,但目的主要是为了说明其规模和范围取决于分配问题。

他们的书中没有关注现代税收国家的完整规模和整体架构:由于不同级别的政府而造成的重叠的税收、复合税种和税基(营业税、财产税、个人所得税、遗产和赠与税、开采税、增值税),以及一个围绕在现代税收制度周围的复杂的社会环境和专业知识群体。这个内容丰富的社会环境包括会计师、税务律师、帮助富人避税和帮助穷人贷款退税的中介公司、提供避税服务的组织、大型企业的税务部门、国家税务部门、税务征收机构、各级政府税务立法和行政官员,以及经常被税收搞得晕头转向的纳税者。税收法律正是在这样一种社会背景下被讨论、确立和执行的。

同样,也是基于这个社会环境,公众感受到的公平会影响现实税收体系的运行。分配问题也很重要,但与我们已经讨论的民间正义的构成要素相比,难免黯然失色。过程和程序主导着法庭上的讨论,凸显了程序正义的关键作用。程序正义对于理解税收道德和税收遵从的意义,同样是至关重要的。强调成本和收益关系的交换和平等理论,在地方税收,特别是财产税方面起着特殊的作用。超级富豪们运用种种扑朔迷离的手法来避税,激起了持有奥林匹克式公平分配观的民众因此而产生的道德使命,而这一点在墨菲和纳格尔的研究

---

[64] Murphy 和 Nagel(2002),第 135—139 页。

中也未体现。由于忽视了税收的多个层面问题以及税收实施的社会环境,墨菲和纳格尔基于道德层面的分析没能抓住影响现代税收最重要的因素。

墨菲和纳格尔的书描绘了一个包括税收体系和在此体系下日常生活和交往的个人构成的制度所带来的贫困的景象。正如前文所述,本书中关于税收公平的部分要远远多于再分配。财产税反抗和税收遵从是对民众所感受到的税收公平与否的直观反映,而这并非与分配问题相关。然而,我们将会在第四章看到,即使把关注的焦点放在分配问题上,民间正义所关心的问题也更加复杂,而不仅仅局限于最后的分配状况。

无独有偶,一些批评者也用与本书相关的主题,指出了墨菲和纳格尔分析中的严重局限性。杰弗里·布伦南(Geoffrey Brennan)针对墨菲和纳格尔分析的局限性提出了类似的批评,他是这样描绘 Murphy 和 Nagel 的一个主要观点的:"对评价税收制度公平性感兴趣的唯一目的,是税收制度如何影响财富的最终分配。横向公平与纵向公平的观念——此类财政学学者传统上非常关心的概念——并没有独立的规范地位。"[65]布伦南强调,我们不只关心收入分配的总体情况(比如每个阶层所占的收入比例),也关心处于不同阶层的都有哪些人以及他们是如何跻身于此的。在布伦南的例子中,假如墨菲和纳格尔都工作过的纽约大学决定武断地调换他们的薪水,这并不会改变收入分配的总体情况。然而,对于大多数人来说,这一举动可能会导致现实的伦理后果。

布伦南利用这个例子证明了我们关心影响自己的产品与最终分配成果的过程和权利。我们的公平理论中民间正义的概念也指向了相似的观点。我们希望成果(此例中指薪水)与贡献(过去或现在的努力)和能力相关。不影响宏观分配但却从根本上改变了个人收入分配的随意的再分配,严重影响了我们对公正的理解。墨菲和纳格尔的确在税收政策中讨论了歧视的问题,但是他们并未关注所谓的"伦理上感兴趣的"案例,诸如种族和性别歧视,以及相反的,诸如房主对应租户这样的案例。公平理论认为"伦理上感兴趣的"案例的范围其实更加广泛。

布伦南还指出,墨菲和纳格尔的争论有过度诠释的嫌疑。回顾一下他们

---

[65] Brennan(2005),第 129—130 页。

的观点:税收收入可以确保一个国家保护公民产权的能力,而产权在一定程度上决定收入,那么由产权而来的收入不能作为判断税收公平与否的标准。但是注意,其观点与税收的性质和等级无关,也与依赖于税收的国家类型无关。或许在某些政体中,并不是每一个公民都赞同他们的收入会受税收支持的政权类型的影响。民主主义、自由主义和极权主义能混为一谈吗?税收在其中又扮演着什么样的角色?

布莱恩·加勒(Brian Galle)(2008)也对墨菲和纳格尔提出了批评,反映的是我们之前强调的一些程序上的问题——这次是基于实际上的立法实践。加勒的目的是维护作为税收政策的一个独立规范的横向公平,以区别于公正的其他概念,而这恰恰是墨菲和纳格尔所否认的。他认为维持横向公平——其实并不是为特殊的群体专门来制定特别的规则或者差别——是一个对从税收委员会到政府其他共同参与协商民主项目的部门(其他立法委员会)的承诺。如果没有这样的一个约束,税收委员会将对于来自其他委员会制定的能影响再分配的政策无能为力。但这可能会导致敌意,被政府的其他部门视为缺乏尊重以及对合法性的破坏。收入委员会作为政府的资助者是一个特别的角色,并且出于对于社会可能结果的考虑,收入委员会必须保持中立。同时,审议民主项目将会实现和解。横向平等的价值规范能够有助于中立的实现。

一个相关的观点是"政府"并不是一个单独的整体,而是由许多不同的派别所组成,他们有共同的利益,也有各自的打算。这就需要互相妥协、求同存异,达成一定的规范,以便实现共同的利益。以横向公平为约束而形成的政府税收委员会,在整体的政府架构中,也作为一个沟通机制来体现对过程和程序的尊重。如果没有这样一个限制,政府中的各个派别将会各自为政、针锋相对、效率低下。

加勒提出进一步的论证,赞成将纳税横向公平作为一种尊重收入分配现状的手段。从一定意义上来说,一个国家的税收职能是首要的,因为如果税收没有增长,那么政府就不能运作。因此,这个职能需要良好的运行,并且避免陷入争议。这就是为什么税收管理者的政治形象通常很差,并且他们的管理行为看似是迫于法律和法规的。一种一定能对税收职能造成争议的办法,就是将它本身卷入分配的斗争中去。横向公平作为一个规范,通过税收制度中不安排特殊的税收优惠和好处，从而避免税收职能陷入这些斗争。这实际上有助于使重要的国家收入的职能不受个人因素影响。同时，这也可以被看作一种为了维持对税收征管程序和过程的尊重的更大的努力。

可以从这个角度看待"税式支出"这个争议很大的概念。税式支出被看作偏离规范的税收制度而损失（或获得）的收入。在收入所得税中，税式支出通常违反了横向公平的原则，比如通过租客来补贴房主。根据税式支出预算，偏离了这个准则的代价——比如抵押贷款利息的扣除——被称为"支出"。它们被称为支出的原因，是因为它们原本可以通过正常的预算过程获得，但实际表现为补贴而未缴纳给政府。通过提出税式支出的概念，它的创造者想保护税收制度免受社会政策的干预。虽然通过税收体系来执行社会政策的压力是巨大的，但是税式支出预算确实强化了纳税可能会偏离横向公平的原则。因此，它为保护政府财政的完整性提供了一个工具和途径。

不论是在政府的重大改革还是在重大选举中，分配问题都是很重要的。关于累进税的适用范围以及所得税与遗产和赠与税在实施累进税中的作用，可能因为不同观点带来大规模的辩论，实际上现实中这些问题也确实是争论不休的。但是一旦这些变化的指标通过税收制度已经起到作用了，那么横向公平原则对于收入分配就是一种恢复稳定并结束混乱的手段。

公平与福利

路易斯·卡普洛和斯蒂文·萨维尔在《公平与福利》一书中探索了法律规则的规范基础。在法律和经济传统这一领域，他们的综合性研究致力于通过有关侵权、合同和惩罚的简单经济模型去探索基于个人效用最大化基础上的规范原则——他们认为的"福利"——与基于其他道德原则之上的规范准则，即"公平"之间的不同。他们的工作可以看作是对先前法律规范研究的一个拓展。之前的研究仅仅阐释了可选择的法律规范的经济代价与利益。比如，在吉多·卡拉布雷西(Guido Calabresi)或者理查德·波斯纳(Richard Posner)的著作中都有提及，后者的分析更为一般化。[66] 卡普洛和萨维尔以一种比前人更为综合性的视角来看待该问题，他们的分析在个人效用框架内展开，这种

---

[66] Calabresi(1970)和Posner(1981)。

方法比纯粹的货币总量适用性更广。正如下文所示,这将给我们的分析带来重大影响。

卡普洛和萨维尔通过揭示简单的法律现象,以及分析基于福利与公平之上的其他可选性原则开展工作。他们的基本的研究方法很直接。对于任何特定情况,比如法律涉及在事故中的侵权行为(伤害),他们构建了一个简单的模型,以探究个人在其他可选性法律规则下的动机。之后,出于简化的考虑,他们通常从货币花费出发,观察这些关于个人福利的规则的后果。依据这一情形的特定事实,通常一个规则将优于其他所有规则,我们称其为福利最大化准则。其他任何规则都将导致更低的福利水平。因此,基于"公平"原则的规则将导致更低水平的个人福利,除非该原则恰好与福利最大化准则相一致。因此,他们总结,应该以福利最大化为标准,使用规范分析去决定合适的法律规范。

卡普洛和萨维尔将公平的特征归纳如下:"公平概念有这样一种属性,在判断法律政策如何影响个人福利时,不能将此作为唯一排他的标准,甚至有时候完全不依赖此概念。"[67]因此,根据这个定义,如果卡普洛和萨维尔认为个人福利应该是价值评判的最终标准,那么顺理成章的结论便是,以下的公平准则将削减福利。比如,在一种犯罪情境下,如果政策的制定是基于惩罚而非威慑考虑,那么个人福利将会被削弱。

卡普洛和萨维尔的方法明显地落入了功利主义福利经济传统的窠臼,并且被批评家们所怀疑,这些批评家的观点与那些反对功利主义哲学的观点类似。一个实际的问题是,在现实生活中,当立法规则影响一些群体而非其他群体时,找到一个用以给世界各国排名的社会福利函数非常困难。[68]在运用福利分析方面,这是一个众所周知的难题,然而,我们也可以探寻其他可能的社会福利函数,检验它们对于立法规则排序的作用。

一个更加深刻的批评是来自于伦理方面**道义论**的研究方法,它着重于与道德原则相关的权利和义务,而不是简单的结果或后果。比如,惩罚一个无辜的人可能会违反道义论原则,哪怕基于社会福利分析,这种情形下国家福利的

---

[67] Kaplow 和 Shavell(2002),第 39 页。
[68] Farber(2003)。

排名优于无辜的人不会受惩罚情形下的国家福利排名。[69] 卡普洛和萨维尔并没有深入探讨为什么一个经济福利的标准优于其他伦理道德的方法,他们仅仅是采用了这样的假定。因此,其他任何标准都比不上福利标准。他们认为其讨论大部分是同义反复。[70] 评论家认为,他们的研究的价值,充其量最多可以揭示出建立法律规则的方法与基于公平概念上的其他可选方案之间存在矛盾。[71] 整体来看,很多评论家发现,他们基于量化个人偏好排序而得出的经济福利的关注点,在道德层面上是十分狭隘的。

但是,我们关注的兴趣在于卡普洛和萨维尔分析中包括的部分,而非不包括的部分。他们认识到个人可能对于公平有着早已深植于内心的理解,或者,用我们的术语来说就是民间正义,并且这些理念可能会影响到个人效用,个人效用此时不再局限于货币总量,而是包括了他们总体偏好的排序。他们认为,这些关于公平的理念可能在社会演化的情境下形成,以及为社会规范的形成提供了有效的目标。比如,通过促进社会合作和减少社会摩擦、遵守承诺和惩罚犯规者的社会规范,可能会使得整个社会运行更加有效率。

这些社会规范或者道德价值成为个人心理组成的一部分,并且反映到他们的偏好排序上。个人对于这些道德准则会形成自己的选择"品味"。如果一项法律规则由于违反了公平概念而影响了个人福利,那么卡普洛和萨维尔必须把这种影响放进他们的福利分析中考虑。依靠这种品味的影响和个人偏好排序的作用,就可以改变备选法律规则的排序。

因此,民间正义的概念作为个人福利的一个组成部分内含在他们的福利分析中。其中,包含程度的多少是一个实证的问题,依靠个人对公平偏好的强度。对于一些强烈的情绪感受来说——比如我们在道德使命标题下讨论的那样——个人会坚持认为这些价值观是一种信仰,甚至可能会为此付出很大的代价。但是,在其他情况下,个体的行为可能会更加有弹性,并且愿意为了额外的货币收入权衡违背他们所认为的公平。因此,一个完整的法律规则分析必须采用实证主义的方法。

---

[69] Coleman(2003)。
[70] Kaplow 和 Shavell(2002)。"我们首先讨论的是超前的公平观念降低了个人的福利,实际上是在通常意义上的同义反复",第 7 页。
[71] Coleman(2003),强有力地提出了此观点。

在法律规范和公平偏好之间还有其他可能的相互作用。一些法律规范——例如,强有力执行的民权法——可能会改变个人偏好。一个事实是,总统可能会派遣军队去强制执行废除种族歧视的命令,这样做的后果会使个人认识到特定道德价值的重要性,并且改变社会观点。尽管偏好改变会在福利分析上造成显著困难(什么样的偏好应该被尊重),卡普洛和萨维尔还是认识到法律规范和价值观之间的关联,以及法律规则对于现存的公平偏好的影响。他们所反对的是,将公平的理想拔高成为最重要的法律规范,并且独立于个人福利的评判标准。

在卡普洛和萨维尔关于法律规则的规范分析中,通过考虑对个人福利评价的影响,很直接地描绘了民间正义。这种方法与我们在第一章中构建的框架一样,我们认为广泛的规范的要求必须与个人目标、需求以及公平的感受相协调,因而才更有效。在这个特别的案例中,福利经济学的规范应用必须包含个人对于民间正义的信仰。

卡普洛和萨维尔讨论了几个个人关于公平的观点可能很重要的案例。尽管他们质疑了一些有关程序正义的文献的观点,卡普洛和萨维尔还是认为需要改变法律程序的设计来反映程序正义的理念。[72] 他们关于惩罚问题的讨论,也反映其意识到了民间正义的观点可能会在法律制度设计中发挥重要的作用。从经济学角度来看,如果惩罚的代价超过了伤害本身,那么这样一些特定的惩罚是不值得的。但是,假如公众强烈认为这些犯罪需要被惩罚会怎么样呢?"如果不实施人们感到有必要的责罚,会削弱所感知到的法律制度的正当性,从而损害产生对法律的自愿顺从和与法律权威的合作的社会规范,那么,不惩罚他们可能会减少福利。"[73]

卡普洛和萨维尔的方法在广泛的规范的福利分析情境下,进一步拓展了通过税收体系适当的设计来决定民间正义的理念所适用的范围。即使有人不希望将个人关于民间正义的理念拔高到社会规范的高度,这些理念对于个人效用的影响——以及由于个人对于公平感受的成见所导致的行为——在任何综合性的对税收体系的分析中,都需要包括在内。

---

[72] Kaplow 和 Shavell(2002),第 275—280 页。
[73] Kaplow 和 Shavell(2002),第 370 页。

反思的均衡

还有另外一种规范方法也可能体现对民间正义的尊重态度。受到罗尔斯影响的现代政治哲学,将我们命名的"反思式的"方式转变成为日常的(即我们所说的"民间的")正义概念。正如我们所讨论的,反思的方式所要求的是,哲学理论上的正义最终还是需要与人们最后所持有的"知情的"关于正义的观点相一致。引用罗尔斯的观点,克里斯托弗·弗雷曼(Christopher Freiman)和肖恩·尼克尔斯(Shaun Nichols)声明"当我们做出的日常判断能够与正义的原则相一致时,正义的概念描述了我们的道德情感的特征"。[74] 然而,这些日常的判断需要被重新定义和通过公正的程序被筛选,然后才表现为深思熟虑的判断。对正义的初始感知和公正理论之间的来回反复,在理想的情况下将会完美地引出反思中的均衡——关于正义的日常观念将与更加复杂的来自政治理论的理念相一致。用我们的术语,即在这个过程中,民间正义和专家所认为的正义将相互融合。

在实践中,被很多哲学家使用的这一方法认为,日常的公正概念是可以被充分塑造的,因此,经过反思,普通人所持有的概念可以做到不再被很多哲学家视为不成熟和幼稚。但是如果民间正义的观念已经深深根植于人类的心理,而且对于为什么人们要拥有和重视这些理念都能给出貌似合理的解释,那么又会带来什么后果呢?在这种情况下,反思均衡是如何起作用的呢?会不会产生多重反思均衡?我们将在第六章进一步探讨这些问题。

本书接下来的三章将特别关注税收体系中的各个方面:财产税、所得税和再分配、税收遵从。在每一章中,我们会讨论关于民间正义的一些真知灼见对税收体系的运行、设计和效率等各方面的影响。然后,我们会转向对于"应得"概念的深度探讨,这是对应于公平理论的一个哲学概念,并且也是对我们的研究理论和方法的最终综述。

---

[74] Freiman 和 Nichols(2011),第 3 页。

第三章　公平问题与财产税

在这一章,我们主要讨论财产税的悖论。由于财产税相对公平又有效率,经济学家们对其评价很高。同时,又因为财产税使人们通过税收为服务付费的实际表达的意愿与所期望的支出水平相一致,从而对公共服务的提供和范围做出的决策进行了有效的分散,经济学家们非常推崇它。总而言之,财产税在专家层面得到的评价很高。

然而,即使相对于其他税种,公众也显然更不喜欢财产税。正如我们在第一章中简略提到的那样,民意调查的结果一致表明公众对财产税的厌恶。回顾一下这两个例子。首先,在税收基金会的《2006年度美国居民对于税收和财富的态度调查》中,在评判最糟糕和最不公平的州税和地方税时,39%的受访者选择了财产税,而只有20%的受访者选择了所得税,18%的受访者选择了销售税和7%的受访者选择了企业所得税。[1] 再者,纳税人已经采取政治措施来抵制财产税,美国大陆的48个州中现在只有5个对于财产税没有限制。[2] 不论是从对民意调查的反应还是实际行动中,我们都可以看出,美国公民把财产税看作最不受欢迎的税种。唯一可以与它相提并论的还有汽油税,但是也仅限于油价高的时候。

财产税的负面政治反应,对于纳税人与政府的关系以及财政体制造成的影响也很引人注目。一些政治观察家认为,20世纪70年代的财产税反抗运动触发了开始于里根总统任期内的对税收和政府普遍的甚至"永久的"反抗运

---

[1] 相关数据详见税收基金会(2006)。
[2] 参见 Anderson(2007)。

动,并持续了数十年。③ 在20世纪30年代,随着收入的减少远快于财产税的债务,许多城市深受大规模的财产税拖欠甚至"暴动"的困扰。④ 这也部分导致了如今包括个人和企业所得税以及销售和使用税在内的现代国家税收体系的诞生。

本章将首先阐明财产税如何在经济和财政中运作,然后再概述为什么财产税不受欢迎。在发现传统的解释无法让人信服之后,我们将解释的重点专注于民间正义的重要组成部分——程序正义上。我们将讨论财产税的运作是如何看似与程序正义的标准发生冲突以及与问责失败的观念是如何密切相关的,而与财产税有关的法律争议也紧紧围绕着程序这一概念。我们通过一系列案例研究来说明我们的主题,强调程序正义的角色在解释财产税改革和税收反抗的根源上的重要作用。最后,我们退后一步,探讨规范的问题。什么类型的财产税制度可以最大程度地符合传统的经济和社会标准,同时还能满足公众对于程序正义的关注?

财产税的简单经济学

财产税到底是什么?从经济学的角度来看,它是怎么运作的?让我们仔细了解一下经济学家是怎么思考财产税的。首先我们应该意识到,作为当前的普遍法则,财产税对于个人而言,其征税对象主要是不动产,也就是房地产,而不是个人财产。⑤ 有些州确实对个人的财产——比如为企业提供的固定资产或存货——征税,但是在大多数情况下,对于企业而言的财产税也主要是对于不动产征收的。但话也不能说得太绝对。在19世纪末20世纪初,税务机关试图对他们认为的所有财产(包括金融资产和抵押贷款在内)都要征收财产税。其目标是建立一个涉及所有财富源泉的综合性的财产税,以控制所有财富的来源。然而,对金融资产征税的征管困难和潜在的双重征税的概念性问题(对于房屋以及其抵押贷款征税),最终导致财产税的征税对象仅限于不动

---

③ 这是Martin(2008)的论点之一。
④ 参见Bieto(1989)对于纳税人暴动的描述。
⑤ 车辆牌照税或者"汽车税"虽然起源于个人或者企业的个人财产税,但是现在已经被视为独立于个人财产税的税种。

产和部分个人财产。⑥

不动产由两部分组成:土地及其地上附属物。尽管对于每一部分分别估值非常具有挑战性,但是由于财产税对于不同部分的效应不一样,从概念上看,将不动产视为由这两部分组成对于理论分析是很有用的。地上附属物包括对于财产任何结构上的改变,或者为提高土地使用效率而必需的任何资本性支出。

首先考虑对土地征收的财产税。由于土地的供应一般被认为是固定的,土地财产税的税收负担会落在土地的所有者身上。⑦ 经济学通常认为,由于土地的供给是缺乏弹性的,所有者无法退出市场上土地的供给,因而税负最终落在所有者身上。在最初对土地征收财产税时,原来的土地所有者的土地价值贬值。由于之后的税款已经资本化或者说已经包含在购买价格之内了,征税之后的所有者只需支付较少的价款购买土地。

从经济学的角度来看,由于土地的供给保持不变,对土地征税并不存在效率损失。由于供给没有减少,就不存在生产效率的损失,或者经济学家所谓的超额负担。此外,在某种程度上,土地的所有者一般来说都是收入较高的群体,对较高收入者征税是累进的。因此,不论是从效率还是公平的角度来看,都应该对土地征税。

然而,对于地上附属物或建筑物,情况则比较复杂。所谓对建筑物征税的财产税"新论",起源于一个很自然的假设,即资本会跨区域流动,这样一来会引起资本从有税收管辖权的区域或者财产所在地逃离。这必然将导致资本的配置效率低下。我们有必要把现有的财产税税率分成两个组成部分,一部分相当于国内相似类型资本的平均税率,另一部分是与该税率的正负偏差。相当于全国平均水平的那部分税收收入将成为对国内资本征税的一部分。对土地征收财产税的纳税义务人很可能是高收入群体,因而会有累进效果。与平均税率有偏差的那部分税收则作为地方特定资本税,本书中也称为货物税。研究表明,由于地方特定税收的影响较小,财产税的总体税负权衡起来仍然是

---

⑥ 见 Fisher(1996)对早期财产税征税对象的研究。
⑦ 如果土地供给不是无弹性的,比如垃圾填埋地或者类似的情况,这一分析需要进行修正。

累进的。⑧ 然而,由于资本可能会从税率较高的地区转入税率低的地区,地方资本税对税制的整体效率还是会有影响的。

另外一种**住宅**财产税观点认为,(即使是对建筑物的)财产税的效率损失都是最小的,且不存在分配问题。正如我们在第一章中所说的,在一定条件下,地方分区的财产税会带来有效的税收分散收益体系,同时经济扭曲效应最小。正如查尔斯·蒂伯特和其他学者在其地方公共产品供给模型中阐述的,居民会根据其对商品和服务的偏好不同,选择不同的税收管辖区。⑨ 这里最核心的观点是,人们会选择具体政策最符合其对公共服务偏好的地区居住。假设每一个地区的服务都被限制为只有本地区居民才有权享有。那么只要有足够多(竞争性的)的地区可供选择,居民就会根据自身的偏好去选择最符合期望的公共服务。这样一来,人们对公共产品的消费偏好就如同其对私人产品的消费偏好一样。商品的购买在这样一个没有溢出效应和外部性的竞争市场上,就不存在效率问题了。公共品已成为私人决策问题,对其的支付也不是通过税收,这样就不存在分配问题了。对分配的影响与私人购买一辆新车或者昂贵的大餐并无二致。

然而,在实践中,这个封闭社区的假设可能被打破。区域的禁入可能并不太严格,原来只应该由愿意支付地方税的那些居民所享有的福利,不能保证只限制在区域内部。类似地,其他地区也会存在同样的溢出效应。在某种程度上,由于这些因素的存在,它们削弱了社区内特定家庭缴纳的税款和享受的福利之间的联系。地方财产税提供的主要的公共品就是教育。然而,由于提供教育包含国家利益,针对所有地区的补贴和再分配政策必然会削弱地方税收和公共服务之间的联系。最重要的是,全国范围内统一的财产税必然会导致根据自身偏好来选择地区这一行为的终止。此外,不同的地区对于非居住房屋所有人征收的财产税差异也很大。商业或工业地产,以及租金和度假物业就属于这一类。由于跨地区的收入和财产性财富之间的联系相对脆弱,可替代性的财产的税基的现实状况对教育领域有很大的影响。⑩

---

⑧ 参见 Gravelle(2007)。
⑨ 相关讨论和参考,参见 Oates(1999)。
⑩ 参见 Kenyon(2007)最近关于财产税和教育的讨论。

对于财产税的简单调查表明,征收财产税可能会导致一些效率上的损失,但是这一损失对于任何一个地区而言都不会很大。此外,征收财产税是累进的,或者在某些情况下,地方政府可以通过财产税税款在没有超额负担的情况下提供商品和服务。这些结论当然都是理想化的财产税体系。那么,现实中的财产税制度是什么样的呢?

为了更好地了解在现实假定中财产税的公平性,我们将引入一个简单的模型:假设一个地区以财产税的税收作为其财政收入的主要来源。这个地区也可能从州政府或者从其他税种获得收入,但是需要平衡其与财产税税收的预算。假设某地区希望通过财产税使得财政收入增加 R,我们称为收入需求。每一处财产都由官方的评估师评定价值为 AV_i。该地区内所有评估的财产的价值总额为 AV^T。

假设对于所有的财产都征收单一比例税率,税率为 t,我们可以得出如下公式:

$$R = t \times AV^T \tag{1}$$

税率乘以该地区财产评估价值总额,就得出该地区从财产税收入中得到的财政收入总额。税率乘以每个纳税人的财产评估价值 AV_i,就得出每个纳税人缴纳的财产税应纳税所得额 B_i:

$$B_i = t \times AV_i \tag{2}$$

将等式(1)与等式(2)相除,就得出了每个纳税人缴纳的财产税应纳税所得额与财产税收入增加的财政收入的数额 R,以及个人财产评估价值和地区内总价值的关系:

$$B_i = R \times [AV_i / AV^T] = 财政收入 \times 评估价值的份额 \tag{3}$$

对于该地区的每一个家庭而言,其缴纳的财产税受到两个方面的影响。首先是地方政府希望由财产税收入使得财政收入增加的数额,或者说财政收入需求。其次是家庭的评估财产价值占地区总价值份额。后者就是家庭缴纳财产税的有效税率。

传统模型中的公平

家庭财产税的简单计算公式很有启发性,从中可以清楚地看出,财产税评估是如何决定家庭或者企业财产所应该缴纳的税收的。但是,我们如何才能从中评判税款的缴纳是否公平呢?毕竟,公式中并没有说明什么样的财产税评估是必须的。如果评估不客观,那么纳税人缴纳的财产税必然也不公允。

为了实现财产税体系的公平,传统上我们将财产真正的市场价值等同于其评估价值。因此,每个纳税人缴纳的财产税税额占总税额的比重,就等同于他们财产的市场价值占地区总财产市场份额的比重。基于这样的观点,财产税评估师应该准确、及时地评估所有财产的市场价值。需要注意的是,从这个角度来看,即便所有的财产都根据其市场价值乘以一个确定的比例来计量也没有问题,这样一来,所有个人财产价值占社会总价值的比重仍保持一致。

为什么要以市场价值来计量呢?最基本的原因在于,这种方法可以清晰、准确地计量所有财产的价值。政府机关由此可以明确发布命令,并得到客观的标准。评估组织,如国际估价官协会(IAAO),确实在世界范围内提供了评估的范本和示例。专业的评估使得当地的财产税评估师不用担心不可避免的政治压力。再者,正如我们将要讨论的,收入和财产的市场价值之间存在正相关的联系。因此,一般来说,以财产的市场价值作为税基,对高收入的纳税人征收较高的税收。

基于市场价值征税的税制体系可以很容易地扩展到对于不同类型的财产设计不同的税率,以及对于某些财产免税。虽然某些地方希望可以对商业地产征收较高或较低的税收,但是绝大多数地区对政府、教育或者宗教用途的财产免税。这可以直接通过对于不同种类的财产的市场价值规定不同的适用税率来实现。另外,我们仍然可以使用单一比例税率,但是不同财产评估价格占市场价值的比率可以区别规定。例如,我们可以将商业财产市场价值百分之百计入评估价值,而住宅市场价值的80%计入评估价值。其效果与规定住宅财产税的税率是商业财产税率的80%是一样的。

我们可以通过评判实际的评估方法是否符合市场价值标准来评估现行税制是否公平。评估师可能无法及时评估财产的市场价值。如果财产的市场价值发生改变,而评估师未能评估,就产生了市场价值和评估价值的差异。如果这种情况持续发生,那么,纳税人实际的财产税税率和其财产占实际市场价值的份额都会偏离实际数额,这样一来,他们实际缴纳的税款也将增加或减少。

正如我们即将讨论的那样，很多地区的财产可能数十年都不会重新评估，这就造成了极大的不公平。

另外一个潜在的问题是财产的价值很难评估。尽管如今评估师们可以精准地评估独立家庭住宅的市场价值，但是，评估商业和工业财产的价值却更有挑战性。独立家庭住宅的买卖非常频繁，这样一来，我们可以基于还没有出售的住宅的价值来评估。商业和工业财产的流转就没有那么地频繁，即使发生了买卖行为，买价中也包含了企业无形资产的价值，这与房产的实际价值并没有直接联系。尽管专业的评估人员已经开发了一系列不同的方法来解决这些问题，但确定其实际的市场价值仍存在模糊的地方和不确定性。

评估专业人士和相关学者一致认为，应该尽可能频繁地进行评估，以保证市场价值和评估价值之间的相关性。⑪ 自动化的评估方法，如计算机辅助质量估价（CAMA）可以降低人工评估的成本，并保证评估的及时性和经常性。由于个体差异明确可计量，这些方法最适用于对于住宅价值的评估上。在这种情况下，我们可以利用复杂的数据库，借助一些统计方法，如特征回归模型，准确地评估市场价值。⑫ 这些方法对于更复杂的商业和工业财产并不是特别适用。

理解纳税人为何厌恶财产税

以市场价值为基础来征收财产税的方法，为衡量财产税征收的公平与否提供了判断的基准。然而，难道正是这样的不公平现象使得民众反对财产税吗？几乎可以肯定，答案是"不"。尽管实际上并没有研究关注公众极端厌恶财产税的根由，但是观察表明，如果邻居拥有和自己差不多的财产，却缴纳较少的税收，人们可能就会产生嫉妒或者不公平的想法，但这并不是人们讨厌财产税的主要原因。在实际收入改变和通胀发生的经济变革时期，由于市场价值和评估价值之间的差异不断出现，更容易造成选民和公民对于财产税的反感。一个地区可能几十年来都不会重新评估这些财产的价值，但是公众看似

---

⑪ 见 Plimmer 等（2000）按照这些原则对财产税的讨论。
⑫ 特征回归是一种考虑到诸如位置、面积、浴室个数等变量的统计方法。其根据已经售出房屋的属性来估价，并应用到未出售的房屋上。

可以理解这种明显违背市场价值规范的做法。正如我们即将讨论的有关加州13号提案之后的税制体系，只要纳税人相信这个税制有其他积极的地方，他们就可以接受不公平现象。事实上，试图通过邻居之间的不公平现象来推动民众反对13号提案的行为，在政治上并不可取。

还有很多解释公众厌恶财产税理由的理论。从表面上看，这些理论都有一定的合理性，但都没有全面地阐明公众为什么会讨厌财产税。

其中一种理论以"实现"来解释人们对财产税的态度。正如我们在第一章中所讨论的那样，实现的概念深深植根于我们的税制中。财产或者资产的收益应该直至资产售出才计入应税收入中。可以根据两种类型的解释来理解我们的所得税体系的这一特征。正如泰伦斯·霍尔瓦特强调的那样，第一个解释是心理上的，基于心理账户的观点。[13] 资产被出售以前，其收益和损失被置于单独的心理账户中，并不被视为"真实的"。只有当其已经出售，资产的收益或者损失已成为事实，这个账户才会被"关闭"。对我们的税收体系的实现基础的另一个基本的解释是基于管理方面的。[14] 许多财产的价值在出售以前，都很难被评估。此外，纳税人如果不出售财产，可能就没有足够的财力来履行其纳税义务，所以很难从房主那里征收到财产税税款。

这两种解释都阐明了公众对财产税态度的主流观点。在基于市场价值的财产税制度下，即使需要的财政收入的总额是不变的，当个人财产价值占总价值的比重增加时，个人需要缴纳的税额也会随之增加。这种情况常会发生在个人财产升值速度超过平均水平的情况下。然而，从房产价值中获得的收益看起来只是个错觉，毕竟，人们还住在一样的房子里，每天的生活包括从厨房到卧室和浇灌草坪都没有变化。只有一处房产在市场上出售时，随着评估师的评估，才会被赋予更高的价值。从心理上来说，这与人们口袋里的现钱给人的感觉完全不一样。

尽管这个观点曾经一度很有说服力，但其与已经采取行动使得财产增值的房主和业主的行为相违背。诚然，在2007年房产低迷期之前，很多金融机构撺掇房主们以房产的增值额抵押贷款。很多业主们接受了这样的提议，以

---

[13] 参见 Chorvat(2003)。
[14] 参见 Zelinsky(2007)。

获得假期、游艇和用于其他的开支。但并非所有的决定都是明智的,因为收入的下降可能意味着贷款难以偿还,而财产价值的下跌也意味着更难再融资。但我们可以确定的是,以"账面价值"来表明房屋价值的增加比曾经的做法可能会更加真实。金融创新为解禁升值资产的价值增加提供了全新的方法。

谈到行政管理问题,我们发现有些财产的价值并不能准确地评估,但并不包括住宅型物业。在过去的几十年里,计算机辅助质量估价技术对评估绝大多数住宅型物业提供了各种合理的估值方法。虽然个人财产的特征总是各有不同,但是如今评估师们有各种技术手段来准确评估住宅财产的价值。

对于流动性的担忧仍然是很多业主关注的主要问题。当然,金融机构通过抵押产权来融资以扩大消费的方法,也可以用来增加财产税的收入。很多保守的纳税人考虑到偿还贷款的不确定性,自然不会愿意通过纯粹的私人借款来缴纳税款。不过,政府资助的反向抵押贷款或者房屋反按揭(HECM,一般指"老年人住房反向抵押养老保险")为业主们提供了足够的保护,尤其是已经包括了大部分62周岁以上的房主。[15] 这些反向抵押贷款允许人们以房产的产权抵押来支付财产税和其他开支。只要他们还住在自己家里,适用贷款就由政府担保并且持续有效。

很多州也会直接通过各种方法来减轻老年人的财产税负担,这些方法主要包括一些对老年人的免税和抵扣,财产税冻结以及通过"断路器"来限制财产税占总收入的比例等。当然,这些做法通常都有收入限制,因而一般只提供给低收入群体。[16]

除了以上税收优惠,有15个州还有财产税递延的政策,主要针对的是低收入者和老年人。根据这一政策,部分或者全部的财产税税款可以延期支付,等到财产出售时再补缴,当然利息也要计算在内。这样,政府就可以对递延缴纳财产税的房屋行使留置权。原则上,这会打消所有关于流动性的担心。这也解决了一旦他们的房屋增值使得应缴纳的税款增加,而当前的收入无力承担税款的问题。基于这个原因,如果房屋价值很高但是收入不高的情况是人们对财产税最主要的担忧,以上政策应该会有广泛的公众和立法支持。

---

[15] 参见 Christopherson(2005)第 221—222 页的讨论和参考。
[16] 参见 Christopherson(2005),第 203—208 页。

最近的经济衰退显示了这些政策发挥的支持力度还远远不够。由于财产税主要由地方政府征收,州政府会补充地方政府由于税收递延政策造成的资金损失。随着经济衰退时期州政府的财政收入大幅下跌,这样的政策要么像在俄勒冈州一样被减少,要么像在加利福尼亚州一样被直接取消了。作为施瓦辛格州长财政部门的发言人,对于这些政策在政治价值上的脆弱性做了如下说明:"即便这些贷款的还款额等于甚至超过了年度计划的成本,但是事实上,继续实施这些政策将导致州政府财政收入的直接损失,并影响我们的现金流。"[17]换言之,由于对短期现金流的担心,政府牺牲了保证低收入者、老年人和残疾人有偿还能力的政策。愤世嫉俗者们可能会表示,取消这些政策恰恰说明了低收入老年人和残疾人缺乏政治权利,但是如果这些政策是解决财产税问题的关键,那么,真正能够代表老年人利益的强势群体在哪里?[18]

另外一种解释认为,由于财产税的税收负担与其他税种相比更加"显性",或者说直观可见,所以人们不喜欢这一税种。玛丽卡·卡布拉尔和卡洛琳·霍克斯比(Marika Cabral and Carolyn Hoxby)(2012)认为,相比所得和社会保险税这样直接从工资中扣缴的税款,财产税对于纳税人来说更加的直接和可见。卡布拉尔和霍克斯比通过比较委托缴纳财产税的纳税人和直接向地方政府缴纳财产税的个人来研究这一问题。被代扣代缴财产税的纳税人每月将款项交付银行(有时候甚至会直接扣除),而这些款项里通常包括他们的抵押贷款还款额、保险和财产税。因为这些付款都捆绑在一起,所以这些纳税人一般不会注意到缴纳的财产税税额。

卡布拉尔和霍克斯比用几种不同的方法来证实他们的想法。他们在俄亥俄州做调查,要求纳税人估算其需缴纳的财产税税额。这样他们就可以把估计的税额与实际缴纳的税额相比较。他们发现那些有代扣代缴的纳税人估计的税额,相比那些直接写支票向政府缴纳财产税的纳税人估计的数额,就没有那么准确了。然而,对于他们到底是会过高还是过低估计其应该缴纳的税款,则没有规律可循。

---

[17] Miller(2009)。

[18] 我们应该认识到因为 13 号提案所提供的政策保护,尽管在加州对于这一政策的需求减少了,但是在经济衰退时期,其为 10 000 个家庭提供了帮助并且申请数量急剧上升。关于 13 号提案,后文还有详述。

第三章 公平问题与财产税

在研究了详细的普查信息数据和使用税收代理服务的信息之后,他们还发现,使用税务代理服务较多的地区的财产税税率一般会更高。在州这一层面,使用税务代理的纳税人所占的比例随着对财产税限制的比例一起下降。这些研究结果引发了一系列问题。是否缴纳更多的税款使得使用税务代理更加有利,存在反向的因果关系。更重要的是,如果税务代理没有低估其所需缴纳的税款,为什么更高比例的纳税人导致了更高的财产税税率和更少的对于财产税限额的关注呢?卡布拉尔和霍克斯比提出了这样一个假说,认为也许只有很少比例的见多识广的纳税人可以直接面对已经将议案提上议事日程的政府,但是没有直接证据来支持这样的假说。

当然,使用税务代理的纳税人可能更缺乏税务相关知识,但是他们应该知道,如果他们缴纳的税款有变化,将使得他们向银行付款的总金额发生变化。这些都突出表明税收显著性的说法对于税收限制的历史模式的理解缺乏解释力。对于税收的限制起源于 20 世纪 70 年代,并伴随着几个巅峰时期,如 70 年代末的加州 13 号提案与马萨诸塞州的 2½ 提案。但是,都没有明显的证据表明这些与税收代理账户的增加有关。

还有其他一些说明公众不喜欢财产税的理论。一个传统的观点认为人们厌恶财产税是因为其是累退税,这可能是一些人不喜欢财产税的主要原因。在 20 世纪 70 年代以前,由于把住房当成一种消费品来看待,人们有这样的共识,认为财产税是对住房征收的特别消费税;同时,平均来看,住房占总收入的比重随着收入的下降而下降。现在仍然有研究认为财产税是累退的。[19] 然而正如我们在本章早前提到的,这些观点已被由亨利·亚伦(Henry Aaron)(1974)最早提出的"新论"所取代,财产税新论认为财产税主要是对资产征税,这表明财产税是累进的。因此,如今的主流观点认为财产税是累进税,现在几乎没有学者和公共政策专家还会认为财产税是累退的,而这些观点可能会影响普通民众的想法。

也许纳税人不喜欢财产税是因为从心理上来讲他们认为财产是特别的。心理学研究表明人们会把财产作为自我价值的延伸,根据"符号自我完成理

---

[19] 参见 Wong(2006)为堪萨斯州准备的报告。

论",他们会认为财产是自己与众不同的象征。[20] 再者,最近的研究表明,个人对财产的重视还取决于诸如群体认同的社会现象。

心理学家通过一系列研究来表明分组身份可以影响财产的价值。在一项研究中,实验者被要求在一个群体(纽约大学)中自我评估其所处的层级。然后他们被要求根据作为纽约大学的历史的一部分的一些房屋(价值介于100万美元和1 500万美元之间)的图片,对其进行估值。对房屋价值的估值与其对纽约大学的认同呈正相关关系。在第二个实验中,实验者们根据其认为这些建筑与纽约大学的历史是否有关系,以及其是否读过与纽约大学有关的正面的或负面的文章分为四组。当群体的身份受到威胁,或者认为这些财产与纽约大学的历史紧密联系时,主观上对这一财产的估值明显升高。其他的实验也都证实主观上的估值受到群体身份等方面的影响。

这些研究表明,人们对自己财产的估值可能会对其环境的社会影响因素很敏感,而不是直接由经济现象决定的。例如,大量移民的涌入可能会对地区财产总价值有积极影响,但是原先的居民可能会对此产生焦虑,从而会对其价值给出负面评价。这必然是一个值得深入研究的领域,但是目前的研究并没有强调这些问题,也没有一个合理的解释来阐明人们为什么不喜欢财产税。

程序正义和财产税

尽管前面对于人们为什么会厌恶财产税的种种可能的原因进行了讨论,但是这些解释仍然是有局限性的。现在我们转入对于程序正义的讨论,这一观点对此提供了更加深入和令人满意的解释。

让我们先来回想我们关于个人财产价值占社会总财产价值比重的简单财产税模型。地方政府通过固定的财产税收入来持续提供恒定的地方公共服务。如果地区总资产的估值发生了变化,那么政府就会改变财产税税率以保证财政收入不变。我们现在来讨论纳税人 A 所在的地区可能会发生的如下事件时 A 的处境:

---

[20] 这些理论详见 Ledgerwood 等(2007)对于财产和身份关系研究的讨论。

- 在本地区外新开了一个购物中心，减少了本地区已有购物中心的市场价值和评估价值。
- 本地区内其他区域出现了一系列丧失抵押品赎回权的状况，导致了房产税的违约和拒付行为。
- 环境保护署在本地区内其他区域发现了有毒废物，大幅降低了本地区财产的市场价值和评估价值。
- 一个评估员重新调整了他的评估模型，基于其最近评估的位于一个死胡同的与 A 相似的财产，其评估的 A 的财产价值高于本地区财产的平均价值。
- A 家附近搬入了新的企业，结果导致 A 的财产的市场价值和评估价值的增加。

这些事件的共同点在于，A 财产的评估价值占地区总价值的相对比例上升了。假定本地区的财政收入目标是确定的，同时采用单一比例税率，这就意味着 A 需要缴纳的财产税税额增加了。内森·安德森（Nathan Anderson）(2007)认为，住宅相对价值的变化，或者住宅与非住宅用财产的变化，是选民支持财产税限制的主要原因。

安德森指出，经济学家们早就意识到纳税人不喜欢自己缴纳的税款存在不确定性。亚当·斯密这样说过："各国民应当完纳的税赋，须是确定的，不得随意变更……我相信，从各国的经验来看，赋税虽再不平等，其病民尚小，赋税稍不确定，其病民实大。国家对于人民应纳赋税之确定，该是如何重要啊。"[21]

安德森的观点认为，严格依据市场价值征税，保证了纳税人缴纳的税款反映其财产价值占市场总价值的份额。这是一个统一而明确的标准。然而，根据市场价值同意明确购买的财产所需缴纳的财产税税额的波动，在纳税人看来就是任意变化的。在亚当·斯密之后，就有人指出这被视为随意变更。

这些价值的相对变化有多重要呢?[22] 内森·安德森和安德里亚斯·佩普（Andreas Pape）使用明尼苏达州的数据研究了这一问题，在明尼苏达州，每年

---

[21] 引文出自亚当·斯密《国富论》，Anderson(2007)引用自第 100 页。
[22] Anderson 和 Pape(2010)研究的第一部分指出，当试图将评估方法与税收限制措施相联系时，纳税人份额评估具有易变性。

的市场价值评估是必须进行的。通过运用与我们简单的评估模型相类似的框架，他们指出，只有当个人财产的价值变化比率超过总体税基的变化时，评估价值的份额或者说"课税价格"才会发生变化。他们通过大量的数据，证明相对份额或者课税价格的变动很常见。安德森和佩普首先指出，普通城市级别的变化只能部分说明个人房地产评估价值的变化，比如大范围评估份额的变化。只有不到30%的房地产价值的变化可以用城市范围的移动来解释。他们随后指出，个人税额的变化和市场价值的变化的联系非常松散。在样本中，超过一半的家庭位于税额增加1%的地区，而他们财产的市场价值只增加了不到0.8%，超过41%的家庭则位于二者负相关的社区。这意味着，房主不能轻易判断他们所需缴纳的更高的房产税是否是由高房价引起的。城市中这两个指标之间的联系通常是不紧密的，甚至是负向相关或者不存在的。

安德森和佩普还发现，城市内课税价格的变化在数量上是非常重要的。他们发现，课税价格很容易达到高的个位数或者低的两位数百分比的变化。回归分析还表明，课税价格每年的变化都是不可预测的。因此，每个纳税人每年需要缴纳的财产税税额可能都大不相同，并且每年都有显著的变化。总之，安德森和佩普的研究为每个财产税纳税人缴纳税款数额的差异提供了很有说服力的依据。这与其所处地区的财政总收入的变化并没有必然的联系，同时伴随的是市场价值评估的极其细微的不确定性。

安德森和佩普的研究数据可以追溯到20世纪60年代美国对于财产税价值评估的做法的实践。如果重新评估很少发生，即使时间流逝，财产评估价值保持不变，哪怕是细微的不确定性也不会发生。如果不再评估并且需要的财政收入保持不变，不论房地产价格怎么变化，纳税人缴纳的税款都不会变化。

然而，从20世纪60年代开始，法院开始为反对"不公平"的评估提供司法支持，这样一来，公民和社会群体就更容易反对评估的做法。当一处财产被出售时，将比较其最近的评估价值和市场价值。这些有关"销售价格比"的研究，揭示了评估价值通常与法律规定的市场价值之间较高程度的差异。此外，通过使用相似的方法，研究人员还发现，不同种类的财产估值存在很大的系统差异。一项研究表明，在马萨诸塞州，对于独栋住房的评估价值占市场价值的

11%,而商业地产的评估价值是市场价值的78%。[23] 这两种财产的法定评估比率都是100%,这意味着对于独栋住房价值的评估被低估了7倍。

随着大型计算机的出现,现代评估技术也更加可行,法院则要求辖区使用这些新的评估方法。因此,我们就从使用临时、偶发的评估方法的时代进入了采用更加系统评估手段的时代。然而,这样一来,纳税人就需要直视其缴纳财产税的细微的不确定性了。这是一个新的现象。

纳税人对潜在的变动性和变化的税收份额的一种可能反应是估价限制。安德森和佩普将税收限制视为纳税人为防止其所纳财产税金额变动的保障。他们也提供了一些证据,这些证据表明专业的评估手段和其应用到基于市场价值的税收的时机,可以解释使用税收限制手段的时机。他们用两个指标来衡量评估实践的专业化。一个指标基于国际估价官协会(IAAO)对全国实际评估方法收集的数据。第二个指标则是人口普查中基于销售价格比来衡量评估的一致性方法。[24] 这两个指标在统计分析上都很显著。据他们估计,采用合理的评估手段将使得制定财产税限制政策的可能性增加40%。他们还记述了马萨诸塞州和加利福尼亚州税收反抗运动前十年评估方法变化的故事。马萨诸塞州最高法院在1974年规定,房产根据市场价值的100%计量,并在1979年规定,不服从上述规定的地区将不再得到州政府的财政补助。在加州,1967年法院规定需根据市场价值进行评估,并且应该采用现代的评估方法。[25] 这两个规定在20世纪70年代开始推行。这两个州都逐渐采取以市场价值为基础来评估的方法,并伴随着纳税人纳税份额不确定性增加的趋势。

安德森和佩普研究的结果貌似是合理而且重要的。他们关注于个体不确定性的作用,并且与那些试图解释税收限制遏制政府过度开支的说明不同。正如我们下面即将讨论的案例所说的那样,其他的制度因素也可以导致不同类型的个体不确定性。特别是,僵化的政府结构与通货膨胀相互作用,不仅会影响相对份额和税收价格,也会导致跨财产种类的收入的大量转移,以及总财政收入的增加。

---

[23] 见Anderson和Pape(2010),第4页。
[24] 从技术上说,他们采用的是离差系数。
[25] 参见Anderson和Pape(2010),第22—23页。他们认为,这种法律标准的变动可能是外生的。这一观点似乎很有道理。在加州,这可能部分是由财产税征管的丑闻引起的。

纳税人在缴纳财产税时由于评估价值的变动而引起的心理上不公平的感觉,在程序正义上是有心理学基础的。㉖ 我们可以将亚当·斯密关于税收和不确定性的观察与安德森和佩普的类比,以作为我们关于正义框架讨论的基础。大量的心理学和社会科学研究表明,社会整体的满意度不仅取决于最终结果,而且还取决于达成这一结果的过程。正如我们在第二章中所讨论的那样,程序正义的一个方面体现在公民在决策过程中有话语权。话语权或者说"发声",可以具体表现为给公民改变结果的机会,以及参与决策过程和表达自身观点的满足感。由地方政府管辖的财产税税率的决策过程可以允许公民的发声和参与。这是对经济学上蒂伯特模型中特别强调的关于分类家庭"退出"选择的自然补充。

现在我们需要研究的是,这些事件是怎么抽象而模糊地影响房主A的当前财产的市场价值的相对份额的。评估师并没有拜访A,并与其讨论关于厨房和玄关的改建是否属于新建工程。如果评估师的确有拜访,那么A也许会为改建行为和损失找借口,但是不管怎样,她至少参与了这样一个过程。然而,A的房产的评估价值的增加,可能更多是因为她不能控制的市场的力量,与她自己房产无关的其他新的没被发现的情况,或者更糟糕的是,因为变幻莫测的令人费解的电脑评估程序。上述原因中,A都没有任何有效的方法来参与决策自己需要缴纳的财产税。当然,在一定程度上,A应该意识到(正如马克思在19世纪明确指出的那样)全球市场的力量会打破日常经济生活,但无论如何,即使房屋价值或者地方服务没有变化,财产税税额仍然有较大变化,这看起来的确不公平。

我们需要区别理解使得所需缴纳财产税税额的增加,是由于相对财产份额的增加,还是享受公共服务的增加?人们可以理解如果学校董事会决定多雇用一些老师,那么需要缴纳的财产税会增加。他们可能在参与这样的政治决策过程中有直接的话语权,即使他们没有,他们的邻居和朋友也可以参与。住在这样一个地区,这样的结果是可以理解的,而且也是正常的程序。这些个人不能控制的财产税份额的变动看起来很随意,也与我们通常关于程序和过程的观点不相吻合。

㉖ 参见第二章中关于程序正义的深入探讨。

第三章 公平问题与财产税

然而,不是所有的地区提供公共服务所需要的财政收入的决策程序都是清晰开放的。地方政府在财产税管理上通常都不透明,而且缺乏问责制度。地方财政不透明、缺乏问责制的原因有很多。大城市在不同时期通常有复杂的收入来源,这样一来,想要准确地衡量财产税在整个财政收入中的作用就很困难。首先需要考虑的是透明度。例如,如果当地销售税收入或者建设费的一部分在被分配到支出项目的同时,也由财产税收入承担。如果这些收入的来源减少了,那么政府就不得不增加财产税收入以维持现有水平。当然,从民众的角度来看,可能不会很容易理解这一点。

地方政府也可能缺乏问责机制。通常来说,一处财产所缴纳的财产税在财政上会被用于不同的政府支出项目上。例如,一部分用于教育支出,另一部分用于各级政府运作的支出。除非这些不同支出都详细公布了具体的支出行为,不然就很容易引发信息不透明和缺乏问责制的问题。

对于财产税的程序正义问题,从更广阔的视角来看,需要考虑的不仅是税收份额的不确定性(就像安德森和佩普明确记载的那样),还需要考虑失败的政府行为和透明度的问题。最后,纳税人意识到其所纳税额的变动应该由他们能理解的合理化的过程来解释,而不是他们不能控制的其他因素。如果经济和政治的发展成果都不能直接传递给纳税人,纳税人就会深深感受到对程序正义的侵犯。

法律研究表明,当要处置的案件涉及税收公平问题时,美国最高法院的判决通常更依据程序性而非分配性的公正的概念。特别是,最高法院在审批过程中,对于横向公平的法理学解释也很无力。理查德·伍德(Richard Wood)(2006)为区分法院判决中引用的横向公平,把其区分为"系统"横向公平和"实质"横向公平。系统横向公平保证了法律法规应用上的一致性、规律性和确定性。它主要是一个程序性的概念。另一方面,实质性的横向公平基于对相似的收入或财富水平的纳税人的比较。在伍德关于最高法院判例的研究中,他总结出:在涉及财产税的案例中,法院依靠的主要是系统横向公平而不是实质横向公平。[27] 法院最关心的是公平的程序,不公平的结果往往由客观的评估

---

[27] Wood(2006)通过研究不同环境下最高法院判例来表明他的论点,包括限制条款的解释、法律的变化对纳税人的影响、美国宪法对正当程序条款和商务条款中所谓的公平。

标准来决定。

我们首先通过最高法院的一个案例——罗森西斯起诉蓄电池有限公司——来理解这个区别。㉘ 作为纳税人的蓄电池有限公司在1919～1926年缴纳了消费税,并且在计算其应纳税所得额时,正确地从收入中扣除了这些税额。公司申报消费税退税并得到了批准。这笔退税在1935年支付的时候被美国国税局确认为收入。然而,由于限制法规的存在,1919～1922年的结算并没有包括这部分退税。纳税人认为,1919～1922年不当征收的这部分消费税额应该在1935年收到的这笔收入中作为成本扣除。

最高法院否决了这笔扣除的要求。法院的确承认在不当缴纳的税款上,纳税人有权要求公平的税收。诚然,与其竞争者相比,缴纳了过多的税款并且没有获得补偿,对于纳税人而言是不利的。先前法院的决定是基于税款的缴纳过程中,在政府是造成不公平的一方这样的背景下,纳税人有权要求其收回已发生的损失并获得退税的补偿。然而,还有另外一个重要的原则:施行限制性法规的确定性、规律性和一致性。这里,我们直接引用其结论:"如果一种所得税体系需要纳税人和政府提供证据、确定价值并回忆所得税争议的全部细节,而且永远没有最终结算的一天,这样的所得税体系是难以忍受的,至少在国会看来是不明智的。因此,正如实际管理对于所得税政策那样,法规的限制对于公平而言是不可或缺的因素。"㉙法院认为,施行限制条款的公平意义超过了特定纳税人对不合法纳税追偿的公平意义。这样做提升了系统性公平的含义——一致性、规律性以及本案例中特别体现的确定性。

第二个用于关于系统性程序公平应用的案例来自于司法解释领域。如果国税局对法规实施的适当性改变了主意会怎么样呢?相同情况的纳税人如果分别在税法变动前后做了税务申报,他们面对的结果就会不一样了。在我们即将讨论的案例中,法院驳回了纳税人认为司法解释变化不公平的诉求。在迪克曼诉讼政府官员的案子中,纳税人为他的孩子们申请了无息贷款。国税局改变了其对此行为的观点,并认为这些贷款应该作为赠与看待,且需要缴纳赠与税㉚。本案中,法院否决了原告的横向公平的诉求。如果纳税人胜诉,国

㉘ 见 Wood(2006)引用的相关案例。
㉙ 引自 Wood(2006),第432页。
㉚ 关于本案更多的讨论,参见 Wood(2006),第441—443页。

第三章 公平问题与财产税

税局将永远无法改变立场并执行新的税法。此外,根据法院的裁决,即使纳税人先前没有机会,现在也有可能从国税局裁定的变化中获益。再者,法律的高效执行所带来的更大的利益否决了任何横向不公平的诉求。

在财产税方面,系统横向公平和实质横向公平最鲜明的对比体现在最高法院对于西弗吉尼亚州阿勒格尼匹兹堡煤公司诉讼县委员会和加利福尼亚州的诺丁格诉讼哈恩这两个案件不同的判决上。[31] 在前一个案子中,西弗吉尼亚州的一个县一般只在财产销售时才会重新评估其价值。第二个案子则质疑加州第 13 号提案关于评估的规定是否合乎宪法规定。根据 1978 年制定的宪法修正案,除非财产已经售出,否则财产税的评估价值每年最多只能增加 2%。在西弗吉尼亚州和加利福尼亚州,在销售日,相似的财产存在"实质性的"横向不公平现象。最近售出的财产的评估价值比早前售出的更接近现在的市场价值。举个例子,在加州的案例中,纳税人史蒂芬妮·诺丁格 1988 年在洛杉矶用 170 000 美元买了一栋房子。房产的价格涨得很快,之前的房主在两年前购买该房产时只用了 121 500 美元。诺丁格女士很快就发现,她的邻居自 1975 年就没有再出售过的房产,现在只需缴纳她所缴纳财产税款的 1/5。她表示在过去的 10 年间,她缴纳的财产税款总额高达 19 000 美元,而她的那些长期居住的邻居们只缴纳了 4 100 美元。[32]

尽管西弗吉尼亚州和加利福尼亚州的经济情况十分相似,阿勒格尼一案中最高法院判纳税人胜诉,而诺丁格一案中却判加州政府胜诉。加州一案如此判决的主要原因在于,法律采用了关于评估的规定。在西弗吉尼亚州,尽管法律规定统一根据市场价值来计入评估价值,但是当地评估师在实际评估时主要还是依据购买价值。这样一来,西弗吉尼亚州的类似纳税人的财产在评估时就可能被任意地估价,这违背了系统性的横向公平。法院虽然对西弗吉尼亚州这些违背横向公平的行为很敏感,但是仍然允许加州评估行为的实质横向不公平行为的持续发生。

法院用平等保护条款下相对宽松的"合理依据"测试来区分 13 号提案中财产的区别。在这个测试中,凡是适用于一般经济的调控,只要在法律上存在

---

[31] 参见 Wood(2006),第 455—465 页。
[32] 这些事实来源于此案例中最高法院对原告诉求的意见。

可能的政府目的，法院就不会认为这样违反了平等保护条款。在这个案例中，法院把邻居的财产价值看作评估的合理理由，这样使得一些纳税人不会因为较高的财产税而搬走，这就是充分满足合理依据的情况。

史蒂文斯大法官对加州的案子提出了异议，他关注的重点在于史蒂芬妮·诺丁格和她邻居之间的横向公平问题，同时，他认为即使在合理依据标准的情况下，这个论点也是站不住脚的。在他看来，西弗吉尼亚州和加利福尼亚州的结果在实践上的差异不大。然而，法院的同事们却不这么认为。西弗吉尼亚州可以采用和加州相似的政策，但实际上它们并没有这样做。因此，在税收上，纳税人并没有被一致、规律、确定地对待。这是系统程序公平或程序正义的失败。在加州，选民们选择了这样的法规，他们制造了纳税人之间的区别。只要政府机关仍然认可这些区别，就仍然存在对系统性横向公平的违背，尽管实质性的横向公平看似明显更难以达到。

伍德也确实找到了一个他认为最高法院没有使用实质性横向公平概念的案例。[33] 在美国政府与克雷尔的案件中，纳税人质疑国税局公布的一项规定，此规定要求只有吃饭前已经有一晚上住宿的费用，才可以作为普通的业务费在税前扣除。纳税人认为，应该把允许扣除的标准替换为离家的路程远近或者时间长短。伍德认为，法院的确认可了付税能力原则。因为他们声称，允许纳税人扣除因延长的差旅而发生的工作用餐费用，目的是防止他们落入待遇不公的境地，即防止他们在外出差时还需要负担自家整体厨房发生的成本。这就是一个实质性横向不公平的例子。然而，法院认为，纳税人提出的基于距离或者里程作为替代标准，在实际运用过程中都不好操作。现行的国税局法规提供明显界限检验标准，并保证了纳税人待遇的一致性、规律性和确定性。因此，即使这个案例中法院并没有考虑到可能存在的实质性的横向不公平，其最终裁决也是基于程序的考虑。

这些对于最高法院判例的综述，强调的是程序而非分配方法对于税收公平的意义。与专家们对公平的看法不同的是，法院在评估是否公平时，并没有考虑广义上的分配问题。在对过程和程序而不是分配问题的关注上，法院与民间对公平的理解是一致的。

---

[33] 参见 Wood(2006)，第 445—455 页。

财产税程序正义案例研究

在这一部分中,我们来看程序正义和公平在解释公众对财产税变化反应上的重要作用。首先来看引发了著名的加州税收抵抗运动的第 13 号提案。随后我们将研究两个案例,在这两个案例中,政府试图设计财产税评估的方法,并探讨为什么一个成功了,而另一个失败了。这些案例包含了主要的财产税改革的一系列具有代表性的经验。

加利福尼亚州和第 13 号提案的深层根源

在《永远的税收抵抗》一书中,艾萨克·马丁(Isaac Martin)追溯了在 1978 年第 13 号提案出台以前,加州对财产税的评估偏离市场价值标准的历史和冲突。他的观点的核心在于,政府分配的"非正式税收特权"是美国社会政策的一部分。这些非正式的税收特权主要是相对市场价值的财产评估过低。马丁认为,在 20 世纪的绝大多数时期,这一政策甚至要比正式的税收优惠对大部分美国人提供的社会保护还要重要。评估师会为纳税人提供更低的评估价值,反过来,纳税人会继续投票选举他们为评估师。人们开始习惯了这样的机制,所以当相关的政府官员试图改革税收体系,并废除非正式的税收优惠时,纳税人为那些他们觉得自己需要的社会保护而还击。[34]

碎片化的财产税结构延缓了税制改革,这种延缓最终被法院终结。在美国,每个州都有自己的财产税体系,而且大多数州都将州政府和地方政府的责任分开。在加州 13 号提案推行之前,市、县、学区以及其他"特别区"的官员都有权决定自己区域的财产税税率。每一级政府理事会在设定税率上都有不同的规则和不同的时间表。他们中的有些比其他一些会更加公开透明。另外,有主要来自县一级政府的一整套政府官员负责评估应纳税财产的价值。首席评估师同样也是在县一级选举中选出的官员。同时,另一组由州官员构成的

---

[34] 参见 Martin(2006),第 6—9 页。在他的书中,Martin 用"比例评估"这样一个词。就其本身而言,在固定的财政收入要求下,以市场价值固定的比例来评估财产价值,并不会影响纳税人缴纳的财产税税额。实际需要的是对纳税人不同评估价值或者不同类别财产评估的补贴。

加州平税局可以接受或者改变县一级评估的财产价值。这些官员的任何举动都可能会影响纳税人缴纳的财产税税额。

这种分散的权力结构使得政治家们很容易互相推卸责任,并且事实上他们也是这样做的。学校董事会的官员指责县一级的评估师对财产的评估价值过高,县一级的评估师们质疑政府制定的税率过高,县一级的官员批评加州平税局对其评估价值的调整,加州平税局也可以回击县级评估师的评估无能。这个系统如此复杂,以至于它更容易让官员和政客继续保持其复杂性,且更难实现评估体系的现代化。

评估系统现代化失败的一个重要原因是政治利益的多元化。马丁讲述了这些政治斗争的种种曲折。在1946年,加州城市联盟通过支持一项宪法修正案来促进其现代化进程。加州平税局则召集了县级的官员反对,并终止了接下来十年关于现代化的会谈。在20世纪50年代末至60年代初,学校董事会的官员支持州政府提出的一项计划,这项计划要求县级评估师只有符合一定的执业标准才能进行评估,而且州政府可以对其评估的结果进行调整。同以前一样,县一级的评估师意识到这样的改革会使其失去影响力,所以他们加入了那些不想因要求纳税人缴纳更多的财产税税额而背负骂名的政客们的阵营。[35]

马丁总结了失败的几种主要模式。首先,现代化的支持者和反对者分别代表当地不同的政府官员。他们都可以为财产税现代化的不同方面负责。因此,即使现代化真的实现了,这些官员,包括纳税人,在过程中也没有做出协调一致的努力。第二种模式中现代化的反对者们成功的原因在于他们对税收特权的豁免。评估师们给予那些投票给他们的纳税人以折扣。同样地,政府官员由于害怕失去选民而加入了评估师的阵营。这个复杂的财产税体系涉及了太多不同政府层级的不同政府官员,他们中的每个人都有自己的小九九,而且当改革者试图改变这一体系时,没有人去考虑纳税人的感受。

最终,司法体系的介入结束了评估师的特权。面对旧金山广为人知的腐败丑闻和刑事定罪,以及层出不穷的其他地方的调查,他们别无选择。正如加州平税局的一个官员向他的同事描述的那样:"自从我们上次见面,西海岸县

---

[35] 参见 Martin(2008),第37—41页。

第三章　公平问题与财产税

已经有两个评估师和一个副评估师进了监狱。第三个评估师因为认罪获得了自由。第四个评估师因为判决自杀了。"㊱这段不堪的历史最终导致立法机关在20世纪60年代末通过了对评估体系的改革。

尽管在第13号提案出台之前拜占庭式的政治制度极为纷繁复杂,但对这一制度真正造成威胁的只是一个小插曲。在大萧条时期,收入大幅下降,而对财产的估值下调则很缓慢。因此,财产税的负担相对收入大幅上涨。这造成了在美国国内一些地区反对财产税的骚乱和大规模的拖欠税款。在加利福尼亚州南部同样有因税收问题而引起的持续威胁罢工,组织运动不缴纳税款,这实际上是因为当地政府未能在长滩地震之后及时调整对个人财产的重新评估。㊲ 具有讽刺意味的是,评估体系的现代化是通过评估其市场价值会迅速导致更低的评估价值,从而缓解了紧张的政治局势。然而,最终的结果是,财产税制度在调整评估之后完整地存在了四十余年。为了解致使第13号提案通过的因素,让我们暂时回到这之前的支离破碎的治理系统上来。回想一下,个人政治团体,比如学校董事会、市、州、区政府,这些机构根据不同程度的审查监督和时间来设定税率。各县在不规则的时间进行财产评估,这样的结果往往会更有利于某些特定种类的财产。尽管这种机制非常复杂,并且缺乏透明度,但该系统的功能类似于我们基于收入的税收制度。只要房价总体通货膨胀率低,各政治机构就会有足够的时间来调整他们的财产税率,从而来保证他们的预算得以完成。此外,在低通胀率下,县评估师可以根据自己的步骤来评估财产,然后通过不同种类财产的评估,防止任何关于比例的分歧。

然而,从1970年开始,有两大因素使得旧的财产税体制不能继续运行下去。第一,就像我们之前说的那样,国家立法机关强制县郡实现现代化评估体系,使评估更密切地与市场相联系。这导致了许多新技术的应用,其中包括将计算机辅助批量评估法(CAMA)应用于单一家庭住宅财产的评估。第二,全国范围内通货膨胀开始加速,而住房价格上涨得更加迅速,特别是加利福尼亚州的房地产市场。随着这些变化的发生,系统的不协调以及各政治团体税率改变的不同步,再加上评估的急速改变,使得原来的财产税制度难以维持。

㊱ 引自于Martin(2008),第45页。
㊲ 参见Martin(2008),第29—30页。

从概念上讲,财产税制度从收入基础型(调整税率以满足财政收入的目标)转向税率基础型(税率根据评估价值的变化缓慢调整,税收变化是评估价值变化带来的副产品)。这意味着,纳税人正面临着金额更加庞大的税单,政府机构将获得来自于更高的评估价值所带来的意外之财。当通货膨胀指数较小时,这些机构有时间调整税率,但通货膨胀会加速政策的形成。相对于很多需要耗时更多来个别评估的工商业财产,评估员会更快重新评估住宅房地产的价值。这就会导致财产税的负担从工商业主转移至房产拥有者身上。因此,这两个事实(政府部门隐性收入增加、财产税税负增加)会打击到个人财产税的纳税人。

这些困难会带来许多不确定性,但是同时他们也缺乏政治上的问责。有些政府部门相对比较透明,也有责任意识,但是由于高通胀和快速变化的估值带来的压力,普通市民们难以理解引发财产税增加的这些因素。最终,政治企业家们会以这些不满为支点,发起政治运动,从而撬动整个税制的变革。

这些有关加州财产税反抗的根源的观点,体现了基于市场价值的税收制度如何以税收特权的侵蚀(马丁)而带来选民的不确定性(安德森和佩普)。这增加了碎片化且不用负责任的地方政府结构和房产价格的快速膨胀这两个因素给财产税带来的过激影响。所有的因素的最终影响是,进一步扩大了个人要缴纳的财产税与政府所能提供的公共服务之间的鸿沟。最后,税制变化的进度和程序系统性地失败了。或者简单来说,这是一个程序公正的失败,纳税人不再能感觉到自己在地方政府的决策过程中有一定的话语权,而且财产税的变化如此随意,完全脱离了他们的控制。

当然,对于导致出台第 13 号提案的根源,还有其他一些解释。[38] 这确实是规则制定者的政策上的失误,他们没有意识到财产税系统存在的潜在风险。但是,我们的会计师却认为更基本的问题是:老式的碎片化的政策体系不能在高通胀的压力下正常运作。纳税人一定很难明白这个系统是如何运行的,尤其是在评估快速改变的时间段内。虽然很多行政官员拥有一定程度的控制财产税的权力,但很少有人努力使得纳税人在税法的改革中也有发声的权利和

---

[38] 学校的财政问题是许多争论的焦点。在 13 号提案中,一项拓展的研究质疑了学校的财政。参见 O'Sullivan、Sexton 和 Sheffrin(1995)的第一章"可选择理论的回顾"。

机会，或者帮助他们去了解新的法案。最后，由于缺少问责制和对政治公正性的认知，这些因素最终导致了纳税人反抗运动和第13号提案的诞生。

安大略省财产税改革遭遇的麻烦

从20世纪60年代起，加拿大的安大略省就一直在为财产税的改革而斗争。1998年，该省最终提出了一个新的财产税的改革法案。但也随之出现了一些警示，若采用这样一种综合的市场价值评估方案，可能会导致政治上的困境。在落实改革方案的两年前，一个作者提出这样的观点："事实上，最迫切需要进行根本性改革的是财产税系统。"此外，他还提出，在多伦多的财产税体系中存在着"明显的不公平。"㊴1997年1月，当改变很快就会发生成为显而易见的趋势时，一个编辑表扬了提倡变革的保守党政府："省政府到底还是鼓足勇气来改革安大略濒临破产和毫无诚信的财产税体系了。"㊵虽然这两个作者都欢迎财产税的改革，但是他们也承认对很多纳税人，尤其是居住在50年内都不会重新评估财产税体系的加拿大的纳税人来说，他们对重新评估不会感到开心。

也有其他人从更深的层次评论了迫在眉睫的改变。有很多言论指出，市场价值评估的革新将会极大地损害位于市中心的居民和商业利益："MVA（市场价值评估）是一个名声不佳的不稳定体系。它很明显是不公平的，并且会对居民区和商业区的长期稳定存在产生实质性的威胁，尤其是对那些把多伦多中心地区聚集在一起的老式零售业的影响更糟。"㊶那么，这个财产税改革的最终效果如何呢？

多伦多，这个安大略省最重要的城市中心，逐渐演变为抵制财产税的中心。多伦多市区的小企业参与到反对新房产税法案的最强烈的抗议中，因为它们在全省受到的打击最严重。改革使其他有产阶级或受损或受益，但小企业对此尤为抵触。当年3月，《多伦多星报》在"反对对小型企业大幅增加房产税的全市基层运动"开始时，确认了在多伦多的唐人街的抗议，而组织者们挥

㊴　Blizzard(1996)。
㊵　《多伦多星报》(1997)。
㊶　《环球邮报》(1997)。

舞着指示牌,上面写着"抗议征税"和"因税破产"。㊷ 几天后当地小报刊登的一篇文章声称:"多伦多的圣克莱尔大道西的商人发誓,如果保守党不放弃新房地产评估系统,这一系统将会造成房产税收入的大幅上升,结果将会引发一场革命。"㊸尽管革命并没有真正发生,小企业对它们所感知到的税收的极端增加迅速表示反对。抗议热潮在几个月内并没有完全平息。即使在9月,市中心约九十家商店关闭,到处关门闭户,仿若一座鬼城。随着持续的高额房产税,整座城市也将会变成这个样子。㊹ 显然,1998年的改革并不顺利。到底是哪里出了错?

有两个因素导致了1998年税收改革的困境。一个问题是伴随各级政府之间的相互影响,安大略省的房地产税收体系极其复杂。此外,当局并没有很好地介绍和解释改革的作用和原理。这些因素都可以被视为实现一个符合程序正义标准的项目的失败。人们对这个项目知之甚少,除了之后的抗议,人们几乎没有发声的机会,并且系统的变化被认为是从外部强加的。

长期以来,加拿大房地产税收制度的许多方面一直做得很到位。比如安大略等省政府负责地区和地方事务,包括健康、教育、产权、社会服务、当地公共工程和市政机构。目前,444个城镇位于安大略省,分别会被列为单一层级、高层级或者低层级的政府。单层级直辖市负责所有的市政服务(比如包括多伦多和渥太华市)。一个低层级市通常是一个提供本地服务的城市、镇、村,而一个高层级市是一个管理区域性服务的地区或县。单一层级城市与低层级城市有时会形成协议。㊺ 自治市把大部分的钱花在交通、消防、警察的保护和环境问题上。收入来源包括使用者收费和来自省政府的转移支付,但主要来源还是财产税。㊻

多层级政府的框架以及它们如何获得资金的状况,使得安大略省一个多世纪以来的财政状况更加复杂化。自1877年以来,各级地方政府已经可以获得财产税产生的收入。低层级城市征收财产税,但它们必须与上层级市和教

㊷ Gombu(1998)。
㊸ Wanagas(1998)。
㊹ Harries(1998)。
㊺ Slack(2008),第10页。
㊻ Slack(2008),第11—12页。

育部门共享这笔钱(从 1998 年它们就在省政府的庇护下)。[47] 1998 年的税制改革的许多问题来自令人困惑的问责制和错综复杂的税收制度问题。在 1998 年安大略省试图进行彻底革新以前,纳税人难以理解房地产税收制度;新改革只是加剧了这些问题。

到 20 世纪 90 年代末,安大略省政府已经可以对其试图进行的(基本上不成功)房地产税收制度改革的林林总总的历史做个基本的总结了。从 20 世纪 60 年代开始,政府任命的委员会试图纠正一些明显的错误。1967 年史密斯委员会说服省政府提交一项市场价值评估和承担评估过程的控制职能的提议,但税收变化可能造成的影响使省政府对此担忧,于是将市场价值评估的提议又推迟了 7 年。[48] 20 世纪 70 年代末开始,一个省、地政府联合委员会开始仔细考虑,并最终做出了将有助于减轻纳税人的负担的建议,他们认为市场价值评估会对这些纳税人产生非常苛刻的影响。[49] 所有这一切最终都落空了,因为省级官员们放弃了几乎所有的改革举措。[50]

最后,在 20 世纪 90 年代,改革者们获得了一些继续进展的动力。执政的保守党建立了大多伦多地区(GTA)1996 特别行动组。许多观察家相信高额的财产税已经促使企业离开多伦多,这个特别行动组推荐采用市场价值评估来帮助解决这个问题。该省通过创建自己的评审小组——"谁做,做什么小组",提倡推行市场价值现值评估可变税率的政策。改革者最终形成了他们的方式,除了 1998 年全面性的改革外,在史密斯委员会强调需要更好的评估系统整整 31 年之后,安大略进行了第一次全省范围的房产税评估。[51]

改革立法相当复杂,反映了这样一个事实:经过多年的忽视后,按照市场价值征税会导致税收负担在不同财产阶级和各个阶级的纳税人之间的重新分配。改革创建了非营利性的安大略省房地产评估公司(OPAC),后改为市政财产评估公司(MPAC)来接管评估员的职责。安大略省房地产评估公司必须确定财产价值,将其分类,为各市准备评估列表,并处理评估上诉。[52]

---

[47] Slack、Tassonyi 和 Bird(2007),第 6 页。
[48] Slack(2008),第 578 页。
[49] Slack(2008),第 579 页。
[50] Slack、Tassonyi 和 Bird(2007),第 11 页。
[51] Slack、Tassonyi 和 Bird(2007),第 14 页。
[52] Slack、Tassonyi 和 Bird(2007),第 15 页。

房产税改革也伴随了省级教育资金的集中。这些变化同样很复杂。[53] 虽然省对教育财政负有大部分的责任，下级和单层级城市仍必须征收财产税以作为补偿的教育资金来源，这也构成了它们更广泛的税收管理体制的一部分。

最后，房产税改革引入了一个广泛的财产分类体系，以避免房产税负担的大幅变化。省级政府创建了七个财产类别，各个市可以选择添加更多：住宅/农场、多元住宅、商业、工业、农田、管道和经营性森林。[54] 市政当局为每一种属性的财产设置税率，单层级和高层级市政府通过决定税率（即每一个财产类别和住宅/农场类税率之间的关系）来调控各类别的相对税收负担。市政府决定是否采用可选类别，所以一个购物中心可能在一个地区的属于一种类别，但在另一个地区又属于另一个不同的类别。市政当局确实有能力为不同的财产类别实施可变税率，但是财产税立法只是为一些特定的子类别规定了较低的税率。

尽管改革的内容如此复杂性，各级政府却几乎没有针对改革对公众进行教育，告诉公众这对他们意味着什么。直到 1998 年 2 月，省政府寄出 390 万份的房地产评估新通知以前，大多数的业主对于新改革会如何影响他们财产税的账单仍然所知笼统含混。政府当局没有为感兴趣的纳税人提供有意义的公共论坛或咨询，他们猛烈抨击了新的税收要求。[55] 多伦多纳税人的反应最为愤怒。这个城市几十年来都没有对房产税的税基进行重新评估，纳税人在改革中了解甚少，几乎没有发言权，所以 1998 年的房产价值重新评估给未来可能发生的纳税人骚动埋下了必然的伏笔。

税务官员并没期望纳税人能够理解房产税重新评估和改革会带来的结果，而各级政府的领导正可以利用这一点来加强改革的效果。改革最初生效时，《多伦多星报》上讲了这样一个故事来描述公众对此的反应，文章这样写道："当彼得·贝赛收到财产税评估通知，声称他的房子的价值已经从 6 000 美元飙升至 334 000 美元时，他吓得几乎摔倒。'如果我的房子的价值涨到以前的 50 倍，我的第一反应是，那岂不意味着我要缴的财产税也是以前的 50

---

[53] Slack、Tassonyi 和 Bird(2007)，第 17 页。
[54] 见关于渥太华财产分类的讨论(2004)。
[55] Anstett(2002)，第 39 页。

倍!'住在布伦瑞克多伦多市区大道的 90 岁的贝赛先生跟记者这样说。"(56)当然,房产评估价值的增加不一定带来税收同等的增加。但不幸的是,贝赛先生并不明白这个道理。公共论坛本来是可以向他解释税收变化的调整计算公式,并且给他一个机会在即将到来的改革中提出他的意见。

文章中还举了一个例子,很好地说明了在公众中普及财产税改革的知识的作用。多伦多社区的普伦蒂斯女士声称:"当我收到(税单)通知时,并不是特别惊讶或震惊,因为我曾参与了当地纳税人的组织,所以很清楚财产税的这些变化。"(57)她被告知会发生什么,所以她更容易接受新的账单。如果地方政府要想一直维持财产税的征收,那么它应该努力在公众中进行宣传教育,让每一位贝赛先生都能够像普伦蒂斯女士那样对财产税的改革有充分的了解和接受。

1998 年的重新评估和改革没有达到支持者的期望,因为纳税人几乎没有机会发声。在未能向纳税人提供机会,使之也参与到改革进程之中后,该省用一系列缓和矛盾的政策淡化了改革的负面影响,以安抚纳税人。其中包括"限制评估",并为城市提供额外的调整,如分阶段纳税、退税、改变累进税率结构等来缓解这种转变。这些缓和措施本身就很复杂,还为政治上的作秀以及纳税人财产转让创造了额外的机会。上述整个过程意味着 1998 年的"改革"并不是一个独立事件,在未来的十年中,房地产税收制度改革的传奇会继续。如今,专家饶有兴趣地想了解,在安大略省持续尝试的房产税改革是否会成为"没完没了的故事"的一部分。(58)

威尔士成功的房产重新估值的故事

并不是所有有关房产税改革的前景都是如此黯淡。尽管伴随着房产重新估值会产生财产再分配的可能性,威尔士依然进行了一次非常成功的房产重新估值。这次对房产的重新估值发生在房产税体系内,它在英国也被称为市

(56) Lakey(1998)。
(57) Lakey(1998)。
(58) 这是 Slack、Tassonyi 和 Bird(2007)的副标题。

政税。为了更好地认识威尔士的经验,我们需要先了解一些市政税的背景。

市政税源于1990年英国一次著名的抗税事件。保守党人负责征收一项著名的"人头税",这项税收使纳税人的愤怒达到了顶点。这一颇具争议的税收要求每个拥有房产的成年居民必须缴纳一笔固定的税额。虽然该项税收对于穷人有一定的减免额,但英国居民仍然认为它是不公平的,因为它没有遵从量能纳税原则。这项税收不是基于先前体系下房产的评估价值或者租赁价格来征税,而是按照居住在房屋内的人数来征税,这使得税收负担在很大程度上从富人转移到了穷人身上。当时在伦敦的特拉法尔加广场曾引发了大规模的骚乱和暴动。暴动和经常性的骚乱让当时的英国首相玛格丽特·撒切尔夫人领导的政府感到十分头疼。她最终因此而下台,约翰·梅杰接替她成为新首相。保守党政府需要改变房产税体系以安抚选民,并且更好地服务于地方政府和纳税人。

市政税,这一新的税收体系诞生于1993年。它将居民基于1991年4月评估价值的房产归到不同的评估级次或范围,1993年以后建造的房屋价值等同于1991年的评估价值。市政税在英国是一项独一无二的税收,因为它是唯一一种由地方政府掌控税种。它的主要特征是:每一个地方议会都有权制定一个中间档的税率,其他级次的税率依照中间档的税率乘以固定的比例从而得以确定。该项税收对于单身工作者、低收入家庭以及养老金领取者(退休人员)会给予税收减免,或者给予"市政税优惠"以减轻他们的负担。它和人头税的共同点是都将商业性房产与自住性房产进行了区别对待。

对政府和纳税人而言,市政税相对于人头税在很多方面都有了改进。地方政府可以自由选择最适合当地人需求和目标的中间档税率,这使得市政税真正成为一项地方税收,并且使得纳税人对于地方总体税负具有发言权。在英格兰和威尔士进行的市政税的相关研究表明,房产价值会随着收入增加而上升(除了最低收入的家庭),因而这一税收反映了普遍的支付能力。[59]尽管将房产进行了分级,该项税收仍然被设计为累进税。九档税率依次递增,最高档的税率最初设定为最低档税率的3倍(之后我们会讲到,威尔士在2005年之后更改了这一结构)。地方议会报告最高档的征收税率,相对于可以轻易规

---

[59] Davies等(2007)。

避的人头税，这是一项显著的改进。

表3.1描述了截至2005年威尔士市政税体系的结构以及不同级次的房产分布情况。

表3.1　　　　威尔士1993～2005年市政税的级次和对应税率

级次	相对于D级的税率	房屋价值的级次（英镑）	不同级次的住房分布率
A	6/9	不超过30 000	25.2
B	7/9	30 001～39 000	19.3
C	8/9	39 001～51 000	21.6
D	1	51 001～66 000	15.2
E	11/9	66 001～90 000	9.5
F	13/9	90 001～120 000	5.0
G	15/9	120 001～24 0000	3.6
H	2	超过240 000	0.6

针对市政税以及地方政府体系，也存在一些批评的言论。有些人认为这种分级结构给一些房屋拥有者带来了意外之财，特别是那些处于最高档的房产拥有者。当然，由于在最高档没有更高的限制，因而这些观点显然还是有价值的。此外，市政税仅仅代表地方政府财政收入的一部分，但是因为它可以通过调整来弥补任何收入和支出的差额，所以就成为了平衡地方预算的关键项目，这样的做法也是不合理的。这会使得市政税承受相当大的压力，会产生一种类似"棘轮"的现象。举例来说，如果市政税占财政总收入的1/4，那么意料之外的费用每增加10%，就会要求市政税收入相应增加40%。因此，整体预算的改变会引起市政税的重大变化。

此外，如果房产价值经常被重新评估，那么对于纳税人而言，市政税可能仅仅是略微累进和公平的。但不幸的是，经济理想和政治事实经常是矛盾的。政客们因为个人房产重新估值的推行而感到担忧是可以理解的，因为纳税人会在选举时发泄他们的挫败感。如果人们看到自己新的税单上房产税的税负有很大的增加，那么这些房产的拥有者并不会在意重新估值给社会带来的积极影响。但是，如果没有经常性地对房产进行重新估值，即使略微的累进性也可能会妥协于市场标准。

英国对是否要重新估价进行了多次争论，但是始终未能付诸实践。然而，威尔士却重新评估了居民的房产价值，并且改革了市政税体系。他们是如何做到这些的呢？

理解当时威尔士政府的基本结构，对于回答上述问题非常有用。威尔士议会政府(简称"议会")是威尔士国家议会的执行机构。议会和地方政府一起成立了一个正式的合作理事会，这一理事会包括了威尔士国家议会，包括由威尔士地方政府协会(WLGA)提名的22个单一县和县自治市镇议会的代表，还包括在威尔士的城镇社区委员会、警察、消防员和国家公园管理部门的代表。威尔士地方政府有义务扩大从教育到交通到旅游的公共服务的范围。每个委员会都有权做出自己的决定，但是所有22个委员会都与议会签订了广泛的政策协议。

威尔士议会政府计划扩大和明确地方政府的作用，市政税重新估值是其中一项重要的举措，地方政府的作用在一本名为《地方政府的自由与责任》的出版物中已有阐述。议会给地方权力机关制定了"公开、亲民、负责"的理念。[60] 例如，从2002年5月开始，所有的委员会董事会议都必须公开举行。此外，议会还给税收体系制定了一系列目标，包括公平、负责和透明。这些理念影响了2005年议会对房产价值进行重新估值整个过程中的行为。事实上，对房产进行重新估值并没有引起抗税活动，因为议会本身和威尔士地方政府协会(WLGA)对纳税人保持了一个公开、亲民、负责的态度。

政府官员和财政专家在20世纪初就开始考虑对房产进行重新估值。议会宣布了市政税的未来改革，并且承诺这一税收收入只为地方政府服务，只要税率的级次能被重新确定。议会表示："原来的市政税级次并不能代表房产的现值，因而原来的市政税体系因为'过时'而可能造成不被信任的危险。"对房产进行重新估价，可以进一步达到议会想要使地方税收更加公平和易于理解的目标。之后威尔士政府开始了漫长的改革过程，并宣布打算在2003年夏天公布新的市政税分级结构。[61]

---

[60] 威尔士议会"自由和责任……"(2002)，第7页。
[61] 威尔士议会"自由和责任……"(2002)，第41页。

议会在 2002 年 12 月份提出的建议更加具体,当时议会就新的估价和评级公布了一份参考文件。议会再次坚持强调了进行重新估值会有利于使税收体系更加公平和更具有累进性。议会成立了市政税重估工作组(CTRWG),以作为议会与威尔士地方政府协会(WLGA)的一种合作形式。[62] 它比议会单独创立一个委员会更容易进行房产重新估值事宜的相关准备工作,但是涉及各方面地方政府的决定是更为明智的,也更有利于实现议会的目标。

市政税重估工作组表示其"首要原则"是保证改革的税收中立,从而保证纳税人在重新估值的过程中没有隐藏的事项。政府的这一承诺从一开始就让威尔士居民有了安全感,进行重新估值是为了促进公平和提高效率,而不是为了增加政府的税收收入。

市政税重估工作组讨论了一系列不同的措施来重新确定税率级次。表 3.2 表明了最初提出的档次范围。值得注意的是,他们在最高档的税率上又增加了一级以使其更具有累进性。

表 3.2　　威尔士最早提出的新的分级结构和相应等级的房产价值

级次	相应的税率	房产价值下限(英镑)	房产价值上限(英镑)
A	6/9	没有下限	36 000
B	7/9	36 001	52 000
C	8/9	52 001	73 000
D(中间税率)	1	73 001	100 000
E	11/9	100 001	135 000
F	13/9	135 001	191 000
G	15/9	191 001	286 000
H	18/9	286 001	400 000
I	21/9	400 001	没有上限

市政税重估工作组为重新分级的影响建立了模型。委员会估计整体税负将不会改变。在新的分级体系下,22%的房屋将会提高其适用的税率级次,

---

[62] 威尔士议会"市政税重估……"(2003)。

26%的房屋将会降低适用的级次。[63]

当然,所有这些准备和分析都是为了能使议会的税收改革成功。此外,议会希望所有威尔士公民都能参与到改革的过程中。议会发布的参考文件在解释了议会的提议以及他们所预测的会带来的影响之后,在最后向所有民众提出了一个问题,让他们评判这些建议是否是恰当的。借由这一方法,议会成功地让威尔士人都参与到了税收改革中。人们被鼓励去发表他们的意见,并且成为检查和审议过程中的重要成员。

议会在之后的6月份发布了后续的参考文件,并在文件中对2002年12月19日到2003年1月29日收到的反馈进行了回应。[64]新公布的最高档的税率将会是中间档税率的21/9倍,其他级次的税率还是与之前的相同。这意味着最高税率将会是最低税率的3.5倍。新收集到的房屋销售数据使得财政部长能根据最新和最准确的信息重新修订之前提出的分级方案,新方案保留了相同的级数和税率结构,如表3.3所示。

表3.3　　　威尔士最终确定的分级结构和相应的房产价值

级次	相关税率	房产价值下限(英镑)	房产价值上限(英镑)
A	6/9	没有下限	44 000
B	7/9	44 001	65 000
C	8/9	65 001	91 000
D(中间税率)	1	91 001	123 000
E	11/9	123 001	161 000
F	13/9	161 001	221 000
G	15/9	221 001	318 000
H	18/9	318 001	424 000
I	21/9	424 001	没有上限

这些关于不同级税率和房屋价值范围的意见,使得现有的分级方案比之前的方案更好。通过最新的房屋数据的广泛公布,市政税重估工作组使得各

---

[63] 威尔士议会"市政税重估……"(2003)。
[64] 威尔士议会"市政税重估……"(2003)。

个家庭能够比较容易地将自己的房屋归到最适合与最准确的一档税率中去。

议会并没有天真地幻想纳税人收到自己未来的账单会很高兴,但是它让所有人有相同的机会来理解它们的行动。议会采取措施,力图使得当地政府、消费者组织以及纳税人组织这些利益相关者都能直接接触到发布的信息。纳税人也可以在当地图书馆或者议会的网站上浏览发布的信息。从 2003 年 3 月开始,议会发起了一次公开活动,让人们了解改革到底发生了什么,即使获得的个人反馈依然很少。但令人欣慰的是,至少政府在新的税收改革实施整整两年前,就已经在告知民众即将发生什么。议会还定期召开新闻发布会,向民众通报情况。

纳税人会收到两份不同的传单来解释正在发生的事情,以及说明在 2004 年和 2005 年为什么他们会有市政税的纳税义务。传单的内容都是非常直接和易于理解的。之后,负责审核房屋价值分级的评估办公室,给所有的威尔士家庭写信,告知他们所适用的税率级次,并且再寄给他们一份传单,这后一份传单解释了重新估值将如何进行以及纳税人如何找到他们所适用的税率档次。同时,所有国家议会议员在此过程中与时俱进,帮助选民们了解关于此次对房产重新估值的操作过程和方法。[65] 议会通过最大限度地调动资源让威尔士选民们参与到地方税制度的制定中。这些都表明政府想要通过与公众的多种渠道的合作,来构建更加公平的税收制度。

2004 年年末纳税人收到税单后,大众就开始对此有所反应了。账单上面标明的房产价值让他们惊讶不已,尤其是对于在像加的夫(威尔士首府)和淡水河谷这样的城市的中心城区的人来说。[66] 表 3.4 描述了加的夫的市政税的变化情况。

表 3.4　　威尔士加的夫市政税分级的房屋变动情况

级次的改变	变动的房产数量
降低了 3 档	5
降低了 2 档	44

[65] 与威尔士情报官员 Jacqueline Nicholls 的电子邮件。
[66] 《南威尔士回声》,"大败局"(2004)。

税收公平与民间正义

续表

级次的改变	变动的房产数量
降低了1档	2 803
没有变化	46 266
上升了1档	67 283
上升了2档	18 003
上升了4档	927
上升了5档	10
上升了6档	1

我们还记得政府曾经承诺,它们不会使纳税人在一年之内的市政税税率爬升超过一个档次。然而,我们可以想象60户家庭在发现他们所适用的房产税税率在一年之内爬升了四到五个档次时震惊的表情。表中还有一个值得注意的变化,就是税率级次多加了一档。更多的级次使得纳税人适用的市政税率能够更精准地得以确定,从理论上来说,对纳税人而言,这样的变化可以促进市政税的公平性。

新闻更加关注这样一种现象:城区房价的上涨速度甚至快于农村房价的下跌速度。这一现象影响了纳税人对市政税的看法。很多人对新的税收制度并不认同。《南威尔士回声》是一家当地杂志,他们在2004年11月发起了一个关于新市政税制度是否公平的投票,得到的结果是:86名受访者中有84名觉得这种税是不公平的。[67]

2005年初,政府官员一再向公众保证市政税的公平性,而公众也都试图理解。新法案将于当年4月1日生效,《南威尔士晚报》认为直到新法案生效,公众对它的质疑依旧没有消除。尽管很多威尔士居民表示不满,议会议员们依旧坚持认为该新法案会带来诸多方面的好处。威尔士地方政府协会(WLGA)做过一个测算,他们得出结论:对房产重新估值这一举措只能给威尔士政府带来34(译者注:百万?原书疑有误)英镑或3.8%的市政税收入增长,这个水平也创了威尔士历史上的新低。[68]该机构同时也鼓励纳税人去发现自己享

---

[67] 《南威尔士回声》,"如此不公平"(2004)。
[68] 《南威尔士回声》,"纳税层级上升困扰纳税人"(2004)。

有哪些市政税带来的益处,而民众也十分珍惜这种为税制改革提出自己的建议的机会。在一封公开信中,有人把议会鼓励大家参与税制改革交流的这项举措称为"一次真正的拍板前倾听来自民众的声音的尝试"。[69] 在地方税收的多个备选方案中,此人表达了自己的偏好,并且得到了政府的关注。除此之外,议会发言人还对纳税人强调,此次对房产实施的重新估值的意图并非是增加政府的税收收入。

很多人公开反对这种税收,是因为其与收入的联系并不紧密。有人曾给 BBC 投稿称:"我觉得市政税是十分不公平的,因为它没有考虑到支付能力,我了解到有很多这样的家庭,因为他们居住的房子价值相对较低,所以他们的市政税纳税负担更轻,但是他们所居住的房子的面积却相对更大。"[70] 自由民主党认为,应当用地方所得税来代替当前的市政税,部分纳税人同意这份提案。[71] 一些证据表明市政税与家庭可支配收入有高度正相关关系,而反对党则拿出改革后的新税单试图挽回工党的声誉。

重新估值对于年纪较大的退休者的影响,也是大家所关心的因素。一些关于重新估值的批评性言论说道:"一些只有很少固定收入的退休者,只能眼睁睁地看着他们的房屋价值一路上涨。"[72] 那些依靠储蓄在退休后生活的家庭,对于快速增长的房屋价值可能危害他们长期财务计划的担忧是可以理解的。然而,议会发言人不厌其烦地去劝服那些符合条件的人申请他们的市政税税收优惠。一位威尔士地方政府协会的发言人声称,只有很少的人来申请他们应得的税收优惠:"就市政税的规定而言,将近 50% 可以享受税收优惠的人没有申请税收优惠。"[73] 退休人员相对于其他面临更高税收负担的纳税人来说更加脆弱,但是政府鼓励退休人员去申请那些为保护他们而制定的市政税税收优惠待遇。

英格兰不在其本土进行税收估价的决定,引起了威尔士人强烈的不满。最初,英格兰政府决定先观望,等待英国经济学家、地方政府的拥护者迈克

---

[69]《南威尔士回声》,"论坛是一个很好的实践"(2004)。
[70] BBC News, "Have Your Say: Council Tax Revaluations"(2005)。
[71] BBC News, "Council Taxes 'Best in Britain'"(2005)。
[72] *South Wales Echo*, "Back Door Tax Will Hit Hard"(2004)。
[73] *South Wales Echo*, "Band Move is Upsetting Taxpayers"(2003)。

税收公平与民间正义

尔·莱昂斯(Michael Lyons)发表他关于地方政府和市政税未来的报告之后再做决定。但莱昂斯发表了他的报告后,英格兰政府还是放弃了原本的重新估值计划。[74]"福无双至,祸不单行",威尔士那些面临高额账单的纳税人感觉他们被人口更多而且更加富裕的国家背叛了,同时也被当时的执政党工党背叛了。"工党把威尔士当作税基重新分级的小白鼠。他们在威尔士试验了重新估值的过程,但是现在他们并没有将这一经验引入英格兰。"[75]不论是因为英格兰官员想要消除纳税人的愤怒情绪,还是英格兰仅仅做出了一个房产日后再重新估值的决定,威尔士人都感到自己受到了不公正的对待。这件事让那些承担更高税率的纳税人感到很失望。

作为负责完成重新估价的机构,评估办公室(VOA)给那些觉得自己的房产被归到了错误级次的人们提供了一个官方的反映渠道。如果要反映房产被归到了错误的级次的情况,首先自己必须确定房产应该被归为哪一档次的税率,并且提出相应的要求。评估办公室根据具体情况来决定是否进行调整,在诸如房屋被损坏、房屋为适用残疾人的要求而进行了改造或者房屋被改造成为公寓等情况下,评估办公室就会批准他们重新确定级次的请求。当地的评估办公室会和那些提出的要求没有满足所列的十四条标准中任何一条的人进行沟通。评估办公室会在两个月内公布重新审核的结果,纳税人被批准后要及时联系评估办公室。

让管理当局感到意外的是,只有很少的人来反映财产分级的问题。评估办公室最初预计,在总共1 317 603户家庭里,有超过80 000户家庭会要求重新分级,但实际的数字要远低于预测值。只有13 976户家庭反映分级的问题,这只占到评估总数的大约1/6。截至2006年3月,9 162个重新分级的要求得到了解决,5 995户家庭降低了他们的房屋等级。因此,要求重新分级的家庭只占到了总数的1.06%,最终降低了他们房屋等级的家庭只占总数的0.45%。[76]这一数据表明,尽管有人抱怨他们的高税负,但是很少有人认为评估办公室对他们的房屋进行重新估值后的结果是错误的。

要做到让每个威尔士人都满意他们新的市政税税单是不可能的,但总的

---

[74] *The Times* (London), "Debating Delay in Tax Reform" (2005).
[75] *South Wales Evening Post*, "'Guinea Pig' Claim on Tax" (2005).
[76] 估价办公室,"2005年度威尔士议会税重估——重估审查后"。

来说,2005年对房屋进行的重新估值在政治上是成功的。虽然有一些纳税人要求重新分级,但是新的制度还是得到了广泛的认可。成功的原因有以下几点:首先,即使是那些对市政税或者高额税单不满的人,也承认需要对房屋进行重新估值。一位市政税的支持者在2005年发表了以下陈述:

> 如果你有基于房产价值的税收需要缴纳,那么你就需要有一个合适的程序去重新确定房产价值。如果你即将面临一个不公正的制度,那么至少要求这一制度是建立在准确的和最新的信息上的。比建立在当前统计数据基础上的不公正制度更加糟糕的,是建立在1991年的统计数据基础之上的不公正的制度!(77)

要想使市政税成为一项有用的地方税收,唯一的方法就是进行房产的重新估值,议会知道时间拖得越长问题就会越严重。在市政税的税收结构中增加Ⅰ档的税率,也会使得对房产的重新估值进行得更为顺利。议会提高了房产对税收的贡献,使得税收变得更具有累进性、更加公平。那些房产价值没有因为重新估值而改变的家庭,很可能与之前保持相同的税率等级或者适用更低的税率等级。但最重要的是,议会和威尔士地方政府试着与纳税人合作,让他们在决定自己的地方税上有话语权。

威尔士事件是一个成功的关于重视程序公正的案例。威尔士民众能够在实施改革的好几年前提前进行准备,能够对于政府公布的磋商文件进行回应,能够参加当地关于市政税的座谈会,能够向评估办公室要求重新评定他们的房产等级。威尔士的纳税人会对他们的新税单暂时不舒服,但是可以肯定的是,2005年的对于房屋的重新估值,使得威尔士的市政税制度比其邻居英格兰的税收制度更加公平。

民间正义和关于房产税的规范性观点

在第二章,我们谈到路易斯·卡普洛和斯蒂文·萨维尔在他们所编写的

(77) *The Western Mail*,"Like Nicking Someone's Sofa and Giving him a Biscuit"(2005)。

《公平与福利》这本书中对法律规定的规范性基础所做的分析。正如前面所阐述的,他们的研究严格以传统功利主义理论为基础,被视作是对之前的法规研究的拓展,其关注的重点集中在用规范性方法研究法律规范的经济成本和收益问题。

卡普洛和萨维尔所提出的框架反映了福利主义的思想,因为它强调这样一点:法律法规的效用应当由个人偏好次序来衡量。所谓个人偏好的次序,可能不仅仅由个人所获得的商品和服务的价值总和来决定。卡普洛和萨维尔认为,个人会对公平,或者用我们的术语来说,民间正义有自己的深入的理解,而这些理解可能会影响人们的偏好,从而使得偏好不再仅仅局限于人们所获得的金钱总和。由于每个人信奉的价值观和道德观不同,这些也成为影响人们偏好的因素,也可以说,他们的"品味"不同。

如果一项法律规则无视人们的公平感,从而损害了人们的福利,卡普洛和萨维尔根据逻辑分析,将这种情况所带来的福利损害也纳入其对福利的研究中。换句话说,人们很可能为了保证公平的程序,或为成全其他民间正义的内涵,而愿意牺牲自己可能获得的金钱。受这种情况的影响,基于唯货币价值论的法律规则或其他制度的效用排序将被改变。因此,民间正义这个概念作为个人福利的组成部分,被卡普洛和萨维尔纳入福利研究中,作为福利主义研究的一个限制性条件。

以上有限制条件的福利主义研究方法可以运用至对财产税的研究。我们都知道,财产税的征收确实会带来经济效率扭曲——尤其是对地上建筑物的影响,尽管不对土地产生影响——假设现行的经济分析能够有效证明市场价值财产税的重要作用。根据前面的阐述我们可以推知,市场价值体系与人们对于程序公正的根深蒂固的理解相悖,从极端情况来看,市场价值体系会受政治因素的影响而不稳定,甚至无法维系。然而,我们也知道,按市场价值对财产征税也有它自身的优点:如收入的累进性、社区根据收入水平的自由裁量权。那么,是否存在这样一种稳定的并且从长远来看更符合公众利益的可替代制度呢?

既然基于现时市场价格的财产税制度被纳税人认为不公平,那么,设计一个公平的制度是否可能呢?财产税制度要实现公平需要考虑诸多因素,如果

能达到以下几个标准,财产所有者可能认为这样的制度是公平的:

● 财产税制度的设计考虑了个人的纳税义务和政府提供的服务之间的关系。然而,基于个人的收益难以衡量,并没有借口推托实际的支出与实际的收益之间的直接联系,尤其是在财产税这个问题上。

● 只要有人对于财产税制度的程序公正依然有质疑,那么财产税和其实际税率就应当根据所在社区提供的不同的一揽子服务予以调整。

● 在设计财产税制时必须考虑纵向公平,要做到这一点,首先要明确认识到财产税不等同于富人税。

● 至少在一定期间内对房产的相对估值能保持稳定。这一要求反映的是避免由外部市场或国际趋势甚至主观心理因素带来的不确定性的愿望。

现实中的财产税制度如何能满足以上几点呢?稳定性这一点便不可避免地给价值评估和税率设定带来某些限制。以下是两例现实的财产税制度,以此来说明其如何违反了以上标准。

在美国加利福利亚州,第13号提案的公布确实减少了财产税纳税的不确定性,只要房产所有人在取得房产后的一定时间内不搬离,并且将每年的房产评估增值限定在2%的范围内,其每年要缴纳的财产税基本是固定可预期的。然而,在美国最高法院史蒂芬妮·诺丁格这一诉讼案中,不确定性的减少也伴随着个人房产所有者层面明显的成文的不平等。[78] 同一地区的房产所有者,如果购买该房产的时点不同,那他们要为同样的公共服务支付完全不等的费用。尽管费用差异会随着时间推移而慢慢减少,然而,如果那些1978年(也就是第13号提案生效的时间)购入的房产已经出售,这些不平等并没有完全消除。[79]

在某些特定的非常格式化的情况下,基于购买价值的财产税制度(比如第13号提案)可能与基于市场估值的财产税制度区别不大。考虑如下场景:所有的业主在一个固定的地方居住固定的年限(比如7年)后,搬到另一个新的

---

[78] 这些都详细记载于 O'Sullivan、Sexton 和 Sheffrin(1995)。
[79] 关于最新的不公平以及新视角的观点,见 Sheffrin(2009)。

地区,财产税名义税率不变;也就是说,财产税税率是固定的。在业主将其房产出售的那天所取得的收益均摊至 7 年的每一天,那么政府可以在每一期间取得不变的税收收入。

然而,哪怕是一个不懂财产税的外行人,也只要一眼就能看出这种做法是非常不平等的。无论任何时候,市场价值与评估价值都会有差异,随着持有房产时间的推移,这种差异就越大。持有房产相对更久的业主要对政府缴纳相对更多的税收。然而在以购买价值为基础的财产税制度下,不管房产持有多久,房产所有者接受的公共服务以及他们能够得到的其他权利都是一样的。因为每 7 年业主会搬一次家,房产的价值会回到市场价值。业主一生中以同样的时间跨度定居和搬离,他们因持有房产对政府所交的财产税是不变的——他们在任意一年付税的多少取决于他们当年是搬家还是不搬家。

这一争论体现在很多方面。第 13 号提案应当根据跨期评价,同时它也应当说明,随着时间的推移,要实现公平需要极为严格的条件。现实生活中,不同业主以不同的行为模式决定他们的居住选择(如搬家频率和房产面积大小),不同时期的房价也可能或涨或跌。这些事实偏离了初始的假设,会造成暂时性的不公平。还有一点需要说明的是,与假设性的场景不同,在这样的制度之下,第 13 号提案已经实施很长时间,但是完全没有达到预期的效果。[80]

从其他方面来看,第 13 号提案并没有构建出一个理想的财产税征收模型。第 13 号提案规定各地财产税税率统一为 1%,这一做法意在消除地区间的税收差异,但实际的效果却是毁掉了财产税最大的优势,即支付的税收与得到的收益之间的关联。实际上,全州统一的单一比例税率极大地阻碍了地方自主权。其他一些州也实施了评估限制和税率设置的限制,实际上也可归属至此类。前面我们注意到,第 13 号提案无法实现哪怕是名义上的横向公平;也就是说,在同一个地区生活的人由于在该地生活时间长短的不同,而负有完全不等量的纳税义务。佛罗里达州也设置了一个类似的房产估价增值限制制度(每年 3%),但不同于加利福尼亚州的是,佛罗里达州最近将这个制度扩大到了新定居居民。

尽管第 13 号提案有如此明显的缺陷,但它在加利福尼亚州投票人之间依

---

[80] Sheffrin(2009)。

旧备受支持。加利福尼亚州公共政策委员提供的一份报告里这样写道：

第13号提案会给加利福尼亚州带来好处的这种看法，在投票人（大部分是房产所有者）之间以压倒性的优势（56∶33）得到认可。在第13号提案的规定下，相对于几年前置办同样或类似房产的人，价格上涨会使得近期置办房屋的人负有更重的纳税义务，将近一半的人并不觉得这一可能的后果无法接受。[31]

第13号提案在加利福尼亚州得到支持还有一个重要原因：房产所有者所承担的财产税纳税义务是确定的。只要他们不处置自己所拥有的房产，并坚持居住于此，那么财产税制度的变革不会给他们的生活和所需承担的财产税税负带来任何影响。如果他们选择搬家，那他们很可能需要面对一个完全不同的税制体系。然而，这是一种"自愿的"行为，恰如消费者们自愿选择一种新的消费品也可能面对新的消费税那样。在关于税收公平的调研中，纳税人给消费税打了高分。这可以被视作另外一个程序公平理论的应用——如果纳税人选择搬家，或者购买一种新的耐用消费品，他们实际上是发出了自己声音。

如果说第13号提案是对财产税的内在危机的激烈夸张的应对，那么其他州所采取的措施则相对温和得多。比如，给房产任意年份的估值涨幅百分比设定一个上限。然而，人算不如天算，限制涨幅并不总能达到预想的结果，同理，第13号公告中的这些限制也可能会产生意想不到的后果。探究原因，主要是因为在一个以收入为基础的财产税制度中，税率要不断调整以使得房产评估价值能满足所需要的税收收入。[32] 如果所需要的税收收入相同，房产评估增值受限比起没有受限的情况要适用更高的财产税税率。比如，某房产持有者持有的房产市场估值增值6％，而财产税制度规定增值百分比的限定为5％，该房产持有者可能据此认为他从中得到了部分增值税收豁免的利益。但真正与决定其财产税税额相关的，是他的房产在总的财产评估值中所占的份额。这个比例实际上也有可能上升，因为其他升值更多的财产也会受限于评

---

[31] Baldassare（2006），研究表明租户和投票对第13号提案有更严苛的看法。
[32] 这个例子与第13号提案不同的地方在于后者的税制系统是基于税率的。

估价值的增长限额。㉝

对评估价值不做调整，或者几十年调整一次，可以有效预防财产价值波动，美国的很多城镇都是这样做的，不定期地缓慢重新评估。由于这种做法能应对税基波动，它严重削弱了税收的累进性，并造成纵向不公平。不精确的估值无法体现收入和财富水平，与第13号提案不同的是，这个财产税制度中没有延续性的横向不公平。不仅如此，我们在加拿大安大略省的财产税制度中可以得知这样一个事实：在很少对评估做调整或者评估价值已过时的制度下，任何一点改变都是极为困难的。如果评估调整最后还是发生了，由此带来的再分配效应可能会使政治体系遭受巨大的冲击。

现在我们来看另外一种财产税制度。理想的制度形式是，限制纳税人每年面临的财产税税负的不确定性，允许地方财产税税率存在差异，给投票者以发言权以及差别税收，通过非线性结构的设置更好地使纳税负担和纳税人享受的公共服务相对应，尤其体现在财产分布的高端财产所有者上。这种制度实质上与我们之前在威尔士财产税制度改革这部分里提及的英格兰、威尔士和苏格兰的市政税是一样的。

回想一下，1993年财产税税制改革中命途多舛的社区收费和人头税被取消，取而代之的就是市政税。我们需要注意的是，这里所说的市政税只适用于居民住房，而不适用于商业住房。1990年开始实行人头税的时候，商业财产税的管理权限由地方政府转为中央。根据1991年的房产评估价值，英格兰国内的房产所有者被分为几个档次，1993年之后建造的房屋根据某种方法折合为根据1991年房产评估方法评估得出的价值。地方政府有权对其中一个档次(D档)设置地方税率，其他各档次税率以D档税率为基准按固定比率变动。此外，该制度还对单身房产所有者以及贫困居民给予一定的税率优惠。不管是改革前还是改革后，英格兰财产税税制与威尔士都大不相同，表3.5展示了2006年英格兰财产税制度的大致结构。㉞

㉝ 这一现象收录于明尼苏达州税务部门《2007年有限市场评估报告》中(2008)。
㉞ 对财政研究的调查(Institute for Fiscal Studies)(2006)，第22页。正如本章讨论的，改革前英格兰和威尔士税制存在差异，改革后，威尔士增加不同的级次也改变了不同级次的差距。

表 3.5　　　　　　　英格兰财产税税率分级表(2006 年 9 月)

级次	相对于 D 档税率的比例	1991 年 4 月的房产价值档次(英镑)	各级次房产占比(%)
A	6/9	0~40 000	25.2
B	7/9	40 001~52 000	19.3
C	8/9	52 001~68 000	21.6
D	1	68 001~88 000	15.2
E	11/9	88 001~120 000	9.5
F	13/9	120 001~160 000	5.0
G	15/9	160 001~320 000	3.6
H	18/9	大于 320 000	0.6

从 1993~1994 年到 2006~2007 年,平均中等房价水平或者说 D 档对应的房产税纳税额几乎翻倍,达到每年 1 268 英镑。几十年来英国地方财政对此都颇有争议,成立了很多委员会来负责审查地方税收制度。在威尔士案例的讨论中我们提到过,最近一次对房产税制度的审查是由迈克尔·莱昂斯爵士主导的,他在 2007 年 3 月发表了一份报告。[35] 在这份报告中,莱昂斯爵士建议在保留现行制度的基础上对房产税制度进行改革,比如重新对房产估值、最高档次对应的房产价值应该再细分档、解除对每年市政税收入增幅的限制等,但是政府并没有采纳他的提议。

现行的房产税具有累进性,但累进程度在一定程度上还是有限的。价值最高的房产适用最高的税率,与最低档税率相比,是后者的 3 倍。然而,现实生活中往往出现的情况却是,政府提供的公共社区服务对低价房产所有者的效用更大,或者说他们得到了更多的补贴。3∶1 的比率意味着是对以下两点考虑因素的平衡:(1)同一地区的所有居民享受同等的社区服务(尽管这些服务对于他们来说可能会产生不同的效用);(2)拥有高价房产的个人适用更高的税率,这有助于纵向公平。然而,事实是否如此呢?这样的做法是否真的达到了支付能力和获得收益的平衡了呢?

---

[35] 见莱昂斯爵士对地方政府的质询:Lyons Inquiry into Local Government(2007)。

结果也许令人惊讶,英国财产税纳税人并不热衷于通过财产税来促进收入再分配。根据莱昂斯爵士报告中所载调查的结果显示,超过50%的受访者认为基于房产价值的财产税制度"相当不公平"或者"很不公平",而只有不到30%的受访者认为"相当公平"或者"非常公平"。该调查还假设了这样一种观点:一个居民持有的房产涨价幅度比该地区的其他人更高,那么他需要比别人缴更多的财产税,受访者被要求对此表达自己的看法。大约55%的人认为这"相当不公平"或者"很不公平",而只有25%的人认为"相当公平"或者"非常公平"。[86]

在苏格兰做的一个调研发现,60%的民众对市政税的征收表示不满,仅次于燃油消费税。[87] 54%的受访者认为市政税税负过重,31%的人认为制度设计不公平。根据调查结果我们还可得知,公众产生的不公平的感觉主要来自财产税的征收对低收入家庭的影响。

英国学术研究发现,收入水平与房产价值呈高度正相关关系。此结论除收入水平档次最低者外,对其他各收入级次个人都适用。[88] 从前面的分析我们可以得知,一般来说,相对于低收入者,高收入者的财产税税收负担更重。以下数据对比可以说明一些问题:收入在平均水平60%以下的个人中,只有6%~10%适用E—H档税率;而收入在平均水平两倍左右的个人中,有约51%适用E—H档。[89] 莱昂斯爵士的报告中说,80%适用H档税率的房产所有者为高收入者(约为平均收入水平的两倍),这一比率高于适用档次更低的房产所有者。[90] 然而,尽管如此,低收入者享受到的市政税的好处却又与其对市政税相对较低的贡献不成比例。

那么,到底为何市政税在英国如此不受欢迎呢?我们前面曾提到过,它是一个纯粹的地方税,地方有权自主制定税率,它在地方财政收入中所占的比例很小。因此,当地方预算增长的时候,市政税很可能也必须增长以达到目的。这种情况在英国很明显,尤其是在主要税收收入并非来源于增值税而是所得

---

[86] Lyons Inquiry,第七章,第226页
[87] 见地方政府财政审查委员会"A Fairer Way"(2006)。
[88] 见 Davies、Orton 和 Bosworth(2007)。
[89] 见 Warwick Bulletin (2004)表1。
[90] 见 Lyons(2007),第231页,第7.6节。

税的这样的税收制度下，而且所得税对个人的计征具有显性的特征。在所有财产税制度中，很多人似乎担忧会有很多拥有高价值房产却收入很低这样的"悲惨案例"，但各方面证据表明这种情况在现实生活中其实还是少见的。根据能力大小来决定纳税义务似乎是合理的，但是大多数纳税人依旧认为对高价值房产征高税收这一制度十分不公平。也许纳税人并不关心收入多少是否应该和纳税负担相关联，而更关心这个财产税制度中的税率差异。纳税人的这种敏感性很可能会使得整个财产税制度都被推翻，而不仅仅是多档税率施行受阻而已。

前面提到的支持财产税税率分档制度的作者认为，分档设税率很适合转型经济或者一些对房产价值及产权信息掌握不全面的发展中国家。[⑨] 我们所采用的这种"有限制条件的福利主义"方法可以在未来走得更远，表明地方政府有征税权的分级财产税可以有效地平衡支付能力原则和受益原则之间的矛盾，同时，这个制度也考虑到相关房产估值的相对稳定性，从而在一定程度上减少个人纳税人面临的纳税义务的不确定性。

然而，这种制度难道就没有缺陷吗？威尔士成功推行了房产重新估值和增加一个新的税率档次这样一系列新的举措，但英格兰就没有如此顺利。2007年4月，政府提出房产重新估值的议案，然而，为了等待莱昂斯爵士的报告出炉，这份议案被搁置了。等该报告发布后，政府还是否定了该项要求对房产进行重新评估的提案，改革尚未开始便以失败告终。

使用过时的估值数据和适用的档次会带来一系列后果。如果房产被重新估值，税率档次也重新确定，很多个人拥有的住宅房产所对应的税率档次也会发生改变，从而承担更高或更低的市政税负担。

由于英格兰内部各地区情况的多样性，从而无法像威尔士那样轻易推行房产重新估值。因为税率表是全国统一适用的，如果说某地区房产（英格兰东南部）在重新估值后价值增值较大，那么该地区房产整体适用更高档次税率的比例也会变大，自然而然就会导致各地区总体财产税纳税义务的重新分配。除此之外，对威尔士成功推行改革至关重要的一点，就是广泛征询公众对新制度的意见，而这一点在英格兰很难办到。

[⑨] 见 McCluskey 等(2002)对此的宣传。

总的来说,重新估值确实能够在一定程度上提高财产税的公平性,但是这同时也会在短期内造成一定的经济波动以及社会不稳定性,英格兰正是出于对此点的考虑才放弃了对改革的推行。一般来说,对财产重新评估的频率很低并不是异乎寻常的现象,但是二十年来都没有再评估,间隔也着实太长了。从原则上来说,比起传统的比例税率或者定额税率,这种按房产价值来分档设置不同税率的财产税制在实行重新估值时面临的阻碍会更少,因为在这样的制度中,重新估值导致财产税纳税负担变重的可能性更小。然而,英格兰的事实却让我们猜测,是否不仅是因为分级税率制度本身的问题,还有可能是英格兰的某种政治原因导致常规的重新估值在英格兰无法推行。

理论上一个值得关注的问题是,分级税率有一个内在隐含的缺陷。如果对房产实行重新估值,那么房产持有者所面临的纳税义务的改变是跳跃式的,即我们所称的"爬档"。[92] 比起传统税率,在房产价值变化不大的情况下,分档税率会带来更少的税负变化。不过,一旦这种变化实际发生了,变化则会更大。当房产估值变化很大导致其对应的档次爬升时,那么房产持有者必然面临更高的税率。现实情况中总有那么一部分房产经重新估值后价值变化较大,从而所适用的税率也更高。政府可以通过房产估值涨幅限制来控制房价变化,从而缓解这一现象,但这样做也使得财产税制度更为复杂。

在理想的分级税率制度中,如果定期对房产重新估值,必然会造成适用税率的爬升。由政府之外的权威方提供数据,政府据此校正定期重新估值得到的房产价值,这样做可以预测重新估值可能给个人房产持有者的纳税负担带来的影响,并且我们也可以观察到一个在理论上可行的税制在现实中是否也能行得通。不管怎么说,分级税率能抵消因为频繁地重新估值而带来的影响,因而这是一种可行的"有限制的福利主义"的财产税研究方法。

---

[92] 见 Slemrod(2010)。

第四章　我们应该通过税收重新分配收入吗？

在第三章，我们集中讨论了在分析财产税制度时，程序公正在民众观念和政治实践中所起到的重要作用。在本章中，我们将要探讨通过所得税、遗产和赠与税是否能达到收入再分配的效应。在这个研究领域内，民间正义概念中所涉及的公平理论、修正公平理论、道德使命和制度正当化理论都影响重大。

在第一章，我们强调公众对于是否应该通过税收实现收入再分配的态度莫衷一是。传统经济模型认为，大规模的收入再分配有益于社会总体福利的改善。然而，至少在美国，公众对此并不买账。我们在本章中将会探讨美国民众对于"劫富济贫"的理念毁誉参半。民众对于再分配并没有深层次特定的倾向，长期以来，传统的看法持续影响着他们。在美国经济大萧条末期，有35%的人支持收入再分配，而54%的人持反对意见。[1]

在本章中，我们将会从三个角度分析在再分配领域中民众与专家的分歧。第一，为什么即使在近几十年来社会贫富差距不断拉大的情况下，大家对于是否应该通过税收实现收入再分配依旧众说纷纭？第二，为什么美国人坚持认为只有有工作但是因为其他原因遭遇不幸的人才有资格接受社会救助，即使这份工作是通过社会救助方式取得的？第三，为什么在美国遗产和赠与税只影响到非常少的一部分人，却遭到大部分人的反对？

其实民间正义的原则能解释为什么民众与专家们的观点存在异议。公平理论和有限制的公平之间的冲突造成了民众观点的分歧。受限公平理论在一定程度上倾向于支持收入再分配，公平理论则认为个人劳动收入不可侵犯，给

---

[1] Bowman(2009)。

再分配施加了诸多限制。公平理论强调社会救助也要受救助者付出相应的努力才有资格取得,并称为"工作福利"。要理解民众的看法以及遗产和赠与税的政治影响,我们必须先了解道德使命、制度正当化理论和公平理论。单从心理学原理看,这些税都遭到民众强烈的抵制。有些观点认为每个人一生的劳动收入理应属于自己,有些反对观点更是提出了税收是不道德的看法,还有些人认为税收威胁到了特定的经济制度,而正是这样的制度赋予了人们工作和生活的意义。

对于以上提出的每一个疑惑,本章都将分别就公众态度、心理和经济方面进行分析,利用新的证据和观察结果深入探讨。尽管公众对此持有的观点可能是不精确的,但也并非毫无逻辑。此外,我们在前面的章节谈到过,民间正义理论的心理学原则反映的是深层次的人性,其中有些直接促成个人的自发行为和社会范围的诱发合作行为之间必要的妥协。从下面有些例子中可以看出,专家们的观点可以通过整合民间正义原则的洞见而进一步丰富。

公众想要什么样的再分配水平?

这一节深入讨论了公众对于再分配的各方面的看法,在第一部分,我们利用了一些调查数据,对再分配进行比较具体的计量经济学分析。第二部分,我们将会讨论战后时期的不公平加剧,并将其与比较稳定的对于再分配的公众态度进行对比。

调查数据和计量经济学的证据

很多年来,民调机构一直很关注公众对于税收的看法。总体来说,公众对于再分配的看法议论纷纷、各执一词。1939 年,罗珀(Roper)(罗珀与盖洛普齐名,是美国最早和最好的民意调查机构之一。——译者注)和《财富》杂志发起了一个调查:"政府到底应不应该通过对富人征高税从而实现收入再分配的目标?"最后的调查结果显示,54%的人支持,35%的人反对。之后,盖洛普咨询公司在 1998 年 4 月、2007 年 4 月、2008 年 4 月和 2008 年 10 月分别重复了这个调查。这四次调查对此问题的支持率分别为 45%、49%、51% 和 46%。

第四章 我们应该通过税收重新分配收入吗？

由此可以看出，随着时间的推移，公众不同的看法越来越势均力敌。②

芝加哥大学的全国民意研究中心也做过类似的研究。从1973年开始，他们一直向公众发放一份调查问卷，里面的问题是："政府应该通过多对富人征税，或者给予穷人社会救助的方法来减少收入差异吗？"卡林·鲍曼（Karlyn Bowman）归纳出如下的调查结果："从1978年开始的这份调查问卷中共有17个问题，我们设置了一个分数规则，总分为7分，给分越小则越倾向支持政府收入再分配，分数越高则越反对再分配。大概3/10的受访者给出了1～2分，而大概2/10给出了高分，其余50%给出的分数位于3～5分之间。"③

从1985年开始，全国民意调查研究中心选择在特定的年份问过这样的问题："您对以下的陈述有什么看法：政府有责任缩小高低收入人群之间的收入差距吗？"通过改换成这样的表达方式，人们选择的结果也受到较大的影响：超过40%的人不同意甚至强烈反对这样的说法。这个问题在2008年得到的结果是：43%不同意，37%同意，20%中立。由此可以看出，通过这种陈述方式呈现的调查结果，比前面的调查结果得到了更多的反对政府收入再分配的比例，但是除去比例上的差异，两份调查都可以得出公众对此看法有严重分歧的结论。④

大家可能认为富人并不热衷于政府的再分配措施，1939年调查得到的数据以及其他的一些研究也都证实了这一预测。然而，仔细分析一些更加细分的数据不难发现，富人对此的态度并非一边倒地反对，其内部态度也有很大的不同。根据税收基金会《2009年美国民众对于税收、政府支出和财富分配的看法》的调查研究，2002名成年受访者被问到一些问题，都是关于现行税收制度的公平性以及政府在收入再分配中充当的角色。其中，这样一个问题引起了我们特别的兴趣："你支持还是反对政府通过向高收入者征高税来实现财富再分配？"受访者对此有五个选择：强烈反对，反对，不支持也不反对，支持，强烈支持（每个选项对应的分数依次为1～5）。总体看来，受访者的平均得分是3.3，由此看来，民众对此总体持中立态度。然而，数据显示受访者的态度呈现严重的两极分化。如图4.1所示，受访者对收入再分配的态度呈"双峰"，33%

---

② Bowman(2011),第25页。
③ Bowman(2009),第100页。
④ 根据Bowman(2011),第26页。

税收公平与民间正义

的受访者强烈支持,23%的受访者强烈反对。

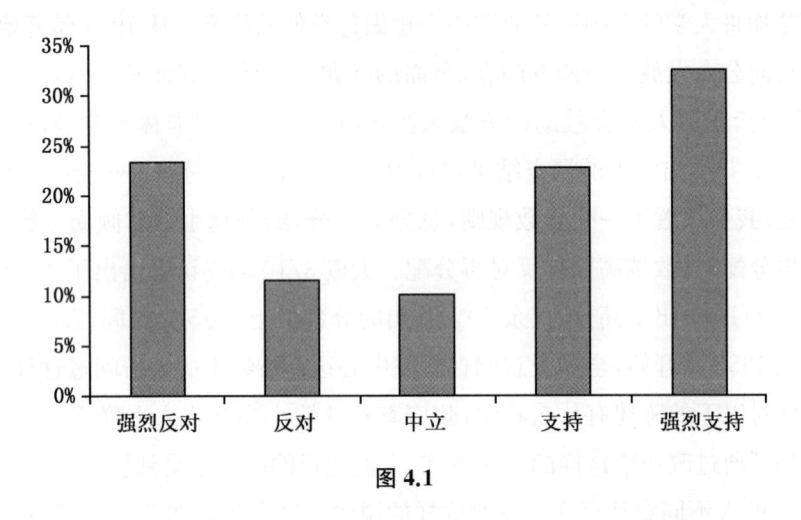

图 4.1

更令人诧异的是,不同收入群体组内对此也存在很大的分歧。图 4.2 描述了富人(收入区间为 15 万~20 万美元和收入超过 20 万美元)和穷人(收入区间为少于 1.5 万美元和收入位于 1.5 万~2.5 万美元之间的)分别对收入再分配持有的态度。我们可以从图 4.2 中看出,大部分受访者的回答都是从自己的利益出发,但仍不乏依然有部分人的回答与自身的金钱利益完全相反。数据显示,15%的穷人强烈反对再分配,19%的富人强烈支持再分配。

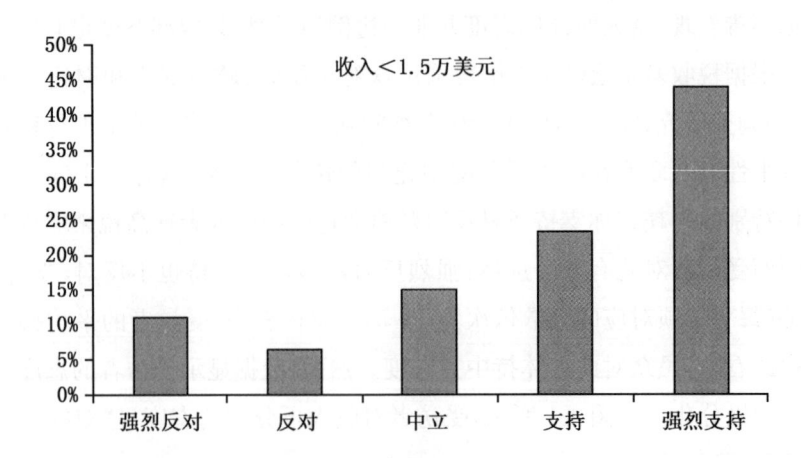

收入<1.5万美元

118

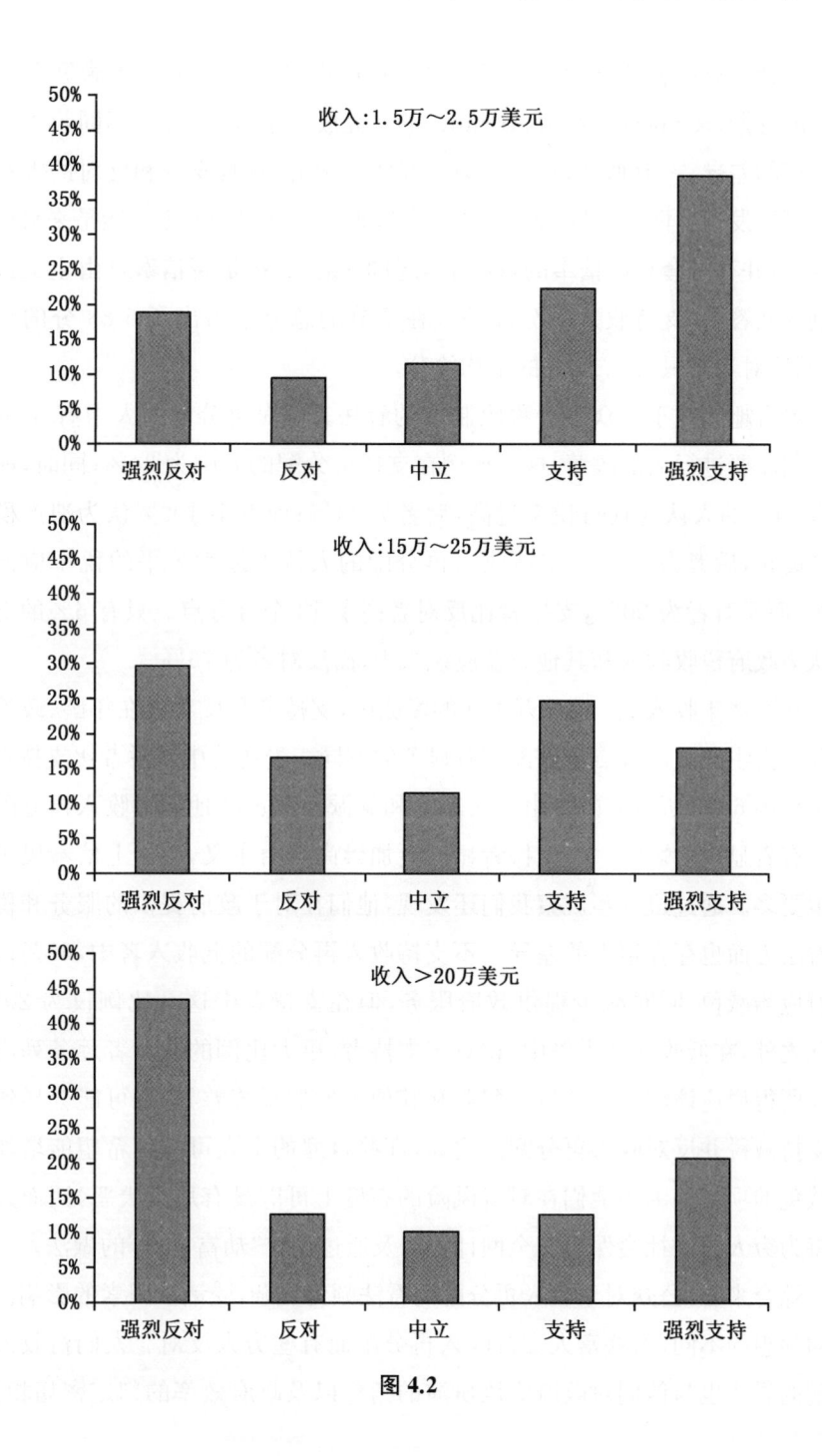

第四章 我们应该通过税收重新分配收入吗？

图 4.2

税收公平与民间正义

为什么有些富人支持收入再分配,而有些穷人反对呢?从瑞贝卡·里德—阿瑟斯(Rebbecca Reed-Arthurs)的研究成果中,可以看出不同收入群组内出现的差异。[5] 在收入高于 15 万美元的这个群组内,支持和反对的人对比下来可以发现有两个不同:第一,那些支持收入再分配的人更可能是来自民主党阵营,并有一套自己信奉的自由主义理念;第二,在是否信奉自由主义这个问题的回答中,支持收入再分配的人在 7 分的总分中给出了 5.83 分的平均分,而反对者则只有 2.15 分的平均给分。

更有趣的在于公众对于税收制度的看法。反对再分配的人中有 85% 认为税制需要进行大的改革,这一比例在支持再分配的人中为 34%;同时,前者中有 94% 的人认为现行税率过高,后者为 14%;前者中 100% 认为遗产税应该被废止,后者为 25%。支持收入再分配的人认为最大公平的税率应该为 33%,而反对者为 20%,支持者比反对者高了 13 个百分点。只有 6% 的支持者认为政府税收收入和其他收益应该减少,而反对者为 76%。

在那些年收入低于 2.5 万美元的家庭中,支持者和反对者在年龄、政治信仰和自由主义政治观点等方面都有显著的不同。受访者中反对者比支持者平均年龄小 6 岁,所持有的自由主义观念和党派倾向也和他们对收入再分配的态度有着显著的影响——支持者显然更加崇尚自由主义,政治上信奉民主党的也更多。通过进一步观察我们还发现,他们在对于政府提供的服务和税率的看法方面也存在很大的差异。不支持收入再分配的低收入者中,69% 认为政府应当减税,同时减少提供政府服务,但在支持者中这一比例仅为 20%。除此之外,在低收入者人群中,相对于支持者,更大比例的反对者逐条列出了个人所得税应该降低的项目。职业和其他条件的系统差异,也可能会导致他们支持减税并反对收入再分配。比如,那些自雇的个人可能更希望能增加税收减免的项目。因为他们在对待风险的态度上可能没有那么厌恶,因而并不支持为穷人提供社会保险安全网计划以及通过税收"劫富济贫"的做法。

综合来看,公众对于收入再分配的看法颇为复杂,受诸多因素的影响。与最初预想的不同,有些富人支持收入再分配而有些穷人反对。人们对收入再分配的看法也与他们对政府应该扮演的角色以及政府效率的判定密切相关。

---

[5] Reed-Arthurs 和 Sheffrin(2011)。

比如,支持收入再分配者对税收制度也相对更加满意;反之,则相反。

如果我们将谁能从收入再分配中获益与公众对此的态度联系起来看,这项研究又将会有新的发现。在2003年由美国国家公共广播电台、凯泽(Kaiser)基金会和肯尼迪学院共同发起的调查中,瑞贝卡和我探究了这个问题。其中有两个关于分析支持收入再分配者的问题尤为有趣,在调查中,一半受访者被问到其中一个问题,而另一半受访者被问到另一个问题:

- "你同意还是反对以下说法:缩小高收入者和低收入者之间的贫富差距是政府责任。"
- "你同意还是反对以下说法:缩小高收入者和中等收入者之间的贫富差距是政府责任。"

这份问卷的特殊之处在于,是根据再分配受益者的不同而设置问题的。受访者针对问题有五个选项:强烈支持,支持,不知道,反对,强烈反对。(对应的分数分别为5~1分。)

表4.1描述了受访者回答的情况。我们预想受访者的结果可能会是功利主义导向的,然而数据表现的事实恰恰相反——受访者对再分配的看法是很中立的:以上第一个问题的平均得分为3.26分,而第二个问题的平均得分为2.99分。结果很令人诧异,受访者更倾向于认为政府的责任在于缩小高收入者和中等收入者之间的贫富差距,在这样的结论与功利主义观点下,因为低收入者的边际收入效用大于高收入者的边际收入效用而得出的结论不同。其次,与税收基金会的调查结果一致,受访者对于总的再分配并没有表现出明显的偏好,而且其内部对此问题的看法也存在相当大的差异。61%的受访者强烈支持或强烈反对收入再分配。

表4.1

	缩小高收入者和低收入者之间的贫富差距	缩小高收入者和中等收入者之间的贫富差距
强烈反对	246	203
反对	123	106

续表

	缩小高收入者和低收入者之间的贫富差距	缩小高收入者和中等收入者之间的贫富差距
不知道	23	23
支持	126	124
强烈支持	160	204
拒绝回答	0	1
总计	678	661
加权平均分	2.99	3.26

受访者更支持将财富从高收入者向中等收入者而不是低收入者再分配，这一结果说明驱动支持再分配的因素实际上是利己主义而非公平理念。有更详细的数据和计量经济分析能说明这一点。[⑥] 收入低于2万美元的受访者更倾向于支持财富向低收入者再分配，而收入为2万~7.5万美元之间的受访者更倾向于支持财富由高收入者向中等水平收入者的再分配。收入高于15万美元的受访者反对收入再分配。

事实上，一个人的可观收入水平如何，并不一定能代表他对自己是否富裕的认知。该调查还对受访者设置了主观上认为什么样的收入水平才能称得上富人的问题。我们发现，那些自称富人的人更加倾向于支持财富向低收入者转移（而不是中等收入者）。这个发现表明人们在认为自己是富人的情况下，更倾向于支持收入再分配。除了公平意识的影响，自由主义理念也部分决定了人们对此的看法。那些支持遗产和赠与税的人认为这样一种税收"限制了富人的权利"，并且他们也更倾向于支持财富向低收入者转移（而不是中等收入者）。

我们还有一个非常有趣的发现：受访者的回答与其对税收制度的了解程度相关。调查中设置了7个考察人们对税收制度了解程度的系列问题，根据受访者回答正确数来确定其对税收制度的了解程度。我们发现受访者对税收制度的了解程度，与他们是否支持收入再分配（不管是向中等收入者还是低收入者的再分配）呈显著的负相关关系。我们的这一发现剔除了统计模型中受

---

⑥ 参见 Reed-Arthurs 和 Sheffrin(2010)。

访者的受教育程度和收入水平的影响,以确保对税制的了解程度对结果的影响的独立性。

对于这种负相关性有一些可能的解释。第一,很可能人们通过对税收制度的了解,学习了收入再分配的内涵,所以更倾向于对此不支持。对税收制度更了解的受访者明白,通过所得税的收入再分配不仅会造成经济效率的直接损失,而且会间接地导致横向不公平,因此更倾向于反对收入再分配。反过来看,也有可能是反对收入再分配的受访者通过学习了解税收的本质来得到支持自己的论据。除以上两点之外,还可能有第三个因素。例如,那些坚信财富要靠劳动创造,而不是坐等馅饼掉下的受访者通常有更高的教育水平,因而了解税收制度的可能性和机会都更多,而他们更可能反对收入再分配。

以上关于人们对税收制度的了解会减弱人们对再分配的支持这一发现,与拉里·巴特尔斯(Larry Bartels)对公众关于2001年减税的看法得出的结论有些矛盾。巴特尔斯的研究名为《霍默得到减税优惠》,根据题名我们便能看出研究的内容。巴特尔斯认为减税会给富人带来优惠,而对中低收入者并没有什么作用,因而中低收入者没有理由支持减税。[7] 但是对于巴特尔斯的表述,有人提出了质疑。尽管公众以2∶1的显著优势最终支持减税,并且支持者也"强烈"支持布什的减税政策,但其中2/3的人并不真的指望可以因此真正减轻自己的税负,74%的人认为富人在减税政策中比中层收入者受益更大。[8]

有些专家本来认为在再分配收入政策的框架下,公众会倾向于反对布什的减税政策,然而调查得到的结果却推翻了他们的设想,使他们的思考陷入困境。为什么公众会做出与自身利益相反的、看似愚蠢的决定呢?全国民意调查中曾揭示过这样一个现象,那些被认定为对政治和公众事务的认识水平越高的人,越不可能支持减税政策,巴特尔斯以此作为支持其研究成果的论据。然而,此处有两个问题需要澄清:

第一,正如亚瑟·卢皮亚(Arthur Lupia)和他的同事们所认为的,那些具有更多信息的共和党员以及保守派们,更倾向于支持减税政策——而那些自

---

[7] 对于那些不熟悉美国流行文化的人做一个解释:"霍默"指的是电视节目《辛普森一家》中的主角"霍默·辛普森"。霍默这样一个漫画角色代表了不学无术的美国人。参见 Bartels(2005)。
[8] 参见 Bartels(2009)中的表格1。

123

我标榜为自由主义者和民主党成员们如果懂得更多的话，反倒倾向于反对减税政策。⑨ 由此可见，政治的复杂性与是否支持减税政策之间的关系远非如此简单。

第二，巴特尔斯的研究并没有考虑受访者对于遗产和赠与税是否应该降低的看法，这恰恰又是一个与再分配相关度很高的重要问题。⑩ 另外，巴特尔斯在研究中利用受访者对政治的"常识了解"来给受访者分级，而在美国国家公共广播电台的研究中，考察的则是受访者对税收制度的了解，可以说，后者选择的给受访者分类的标准更为精确和客观。然而，即使巴特尔斯选择的这个标准具有可比性，支持减税政策也并不能简单地与支持再分配，或者说支持遗产和赠与税对等来比较。大部分普通美国人其实无法理解减税本身具有的再分配效应，他们可能更倾向于认为，减税是在削弱政府的权力，给臃肿的政府机构瘦身，提高公共部门运行效率，甚至有助于经济增长。

《读者文摘》杂志1995年做过一项调查，搜集了公众对于税收的收入再分配的看法的一些数据。这项调查邀请了1 015名受访者，他们被要求回答家庭收入分别为2.5万美元、5万美元、10万美元、20万美元四种收入水平的人实际应该缴多少税？这样的税负水平是否公平？如果不公平，请给这四组人分别提供一个你认为公平的税收水平。⑪ 除此之外，这个调查还搜集了受访者的人口统计信息，包括性别、年龄、种族、受教育程度和收入水平。

瑞贝卡和我根据这些数据，在现有的调查统计研究的基础上，进一步对再分配水平进行了深入分析。⑫ 研究结果中最值得关注的是：从数据上来看，收入水平在2.5万美元的群体对于收入再分配的意愿最为显著。收入少于1.5万美元的人相比其他收入水平群组希望收入再分配的程度最高，而收入高于7.5万美元的人则强烈反对收入再分配。这两个结果与美国公共广播电台所

---

⑨ Lupia等(2007)。
⑩ Bartels(2005)，第23—24页。
⑪ 更具体来看，针对每一收入水平的个人所询问的系列问题如下："一个四口之家每年十万美元的收入水平如何？你认为这样的家庭每年实际缴纳的税占其收入的百分比是多少？再次强调，我们谈论的是所有税收的加总，你的任何猜测都没关系。""你认为他们缴纳的税是太高了还是太低了？你觉得这样的结果公平吗？"以及"你觉得对于年收入10万美元的家庭来说，他们缴纳的税占收入的百分比最高达到多少才公平？你的任何猜测都没关系。"
⑫ 在我们的分析中，我们需要控制的事实是：个人对其自己的收入水平不必要做出精确的评估。我们使用了一个基于希望的税率与以为的税率之比这样的工具来研究。参见Reed-Arthurs and Shef-frin(2010)。

做的研究得出的结果具有一致性,说明受访者的选择很大程度上代表了他们自己的利益。然而,还有一点需要注意的是,收入水平大于1.5万美元小于3万美元的人比起收入水平低于1.5万美元的人,对收入再分配的反对更加强烈。从表面上看,这个结果略微让人惊讶,因为收入水平为1.5万~3万美元之间的这些人也能直接从收入再分配中获益。一种可能的解释是:当人们在类似的场合可以获得间接的好处,但这些好处原本并非直接是针对其本身时,他们会对再分配非常敏感。我们的成果也基于这个发现而得出。经济史学家斯坦利·莱伯格特(Stanley Lebergott)在其1975年出版的著作《财富和需求》中也基于历史研究,阐释了有关福利资助和平均工资的类似的现象。[13] 这一发现与"厌恶垫底者"的理论也是一致的,人们害怕成为社会阶级中的最底层。[14]

为什么个体反感将财富重新分配给自己的近邻并厌恶垫底者?公平理论同样对此做出了解释。在一定程度上,人们相信自己是通过劳动合法地获得收入,因而拒绝将收入再分配给那些与自己能力和水平相当的人。这也应了那句俗语:"种豆得豆,种瓜得瓜。"想要收获,首先必须要付出。不付任何代价而将收入赠与"近邻"的做法违背了前面所述的基本准则。

其他的一些关于再分配的实证研究也得出了类似的结论。比如,阿尔贝托·阿莱西纳和保拉·朱利亚诺(Alberto Alesina and Paola Giuliano)利用美国综合社会调查和世界价值观调查做国际比较。[15] 美国调查中问题为"华盛顿政府有责任尽全力以提高穷人的生活水平吗?"还是说"每个人的生活应当自己负责?"世界调查集中在这样一些问题上:个人是否应该为自己承担更大的责任以及政府是否有责任保证每个人的基本生活需求?这两份调查一致发现,妇女、未成年人和失业者、非裔美国人以及低收入者都支持收入再分配——这与其他实证研究的结论一致。

在他们的研究中更为有趣的发现,是关于人们对收入更多地取决于努力还是运气的看法。受访者被问到他们认为收入更多地决定于"努力的工作"还是"运气或者来自别人的帮助"。与公平理论一致,那些认为收入更多地决定

---

[13] Lebergott(1975)。
[14] Kuziemko 和 Norton(2011)。
[15] Alesina 和 Giuliano(2009)。

于辛勤劳动的人会倾向于不支持收入再分配。[16] 这一结论不管在美国还是其他国家都是如此。在第六章我们将会重点分析"工作还是运气"这一主题,更仔细地探析关于"应得"的哲学观点。

表 4.2　　　　　　　哈里斯税收基金会:税收占收入最高比例

日　　期	平均值(百分比)
2005 年 3~4 月	16
2006 年 3 月	15
2007 年 3 月	14.7
2009 年 2 月	15.6

资料来源:Bowman(2011)。

表 4.3

日期	<20(百分比)	21~30	31~40	41~50	=51
1999 年 3 月	65	24	3	1	0
2001 年 3 月	52	27	7	1	0
2003 年 1 月	53	25	6	1	0
2009 年 3~4 月	51	27	6	2	2

资料来源:Bowman(2011)。

在税收制度中只有对富人征高税才能达到再分配的效应。哈里斯税收基金会问过这样的问题:"个人的所得最多应该面临多高的税率?——包括总的税收、州税、联邦税和地方税。"《福克斯》杂志的观点动态栏目也曾问过一个类似的问题,但是它在前面的问题上加上了一句话:"每个人赚的每一块钱最多要缴多少税才算合适?"表 4.2 和表 4.3 是对于以上调查得到的数据,由美国企业研究所编辑汇总。[17]

我们可以从以上调查中总结出几个惊人的事实。首先,大家的想法非常一致,受访者都认为最高税率边际应当低于 20%。《福克斯》的调查显示,只有 4%~10% 的人认为最高边际税率应当高于 30%。然而,事实上,在美国,

---

[16] 当然,这一数据并没能揭示收入究竟是努力工作还是运气的结果。
[17] Bowman(2011)。

民众面临的各层级政府的所有税负大概为 30%～35%。尽管受访者要回答的是一个开放性的问题,但从结果不难看出,他们一直期望一个更低的税率。

不公平和再分配

最近几十年一个显而易见的事实是,不公平程度确实在加剧。不仅如此,分析我们的调查数据可以推知,在不公平越发严重的情况下,公众并没有更加支持再分配。在针对再分配的全国民意调查中,1978 年的支持度与 2008 年的支持度基本相当,因此,在超过 30 年的时间里,尽管不公平程度在加剧,但对再分配的支持并没有明显的增加趋势。

从专业的角度来分析,收入再分配的合理性依旧很有争议。第一章中提到过最优税制,在最优税制中,如果不公平加剧,应当有相应的再分配政策来缩小不公平的程度。收入再分配将收入从高收入者手中转移至低收入者手中,由于收入边际效用的提高,那么社会整体福利是有提高的。然而,对高收入者征高税也会带来经济效率的损失。随着不公平的加剧,再分配带来的效用增加就越明显,社会整体福利随之提高。但是有一种情况例外,那就是新近成功人士对于自己通过劳动取得的高报酬征收的高税收十分敏感。

从政治经济的角度来理解,个人应该是倾向于支持再分配程度增加的。假如再分配金额通过中间投票人来决定,并且税率越高带来的经济效用损失越大,那么中间投票人在确定税率的时候,一定会平衡他通过收入再分配获得的收益和由于税率提高给他的效率带来的损失量。比如说,中间投票人收入水平和平均收入水平差距拉大,也就是不公平加剧的时候,他们也会期望一个更高的税率。[18] 原因在于当不公平加剧时,中间投票人会希望从收入再分配中获得更多的收益。

从以上的分析我们可以看出,不管是从专业的最优税收理论,还是政治经济的角度理解,我们都应该肯定收入再分配的合理性。然而,事实是,不管是民意调查还是实际税收政策都与之相悖。根据税收政策中心的数据,收入水平前 10% 的家庭的联邦税税率自 1979 年起至今都在 25%～30% 的区间内波动,没有明显的变化趋势,而收入水平位于前 1% 的家庭的联邦税税率则为

---

[18] 这是政治经济学中的一个标准模型。一个基本的解释参见 Alesina 和 Giuliano(2008)。

33%左右,也没有明显的变化趋势。[19]

为什么在规范模型(最优税收理论)、实证模型(中间投票人定理)以及不公平加剧的情况下,税率水平的变化都与理论预测之间存在差异呢?有一个理论也许能解释,本书的前文中也提到过,就是个人可能在关于什么是其最优利益方面受到了误导。巴特尔斯以及其他人曾讨论过,公众对于税制以及财政政策的认知不足以及对这些事务的看法都是可以习得的,并且很容易受到影响。除此之外,中间投票人定理仅仅只是对现实的政治程序以及对政党和政客们行为模式的简单抽象的描述,与现实情况相去甚远。

但是这真的能解释出现的差异吗?根据美国公共广播电台的实证研究,人们对税制越了解,就越倾向于不支持再分配。个人的知识积累会带来很多益处,但却不必然会导致其对再分配的支持的态度。[20] 有时人们可能因为某些原因愿意放弃眼前的私利。比如前面所提到的有人支持布什的减税政策,尽管他们知道他们无法因此直接获利,并且也知道获利者主要是富人。很显然,他们必然是出于其他方面的考虑——也许是长期利益,才选择支持布什的减税政策。

对于不公平的加剧却没有相应增加对再分配的支持的一个解释是:不公平是无形的,是看不见的。罗伯特·弗兰克(Robert Frank)在他的畅销书《富人国》中描写了真正的富人(标准是净财富超过1亿美元)的生活与普罗大众是如何不同:[21]他们出远门会乘坐自己的私人飞机,而不是与大家共用拥挤的机场;他们在很多城市都有自己的房产和公寓,他们出门旅游有自己的私人景点并配有服务人员,不用和大众一起争抢热门景区有限的空间;他们的后代都被送到私立精英学校接受教育。

正因为这些超级富豪,造成了美国近几十年来贫富差距的扩大。伊曼纽尔·赛斯(Emmanuel Saez)和托马斯·皮凯蒂(Thomas Piketty)的研究也表明,不公平的加剧大部分应当归咎于那些超级富人。[22] 1960~2008年,收入水

---

[19] 税收政策中心(Tax Policy Center)(2011)。"对于所有家庭的有效联邦税率",公布于2011年4月4日。
[20] Lupia等(2007)的分析再次证明了这一点。
[21] Frank(2007)。
[22] 以下的数据来源于Saez(2011)中的表格。

平前10%的家庭的总收入（包括资本利得）占全国总收入的比例由33.5%上升到48.2%，增长了14.7个百分点。同时，这14.7个百分点中有14.5个百分点归属于收入水平前5%的家庭。由此可以看出，全国90%~95%的家庭的收入水平近乎零增长，2008年这部分家庭的平均收入位于109 062~152 726美元之间。

如果再看收入水平位于前1%的家庭，他们的收入占比增加了10.9%，这表现出更为极端的不公平。还有一系列更加惊人的数据：收入水平位于前千分之一的家庭收入占比增加了6.75%，收入水平前万分之一的家庭收入占比增加了3.86%！直到2008年，那些收入水平位于前万分之一的15 246户家庭的最低收入下降至9 141 190美元，占全国家庭总收入的比例为5.03%。

上述这些数据向我们描述的结论是：造成社会不公平的罪魁祸首正是那些作为富人国的居民们，比如投ება家、一线运动员、明星和成功的企业家。这些人的日常生活与普通人的接触面很少，他们用自己的私人飞机，有自己的度假场所，工作也和普通员工区分开来，孩子上不同的学校，等等。然而，由于这些超级富人与普通人的日常生活太过脱节，社会阶层很难流动。

另一方面，美国社会并非对这些富人毫不关注。便利店杂志、电视和有线电台里常常可以见到与富人有关的新闻。一旦富人财务丑闻缠身，他们的生活细节、最近的行程以及一举一动都会被放至公众面前，供大家评头论足。2011年脸书的创始人买了一栋便宜的不甚合乎身份的公寓，网上竟然有相关的照片流传出来。

不管其政治身份是自由派还是保守派，新闻评论员们也都关注过这样的事情。《纽约时报》的詹姆斯·索罗维基(James Surowiecki)评论我们现行的税制：就好像19世纪新西兰的税制一样。现行税制中的税率设置使得"一个年收入20万美元和年收入2亿美元的人面临的税率是一样的，比如勒布朗·詹姆斯和他的牙医。"[23]《华尔街周刊》的专栏作家霍尔曼·W.詹金斯在一次公众演说中评论扬基棒球运动员德里克·杰特的报酬时，认为公众并没有仇富心理。他还提到，全国总收入是一个固定的数目，杰特先生拿这么多，那么学校老师只能拿得更少。他还引用《纽约时报》上一个粉丝的话来进一步说明：

---

[23] Surowiecki(2010)。

"说到有关钱的事,我才不管他拿了多少呢,归根结底也不需要我给。"[24]

以下几点便是公众对再分配的看法的总结:

(1)美国人在是否应该通过收入达到再分配效应这件事情上存在分歧。一般认为随着收入水平增长,个人会越来越不支持再分配。然而,事实并非如此,在收入水平增长的同时,公众对再分配的看法依旧有差异。有些富人支持再分配,而有些穷人反对再分配。

(2)公众对于再分配的态度的出发点往往是利己的,然而,也有一些体现利他的证据,在个人觉得自己是富裕的情况下,会更倾向于支持再分配。

(3)公众对政府应当充当的角色以及政府事务效率的看法,也会影响其对再分配的看法。

(4)公众对再分配的看法具有一定的稳定性,即便是在不公平加剧的情况下,这说明公众对再分配的看法有其深层的心理因素。这与公平理论讲述的是一样的:收入和报酬属于自己的劳动所得。然而,并非所有人都信奉这一点,有人觉得运气才是财富积累的关键,有些纽约人还对杰特和扬基棒球队的高薪漠不关心,很有代表性的一种说法是:"反正这不花我的钱。"

工作福利制、公平理论和歧视

詹姆斯·米尔利斯提出的最优税制模型认为,必须要在收入再分配和由税收带来的对工作的负激励效应中进行权衡。路易斯·卡普洛的《税收理论和公共财政》一书中对这一观点做了进一步的阐述。[25] 可能的结果之一是,平均税率随着收入增长而上涨,而边际税率却没有随着收入的上涨而上涨。这个结论的政策建议实际上是遵循了最优税制模型本身的逻辑:最高边际税率应当降低,而低收入和中等收入对应的边际税率应当上涨。这个结论其实来源于最优税制本身。假设在一个税收制度中有两档税率,分别对应不超过5万美元的收入水平和超过5万美元的收入水平两种情况。如果一个人的收入超过5万美元,那么其收入适用的税率也会上涨,税负加重。此时,这个人会

---

[24] Jenkins(2010)。
[25] 后面几段的讨论是基于Kaplow(2008)。

考虑减少劳动供给,以降低税负。但是,如果 5 万美元收入水平适用的税率上涨,那么所有收入高于 5 万美元的人面临的税负都将加重,这种变化并不会使影响每个人的收入的边际激励不同,同时税负的加重反而会刺激人们更加努力地工作。

因为政府用来再分配的税收收入主要来源于高收入者的努力工作,所以对高收入者的边际收入征税是提高社会总福利的最佳路径。政府可用资金越多,那么更大量的基本补贴便可以惠及更多的人,包括那些从事简单劳动的人。因此,从效率的角度出发,这些补贴在人们开始工作时便会由于相当高的边际税率而被以税收的形式征收。税收体系这种总体的设计会给能力高的个人以更强的工作激励。

除此之外,这些最优模型的内在逻辑还表明,当模型拓展到包括更多现实因素,比如面临就业预期决策时,就是说面对税收人们会如何做出自己的工作选择(选择是否就业)时,由于边际税率很高,中低收入者会选择干脆不工作。事实也是如此。卡普洛在书中用了一个这样的例子来加以说明:

> 能力不出色的那一部分人可能会选择不工作,这种行为并不难理解,因为在最优税制模式下,高边际税率和丰厚的政府补助都会促使他们做这样的选择,而且他们的这种行为并不会给社会造成很大的效率损失,其余选择工作的那一部分人因为边际税率提高而增加的税收会使得社会总税收也增加。[26]

对此,伊曼纽尔·赛斯根据就业预期决策理论的基本案例模拟显示,在最佳税制模式下,假如人们可以自由选择是否工作,那么最终将会有 13.8% 的人选择不工作。[27]

然而,细心的米基·卡乌斯(Michey Kaus)发现,美国收入补助系统的运作并非如此。他这样描述:"就美国人对福利的认识而言,美国标榜自己为'福利国家',其实远未成为真正的福利国家。大多数政府救助项目自开始实施以来便以'是否付出劳动'作为能否领取社会救助的标准。"[28]他指出,职工补偿、

---

[26] Kaplow(2008),第 77 页。
[27] Saez(2002),表 1,当参数 $\eta=0.5$ 时的面板数据 B。
[28] Kaus(2001)。

失业保险和所得税减免都是针对有工作身份的公民,即便是社会救济,也要求救济对象有一定的劳动付出。美国公民对无条件给予穷人现金救助这种方式强烈不满。因此,美国的救济项目一般是以实物为主,政府向救济对象发放食物券或者提供免费医疗服务。

然而,经济学家一直既反对工作福利制,即领取福利金的个人必须参与一定程度的工作,也反对以实物或服务的形式为穷人提供政府救助。罗伯特·莫菲特(Robert Moffitt)通过对经济学家们观点的调查注意到:"比如,弥尔顿·弗里德曼认为基于收入的负所得税是最佳的社会福利制度。其他经济学家则批评了现行社会救助制度的一些要求,如受助者的工作状态要求,这也会激发某些想要获得社会救助的人通过一些刻意的安排,使得自己符合条件,从而领取救助。"[29]不仅如此,中级微观经济学课堂上老师们也常用一个例子给学生讲述其中的道理:现金比实物救助更好,因为现金给受助者选择权而实物却不能。然而,经济学家们的这些观点并不能改变公众的态度。

公平理论有一套很自然的逻辑,可以用来解释社会救助中对工作状态的要求:个人要获得任何形式的收入都应当有付出,社会就是如此,有付出才会有收获。因此,如果把获得的社会救助看作收入,那么受助者理应以某种形式的劳动付出。

自1996年起,美国将救助重点由对有子女家庭补助计划(AFDC)转为贫困家庭临时救助(TANF),也是因为以上提及的美国人对社会救助持有的观点。[30]大萧条时期,在启动这个项目的同时,也开始实施社会保障以及对单个小孩家庭提供现金补助等项目。多年后,这些措施已经成为美国福利项目的核心。现行的福利项目由州政府和联邦政府共同支持,然而,项目的某些特点促使美国公民怠于工作,因为只要个人多获得一份劳动收入,那么从政府处领取的救助都将少一份,这相当于是对个人所得征收100%的税收。政府意识到这一点后,也曾对救助对象采取过工作激励等措施,如利用公共服务创造一些就业机会给救助对象,但这些措施并没有达到预期的效果。在20世纪90年代初期,有些州开始试行在救助规则里加上救助对象一定要受雇于私人部

---

[29] Moffitt(2006),第1页。
[30] 我对TANF的历史和作用的认识基于Moffitt(2008)有洞察力的调查。

门的要求,并对违规者予以制裁。当时大家都认为这一创新举措能起到一定的效果。

1996年,克林顿总统宣誓要终结现有的福利制度,代之以新的制度。之后国会颁布了新的福利计划,称为TANF(贫困家庭临时救助),这与之前的AFDC(对有子女家庭补助计划)相比有更大的灵活性。立法要求受助者一生领取救助的时长最多不可超过60个月,也就是5年;州政府要对受助者的工作状态是否符合救助领取条件设置一个更宽松的范围。然而,由于规定总有例外,而这些例外也使得这个项目最终没有达到预想的效果。就如罗伯特·莫菲特所说:"因为新的福利制度要求受助者是有工作的公民,因而那些人为了领取社会福利,便不顾一切为自己寻找一份工作,具体工作是什么类型都无所谓,全然不顾福利制度设置这一要求的初衷——帮助受助者们接受教育和培训。"㉛新的福利制度添加工作这一要求,目的在于帮助受助者们摆脱对社会福利的依赖性。

Michey Kaus认为,在福利制度中添加工作这一项要求,符合社会公平理论的要求,而且这不仅仅只是缓解收入不公平而已。社会公平"并不仅仅是指物质公平。要实现社会公平,首先要保证每个人都能体面地生活,工作是其次的一个必要条件:那些曾经接受社会救助的人重新回到工作岗位上的时候,依然会得到来自社会的尊重,即便他们的收入少得可怜"。㉜英国的斯图亚特·怀特(Stuart White)也支持这种看法,他认为所有公民都应当尽自己的职责,至少应当达到"公民义务要求的最低标准"。㉝以上提到的这些观点与公平理论立场一致,都认为政府和社会的义务应当与个人义务相结合,各尽其责。

那么,TANF(贫困家庭临时救助)的实施效果如何呢?尽管自颁布以来就受到来自各方的质疑,它的实施依然取得了一定的成功。莫菲特对此做了调查,并且取得了大量的证据来说明TANF的实施使得就业率提高了,并且犯罪案件数减少。㉞研究这些资料还能发现,社会公民开始减少对社会福利的依赖并且案件数开始减少,是因为公众不像以前那样热衷于获取社会福利。

㉛ Moffitt(2008),第10—11页。
㉜ Kaus(2001),第1页。
㉝ White(2003)。
㉞ Moffitt(2008)回顾了大量关于TANF效果的数据研究,这些研究试图控制潜在的合并因素。

新福利制度中添加的领取时间限制和工作要求,也使得很多妇女无法像以前那样优先获益。

没有什么制度可以顾及所有人。在享受社会福利后离开福利系统的人中,有60%~70%会选择工作,他们通过工作可以获得社会的认可,同时他们的家庭收入也会有适度的提高;同时,还会有30%~40%的人选择不工作,这样会造成他们的家庭收入减少。福利制度并不能估计到后者。[35] 尽管如此,莫菲特注意到,"值得一提的是,美国似乎并不再关注这个问题——福利制度中的工作要求应当是强制性的,还是自愿的呢?"[36]

福利制度改革的部分政治和心理驱动因素,主要来自于对受助者的社会歧视。在20世纪70~80年代,由于政治主题中的社会福利总是一个被妖魔化的角色,所谓"福利皇后",对受助者的社会歧视成为政治家们谈论的话题。"歧视"一词被定义为是文明社会的耻辱的标记。一些自由主义思想的信条认为,一旦政府或党派决定提供某些社会福利,那么其受助者不能被歧视,而应当得到应有的尊重。但是,这种规定能有效遏制社会歧视的现象吗?经济理论表明事实上确实还是有些效果的。

20世纪90年代初期,蒂莫西·贝斯利(Timothy Besley)和斯蒂芬·科提德(Stephen Coated)曾针对福利歧视做过深入的研究。[37] 他们试图找出导致福利歧视的不同驱动因素,称之为"消极心理结果或福利的精神代价"。[38] 对福利歧视的研究是很有必要的,因为它会影响个人是否接受社会福利(如果有资格领取的话)的可能性。

贝斯利(Besley)和奥茨(Oates)试图破解针对受助者的社会福利歧视背后驱动因素的"理性"根由。研究的目的在于找出影响社会福利歧视水平的决定因素和社会原因。其中一种理论解释是,人们看不起那些没有特别可以被理解的原因而不能靠自己生存的人,受助者可怜是因为他们没有能力。不过,对于那些无法谋生计的残疾人,针对他们的社会福利歧视便已经触及到道德层面了。如此看来,受助者总会受到来自各方的社会歧视。另一方面,对社会

---

[35] Moffitt(2008),第21页。
[36] Moffitt(2008),第32页。
[37] Besley 和 Coates(1992)。
[38] Besley 和 Coates(1992),第165页。

福利歧视原因的探索虽然不能为社会科学做出贡献,但至少能给问题提供一个更细致入微的道德视角。

贝斯利和科提德在研究过程中设立了两个福利歧视模型。第一个是纳税人怨恨理论,其理论基础是纳税人不愿缴纳税收去帮助受助者。从这个角度来看,社会福利歧视"不仅仅是个人问题"了,因为受助者通过福利制度领取社会福利,这给纳税人带来了更重的税收负担,从而导致受助者受到纳税人的怨恨。这个理论认为,通过发放较少的社会福利,或者减少社会福利发放的对象,便能有效减少社会福利成本,从而减轻社会福利歧视。[39]

以上这种说法似乎与很多人对社会福利受助者的内在感受并不一致。因为在纳税人怨恨理论中,当纳税人没有享受到一项政府支出带来的好处时,纳税人便会对该项目的受益人产生怨恨。公平理论认为人们对于那些没有为集体做出贡献的人总有异样的感觉,然而,福利歧视的纳税人怨恨理论却并没有解释这一点。

贝斯利和科提德还基于统计歧视提出了第二种模型。这种模型的理论基础是个人的性格缺陷。用阿尔文·戈夫曼的话来说就是,"人性的弱点,包括薄弱的意志力、傲娇和矫揉造作的激情、奸诈、死板、不诚实等一些根据已有的记录推断得出的性格特点"。[40] 在社会福利这个制度中,其他人会根据申领福利救助的人的情况推断,这些人格缺陷会导致个人缺乏足够的自立动机。

并不是所有的福利申请人都是因为上述人格缺陷才申请福利,确实有些残疾人没有工作能力而需要依赖于社会救助。然而,有些人是有工作能力的,却因为可以申请领取社会福利而选择不工作。贝斯利和科提德据此将福利申请人分为两类,一类被称为"符合条件的申请人",另一类是"不符合条件的申请人"。前者是指那些残疾人,或者非自愿失业的人;后者则往往是那些因为懒惰或者其他一些人格缺陷,比如因酗酒或吸毒等在个人控制范围内的瘾症而申请社会福利。

他们将模型中的人分为两类,即穷人和富人。穷人又被分为两类,分别是"需要"社会救助的穷人和"不需要"社会救助的穷人。前者没有工作能力,只

---

[39] Besley 和 Coates 的模型中将歧视定义为其得到的福利水平与纳税人认为合适的福利水平之间的差异的函数。正如我们所讨论的,一个更一般化的形式也会考虑到总的税收负担。

[40] Besley 和 Coates(1992),第 170 页。

能依靠社会福利生活；而后者可以选择工作，也可以选择申请领取社会福利而不工作。不需要社会救助的穷人因为工作带来的负效用各有高低不同。如果说穷人都可以申请社会福利，那么那些不需要社会救助的视工作为畏途的穷人，也就是那些为领取福利选择不工作的人，才是真正的福利歧视对象，因为富人视其为真正的懒惰。

然而，公众无法找到有效的办法来区分社会救助申请人到底是真正有需求，还是只是为了骗取救助。这就是我们需要对其进行统计分析的原因。富人由于无法区分两者，因而他们常常把歧视加诸所有申请人。真正有需要的穷人因为受牵连也受到来自富人的福利歧视。然而现在确实找不到区分两者的明显标志。

富人们当然明白福利制度的运作，也清楚自己的歧视对象。举个例子，如果说社会福利提供的现金或物质水平下降，有些没有需要的申请人便会自动退出申请，从而提高所有申请人中真正有需要的申请人的比例。在这样的情况下，福利歧视也相应地减少。然而，只要申请人中存在没有真正需要的懒人，那么福利歧视便会一直存在。

贝斯利和科提德将以上模型应用到社会福利制度设计的各个方面。他们想出了一些办法，可以获取更多和申请人相关的信息，以便更好地判断其是否具有领取社会救助的资格。乔治·阿克洛夫（George Akerlof）称这种方法为"贴标签"。[41] 贝斯利和科提德认为首要的任务是要提高社会福利救助对象资格审核的准确性。假设政府能够通过合适的渠道尽可能多地获取和申请人有关的信息，以更准确地确定申请人领取社会福利的资格，那么社会整体福利歧视将会大大降低。不仅如此，由于减少了那些为享受救助而申请救助的申请人，社会福利制度的运行成本也将大大降低。

然而，这样一种筛选机制如何才能实现？政府要投入额外的资源是以上方法是否可行的关键影响因素。政府可以通过人力或电子的方式远程鉴别申请人的类型，另外，用作区分的额外资源本身也会给政府带来额外成本的增加。

---

[41] Akerlof(1978)。

第四章　我们应该通过税收重新分配收入吗？

其中一种政府可以采用的方法，是设立一种区分申请人的考验机制。[42] 所谓的考验机制，也就是专门针对申请人设置的、用来区分申请人资质的制度设计，通过要求申请人完成一些不愉快的任务来达到目的。个人可以视考验机制的形式来决定是否要忍受一定的痛苦而参与资质的筛选。如果考验机制设置科学合理，那么它一定能筛选出不符合资格的申请人，即便这种筛选可能涉及个人隐私。

工作福利制度便是一种很好的考验机制。假如在某个福利制度中本来不需要付出劳动就可以领取福利，现在增添新规定，只有全勤劳动的申请人才可以领取社会救助。在这种情况下，真正有需要的申请人倾向于去公共部门参加劳动，因为他们只能依靠社会救助生活，别无选择，而那些真正不需要的申请人则会倾向于选择在私人部门工作，因为这样可以避免福利歧视。因此，工作福利是筛选申请人资质的好办法。

但是，需要注意到的一点是，这种考验机制却又着实会恶化真正需要帮助的申请人的情况，因为之前他们不需要付出劳动便能领取的社会救助，现在却需要用劳动来换取。另外，这种工作福利本身可能会给需要救助的申请者带来福利歧视，因为它将他们与其他人都明显地区分开来。

托莫·布朗金、约拉姆·马加利奥斯和埃夫拉伊姆·萨德卡（Tomer Blumkin、Yoram Margalioth and Efraim Sadka）在贝斯利和科提德的研究基础上提出了被并称为 BMS 的模型，这种模型使人们具有日常的制造和评估福利歧视的能力。大众普遍信奉公平理论，讨厌那些因为懒惰或其他非道德目的逃避工作而享受社会救助的人。这也正是福利歧视的起因。BMS 模型在某种程度上类似于贝斯利和科提德所提出的区分申请者是否有真正资格的模型。BMS 模式假设公众有能力根据申请者的个人信息来区分其是否有资格领取社会救助。

那么，在这种模式中，个人是如何区分有资格和没有资格的社会救助申请者的呢？在研究报告的脚注中他们这样说明：申请人的熟人们能够对其行为予以观察，并得到一些政府不知道的信息。[43] 比如，如果一个申请社会救助的

---

[42] 关于考验机制的讨论，参见 Gruber(2011)，第 17 章。
[43] Blumkin 等(2008)，第 19 页。

人同时还经营着自己的事业并且赚了很多钱,他本身的经济状况至少是不差的,却依旧申请社会救助,这种人就应当受到社会的福利歧视。

在第一章中,我们曾提到过一个类似的可以用来解释社会福利歧视的心理学观点。因为早期人类通过社会合作才得以存活并发展,在漫长的岁月中,他们已经形成一种对偷盗、欺骗等不道德行为的相互监督的思维惯式。这是一种非规范化运作的,并且无法被政府法律法规替代的"潜规则"社会机制。在政府部门,一切都靠政府规章制度来约束,不能依靠人的自然直觉来做决定。在这之外,个人则能自由表达自己的感觉和观点,福利歧视就是这些个人判断的副产品。

BMS理论模型还认为歧视成本(贝斯利和科提德所述)也可能是一个有效的考验机制,因为这一机制可以提高社会中状况最差的个人(罗尔斯所述)的福利水平,即便其还是可能会受到福利歧视。当符合以下两个条件时,福利歧视作为一种考验机制,相对于前面提到的方式可能更为有效:第一,公众有能力判断申请者是真正有需求,还是为了骗取社会救助;第二,当社会救助水平不高时,那些不需要社会救助的人也对此很有兴趣。他们假设了这样一个两级社会救助制度:第一级是所有穷人(包括真正需要的和没有需要的)都可以领取的一个较低水平的社会救助,这一层社会救助不会引起富人的福利歧视。第二级是对穷人的额外救助,这种救助会招来富人的歧视。他们发现,在某些情况下,这样的福利制度设计可能会带来更高的福利水平。通过这个调查他们发现,这个模型只有在选择性的歧视时是适用的,而在普遍性的厌恶穷人的情况下是不适用的。

这些文献中的观点非常重要,当然也是比较激进的。他们的研究与民间正义的理念也是一致的。这是一个极好的例子,说明了民间正义的理念可以被融合到传统的经济模型中,并带来更丰富的洞见和对行为的重新评价,比如歧视,很多专家将其视为有损穷人的人格和尊严。不仅如此,这还给其他社会制度的设计提出重要的思考问题。尽管从表面看来,歧视是一种分类机制,但是并不是说歧视(不管出发点是好的还是不好的)就一定会造成伤害。那么,要怎么做才能兼顾这些考虑,并达到平衡呢?

比如,现在穷人在超市买食品已不再使用纸质优惠券,而是通过刷信用卡的方式,这就避免了别人因为看到自己使用优惠券而被歧视。那么,对于食品优惠这一项社会救助应当设置考验机制吗?还是说,通过提供给穷人的食品优惠券这一优值品,就可以抵消他们因此受到的社会福利歧视?提供一般性的优值品,比如食品、住房和健康,与社会歧视之间到底有什么联系呢?其实,政府提供优值品本质上体现了一种家长主义的偏好。[44] 但是,这种偏好和社会歧视之间到底存在什么样的互动关系呢?福利歧视是如何产生的?会有什么影响?应该如何缓解?福利歧视是否有助于社会福利制度效率的提高呢?也许,美国的收入支持系统——一个有着多重目标并且设置了工作要求、交叠了联邦和各州的规制和复杂的例外机制的系统——如果开始考虑民间正义,可能会提高其经济效率。

遗产和赠与税之惑

一些与联邦遗产税无利害关系的人却强烈地支持取消遗产税,不禁令人疑惑。美国的联邦遗产税是对美国富裕阶层的遗产征收的一种税,是各种税收中累进性最强的一种。过去20年来,一项呼吁取消这种"死亡税"的运动取得了令人瞩目的进展。中产阶级,还有一些对此无利可图甚至还会受损的少数群体,相对于那些遗产税的征收对象的亿万富豪们,更热衷于参与这项对遗产税的废止行动。穷人们似乎完全忘记了只有富人才需要缴遗产税这一事实,尽管与自己毫无利害干系,也依然大力反对。更有甚者,有些人以此税只对富人征收为理由更为愤怒,甚至无理地攻击与自己意见相左的政治家。

也许制度正当性理论和道德使命的概念可以帮助解释美国民众对废除遗产税疯狂的支持。一些颇有心计的政客和其他一些废除遗产税的支持者,将遗产税刻画为造成完整家庭甚至"美国梦"破碎的导火线。反对废止者们则由于没能认识到美国人对此理念的认同,因而在这场全国性的激辩中受挫。当人们将某种行为视为邪恶的和不道德的时候,总会站在道德制高点之上为自己辩护,而不管自己的观点是否理智,也就是所谓道德使命的存在。制度正当性理论和道德使命说明,有些人即使完全没有缴纳遗产税的风险,仍然具有强

---

[44] 参见——例如,Moffitt(2006)。

烈的动机来保护家庭完整和美国的精英治国理念免受遗产税的伤害。

联邦遗产和赠与税

在美国,遗产和赠与税是对已故者的遗产——其实更准确地说,应该是对纳税人在去世时所拥有的财产,以及来源于这个财产的对别人的赠与所征收的一种税收。遗产和赠与税税制颇为复杂,但只针对财富达到一定水平的公民征收。要注意的是,这与继承税完全是两回事,继承税是对接受遗产的人征收的一种税。在有些州,继承税与遗产和赠与税共存。

在美国国税局的网站上引用了这么一句诚实却滑稽的匿名笑话:"这世上讨厌税收的人有两种:男人和女人。"[45]乍一看,这个句子似乎并无不妥,人们对遗产税的厌恶并不奇怪。事实也是如此,没有哪个纳税人会喜欢税收。1999年,美国政府总共征得244亿美元遗产税,计算下来只有约2.3%的遗产需要缴纳此税。[46] 当时,每个纳税人的税前豁免额最高为65万美元。2009年,遗产税总收入达到206亿美元,税前豁免额为350万美元;[47]而到2011年,税前豁免额为500万美元。[48]

以上的数据告诉我们这样一个事实:联邦遗产税是累进性最强的税收。在每年死亡人数中,只有千分之一的人有遗产税纳税义务,而有略多于一半的遗产税收入就来自这千分之一的纳税人。只有1.8%的遗产税收入来源于余下90%的纳税人。[49] 因此,可以看出,不是中等收入公民也不是普通富人,而是超级富人贡献了绝大部分的遗产税收入。公众支持累进性很强的遗产税,这与民间正义中的修正公平理论相符,但是人们对遗产税的态度却未免失之偏颇。

民意调查显示美国人普遍反对遗产税的开征。2003年《福克斯》杂志的民意动态专栏调查显示,67%受访者支持废除美国遗产税。Harris税收基金会在2007年3月和2009年3月也分别做了调查,调查发现,受访者认为遗产

---

[45] 美国国税局(IRS)(2013),"税收报告"。
[46] Graetz 和 Shapio(2005),第6页。
[47] 税收政策中心(2007),"2001年—2009年遗产税的分布"。
[48] 美国国税局(2013),"遗产税"。
[49] 税收政策中心(2011),"税收专题:遗产和赠与税"。

税是最不公平的税收,并且有 2/3 的受访者认为遗产税应当废除。卡林·鲍曼的观察认为:"尽管遗产税与大多数美国公民没有关系,但是美国民众就是不喜欢它。"⑩综上,遗产和赠与税尽管惠及大多数美国人,并且于大多数美国人无损,它依旧招致大多数美国人的鄙弃。

遗产税废止运动的历史

事态并非一开始就是如此。现代意义上的遗产税自 1916 年产生,在绝大多数历史时期,纳税人将其视为从最有能力的个人处筹集联邦收入的合理途径。遗产税也被赋予了可以促进再分配的积极意义,尤其是考虑到资本大亨的贪婪嘴脸。西奥多·罗斯福总统曾对继承税发表这样的看法:"超级富人的后代不用任何代价便可继承庞大可观的遗产,这于社会长远发展来说是没有好处的,遗产税可以给这些继承者一些压力。"⑪他认为,如果没有遗产税,会威胁到实现"美国梦"的公平机会。但是,直到 1990 年,一些反对者开始抛出遗产税本身就损害了社会公平的言论。

到里根总统执政期间,公众对联邦遗产税的反对声此起彼伏,1994 年共和党众议员执政期间,反对声越来越大,2001 年布什政府将其写入其签发的减税令中。遗产税反对运动的领导人中不乏名人,比如纽特·金里奇(Newt Gingrich)和格罗夫·诺奎斯特(Grover Norquist),还有些颇有影响力的政治游说者。当然,这些运动的背后也少不了一些巨富家族的财力支持,虽然他们低调地隐藏在幕后。保守党派领导人通过将遗产税定义为"死亡税"来丑化遗产税的形象,把其渲染为一个普遍的与大众息息相关的问题,以引起公愤。这个反对运动还得到了少数派以及同性恋维权组织的支持。在这场运动中,最为积极的是那些无法从中获利的人,这使得这场运动实质上已经转变为中产阶级反对不道德税收的运动。⑫

格雷茨(Graetz)和夏皮罗(Shapiro)对此评论:从遗产税废止运动的历史来看,这一税收政策之争实质上是"公平"与"道德"之战。这里所说的公平是指税收应当坚持能力原则,能力越强的人自然应该负担更多的税;道德是指一

---

⑩ Bowman(2011),第 89—95 页。
⑪ 西奥多·罗斯福,转引自 Graetz 和 Shapio(2005),第 6—8 页。
⑫ Graetz 和 Shapio(2005)。

国政府应该鼓励企业家精神,并鼓励其公民的财富积累而不是通过税收的方式夺取它。遗产税反对者站在道德制高点对前两方阵营都灌输了新的政治内涵。他们宣称"死亡税"是对纳税人的不公平的双重征税,并且在纳税人的家庭遭受亲人离去的痛苦之时征收。政府机构本就已膨胀臃肿,却还要对那些为了实现"美国梦"而辛苦了一辈子攒下可观财富的家庭征税来补给自己的支出。对于那些小企业主、农场主等,遗产税反对者巧妙地利用税收对那些家庭的影响来向大众灌输遗产税的弊端。他们描述了这样一幅图景:辛勤工作的父母因为此税无力维持现有家庭的生活水准。由于保守派遗产税反对者的游说,那些认为政府应当鼓励辛勤的劳动,并且根据个人能力来决定税负的人会改变他们的看法,倾向于相信遗产税是对税收公平的违背。[53]

遗产税的支持者则避开反对者提出的条条理由,转而通过事实和数据来说明遗产税并未对公众造成如反对者描述的那么可怕的严重的伤害。支持者们一边发表一些标题类似于"毁灭性的遗产税——中产阶级编造的恐怖故事"的文章,一边则理智地坚持遗产税对社会服务和公平做出了巨大的贡献。[54]然而,支持者们没有料到反对者们意志之坚定。比如,民主党领导人引用1992年被否定的《Gephardt-Waxman 法案》,提出应当将税前扣除降至 20 万美元,他们认为之所以反对声如此之大,是因为反对者不知道如此少的人需要支付遗产税这个事实,而只要他们知晓这一点,他们便再没有理由继续反对。但是出乎意料的是,反对者们如此重视自己的经济身份,并且如此坚定地相信他们也要承担遗产税。在 20 世纪 90 年代末期,乔治·布什通过承诺废除遗产税而赢得了大选。纵观历史,民主党从未面临过表现出如此超强毅力和精力的遗产税反对活动。[55]

反对者阵营中包含很多不同群体——少数派、小企业主、农场主、同性恋权益维护组织和亿万富翁,不管民主党做什么都无法打破他们的结盟。民主党政府甚至还做出了一些妥协让步,比如承诺提高税前扣除额,保护小企业主和家庭农场群体的权益。这些让步并不会给政府遗产税收入带来很大影响,

---

[53] 同注[52]。
[54] William Beach,"毁灭性的遗产税——中产阶级编造的恐怖故事",转引自 Graetz 和 Shapio(2005),第 50—52 页。
[55] Graetz 和 Shapio(2005)。

却能在一定程度上削弱反对阵营的力量。然而,事实是:政府的这些妥协举措并没有起到什么作用。即使个人税前扣除额已经提高到 500 万美元,夫妻税前扣除额为 1 000 万美元,反对派的反对声依旧没有减弱。反对者领导人认为只要没有达到废除遗产税的目的,反对活动都是失败的,所以不管政府做出多少表面的让步妥协,他们都不为所动,依然坚持团结各方力量共同对政府施压,从而争取废除遗产税。

然而,这似乎并不能完全解释为何政府提高税前扣除的让步举措,也没能说服那些反对者们。很有可能是纳税人们并不十分明白遗产税的作用机制,以及其对自己的影响。真正了解的人也选择忽略它。一般来说,想让一个人反对一个和自己毫不相关的税种是一件难事,除非这个税的开征触及了道德层面的问题,或者会损害纳税人所属的社会系统。因此,与民间正义有关的两个因素可以解释公众对遗产税的厌恶:道德使命和制度正当化理论。[56]

道德使命

正如我们在第二章所讨论的,人们可能对于某些意见持有强烈的个人信念,这些信念在人与人之间不一定是完全理性或哲学上一致的。道德使命可能源于一系列的宗教、社会、政治信仰,或受到媒体上呈现的一些信息的影响。虽然人们并不会将道德使命运用于他们生活中的每一种情况,但他们还是可以在一个或两个这样的道德问题上,基于自己的立场来定义自我。[57]

道德使命可能会导致极端的行动,但很难先验地知道是什么导致了道德使命的产生。2010 年在路易斯安那州的海岸线深水钻井平台发生了石油泄漏事故以后,很容易预见到的一个事实是,很多人对英国石油公司表达了不满。人们持有这样强烈的道德使命的观点,认为在这次破坏墨西哥湾的事故以及恢复由于其他自然灾害导致的萧条的地区经济的过程中,石油巨头公司的碌碌无为令人失望。[58] 但是,当奥巴马总统宣布暂停该海湾地区的石油钻探时,许多生活在南边地区的人表达了更多基于道德的愤慨,认为奥巴马的计

---

[56] 同注[55]。
[57] 参见第二章关于道德使命的讨论。
[58] Rohrer(2010)。

划对于那些在西部墨西哥湾沿岸靠石油行业工作维生的人是一种冲击。[59] 满足一个群体的诉求，可能导致与其他群体的信念冲突，因为道德使命来源于个体，这些个体有时会对他们所感知到的不公平有非理性的反应。

道德使命和联邦遗产税

废除遗产税的道德使命可能源于很多原因，但有几个论点被人们一再提起。首先，许多人质疑在死亡时征税的合法性，因为这个时点对于一个家庭来说是最痛苦的时候——他们失去了家庭的经济支柱。对于那些在自己死后还希望能够保护自己亲人的人来说，"死亡税"这个名词听起来就觉得很可怕。其次，一些人认为，人们在一生中一直在缴税，辛劳工作的男人和女人们应该有权利在死后将财产留给自己的亲人，而政府不应该从中克扣一部分。"双重征税"被认为是非常不公平的。这一双重征税的观点在公众间有巨大的影响力。例如，在2003年的一项凯撒/全国公共广播电台/肯尼迪学院的联合调查显示，60%的受访者投票赞成取消遗产税。在这60%的支持者中，93%同意的理由是"已经被征税过一次的钱财不应该被再次征税"。[60]

当然，税收经济学家很快指出，事实上双重或多重征税是很常见的情况。劳动者的工资会被征用于社会保障和医疗保险的工资薪金税以及联邦和州所得税。征完税剩下的工资在消费时也会被征收销售税。此外，如果这些钱被存起来或进行投资，所得的利息、股息或资本利得也可能被征税。尽管如此，在讨论遗产税时，双重征税的说法特别能引起共鸣。

反对遗产税的道德使命的另一个基石是，对政府的行为可能影响到企业长期发展的担忧，这一点对于美国的企业家和商业家来说很有吸引力。遗产税，以收入再分配或是含糊的社会项目的名义来对财产积累进行征税，实际上会损害美国企业家的利益。根据这种观点，遗产税反而会降低人们创造财富的积极性。

因此，对那些极其富有的人征税，这种观点是平民们最认可的；光主张废除遗产税是没有意义的。道德使命可能是从各种各样的信仰中发展而来，这

---

[59] Clark(2010)。
[60] 转引自Bowman(2011)，第92页。

些信仰通常很难被预测或理解。遗产税的支持者们通过一些数字和图表来证明遗产税并不会影响一般人,但主张废除遗产税的人并没有改变立场,他们仍然认为遗产税是一种不道德的政府收税的方式。无论道德使命源于理性还是非理性的推理,都对选民的行动和决定造成了显著的影响。

制度正当化理论

正如我们在第二章中详细讨论的,很多年来,心理学家专注于自我正当化和群体正当化,这是人的行为的主要决定因素,据此,他们相信人们会基于自己的利益做出决策,或是根据自己所处的不同种族、宗教、政治或其他社会团体的状态做出决策。[51] 但是,自我正当化和群体正当化的理论很难解释很多现实生活中的现象。例如,穷人、蓝领保守派的人总是反对经济再分配,即使再分配对他们有利。其他研究也表明,收入极低的人们可能比一些中高收入者更加赞同这样的观点,即不平等是合理的,会促进人们更加努力地工作。心理学家不断完善制度正当化理论,扩充自我正当化和群体正当化,以解释这些矛盾的现象。[52]

制度正当化理论不同于一种规范理论,后者通常认为,社会秩序是强大的统治群体和虽没那么强大却人数众多、地位更低的人的群体之间的抗争。在不平等的社会秩序中的精英们可能会发现地位低的群体中的盟友。最弱势群体的成员提供一些对现状最有力的支持,这源于他们想要降低自己的认知失调,或证明自己在社会中的地位。在制度安排中失去最多的人,必须更加详尽地以证明自己的低地位。例如,地位较低的群体会给出一些证据证明他所在的群体在进步,而自己所在的群体在退步。一个广泛的调查显示,非裔美国人赞同这样的观点,即黑人群体相对于欧洲裔美国人来说,是更加不负责任、懒惰、暴力的。制度正当化理论认为,不仅是占主导地位的社会群体试图保留现有的制度;相反,试图保留现有的制度是高地位群体和低地位群体之间的协同努力。[53]

---

[51] Jost 等(2004)。
[52] Blasi 和 Jost(2006)。
[53] 同上注,第 890—891 页和 909—911 页。

制度正当化理论和联邦遗产税

制度正当化理论可具体用于解释关于遗产税的激烈争论。很多来自不同阶层和群体的纳税人都认为遗产税应该被废除，无论顾及其自身的代价，还是其所在的社会团体的代价，这样的行动都是值得的。千万富翁和亿万富翁们当然是出于自己利益的考虑而支持废除遗产税。尽管可以归入支持废除遗产税的大背景，富翁们支持废除的决策也是符合他们的预期行为的，但蓝领工人、少数种族和小企业主们并无法从支持废除遗产税的行为中获利。这些人之所以会这样做，因为他们认为遗产税是对他们所属的体制的一种威胁。

现在的问题是，遗产税究竟威胁了什么？一种解释是，主张废除遗产税的人认为，这是一种对家庭最重要的理念和美国的精英治国的体制的威胁。美国人有一种模式化的刻板印象，认为富人们是社会中非常有价值的成员，他们的财富是应得的，并且对美国经济起到支撑作用。反对废除者希望论证废除遗产税才是一种对美国体制的威胁，但效果并不太成功。

这一难题的关键部分是要理解非常多的人担心他们会需要缴遗产税。研究表明，一个人相对于其他人来说，通常对于其自己的财富过度乐观和自信，大多数人相信自己的财富会继续随着时间而增长。正如格雷茨和夏皮罗指出的，在2000年Time/CNN的民意调查中，一个令人惊讶的发现是，39%的美国受访者认为，他们或将很快成为美国人中最富有的1%。在此之前一年的《新闻周刊》调查显示，只有26%的美国人认为他们永远不会变得富有。被调查者在很大程度上将认知失调合理化了；显然，不是所有那39%的人都可能进入前1%。同样，有一个调查显示，1/3的小企业主相信他们将不得不受制于遗产税；90%的少数民族企业主也是这样认为的。男性和女性担心缴纳遗产税将"限制业务增长，并威胁到他们的生存"。然而，即使在一个对那些意识到真正需要缴税的人的研究中，支持废除遗产税的人的比例也仅从59%下降至46%。[64] 不管是什么原因，美国人误认为他们自己的经济情况很好，并担心遗产税会伤害他们的事业和他们的家庭。

支持废除遗产税的人成功地将遗产税描述为对家庭和社会现状的一种体

---

[64] Graetz 和 Shapio(2005)，第118—130页。

第四章 我们应该通过税收重新分配收入吗？

制威胁，特别是对于上层或中产阶级的成员来说。这些人试图要美国人相信，是死亡导致需要缴税，而不是极端的财富导致需要缴税。他们认为，政府正在试图不断地扩张自己，但这是以损害最重要的社会制度作为代价的。一些家庭汽车经销商或农场主虽然现在正在创造着足以维持幸福生活的财富，但由于遗产税，这些财富可能很快会消失。家庭和死亡是很普遍的；由于繁重的遗产税导致的家族斗争和挣扎让人们产生共鸣。支持废除遗产税者认为，遗产税可能会伤害到任何人；人们考虑到其家庭利益最大化的话，会支持废除遗产税。在凯撒/美国国家公共电台/肯尼迪学院的调查中显示，69%的反对者认为遗产税总有一天会影响到他们。[65] 就社会现状而言，公众也认同社会的最高阶层将被课征遗产税。

研究证实，美国任人唯贤和精英管理的信念有助于合理化社会制度，甚至会影响人们的行为方式。事实上，一些在任人唯贤和精英管理的体制下最不利的群体，可能对消除现有的不平等有最强大的需求，他们坚信任人唯贤和精英管理的体制是公平公正的。人们会改变他们的思想和行为，以捍卫这一体制。

在一项有趣的研究中，艾里森·莱基伍德(Alison Ledgerwood)和她的同事研究了在评判科学研究时艰苦努力与运气的相对作用。参与该项调查的人会收到两种不同提示中的一种。第一组收到的提示是，社会正受到威胁；第二组的提示是社会比较良好。根据制度正当化理论的预期，那些收到威胁的提示的人会比较支持这样的观点——努力比运气在研究中更重要。调查的结果也恰恰证实了这一点。在第二组中，研究者们假设科学研究表明：强调运气的作用其实会削弱精英治国的理念。在这种情况下，个人可能会采取行动，以试图恢复它们。他们告知第二组"运气研究"的实验对象，其工作努力可能影响到社会制度，因而能够成功地诱导他们更努力地工作(将一些杂乱的字母组成词汇)。[66]

遗产税的废除运动似乎与这些研究结果一致。支持废除遗产税者提出，遗产税对通过努力和拼搏积累财富的权利构成了威胁。演讲中提到的编织华

---

[65] Bowman(2011)，第92页。
[66] Ledgerwood 等(2011)。

丽的"美国梦"其实是与遗产税背道而驰的。人们更加依赖更高阶级的人的正面的励志故事。这些励志故事所描绘的是——国家的一些行业领袖积累了一些财富,而政府并没有从他们的家族手里削减其中一部分财富的权力。现在在废除运动开展得如火如荼的大环境下,与以前遗产税立法的时代背景已经完全不同了。

矛盾的是,在繁荣的时代里,遗产税更具威胁性。20世纪90年代经历了经济增长时期和婴儿潮,那些积累了一定财富的人认为他们有权利将财富留给子女。其中98%的人认为他们不需要缴遗产税,相比于遗产税来说,他们更担心自己的继承人会不会不能再继续从事他们这一生的工作。[67] 之所以要废除遗产税,是因为遗产税对富有的美国人享受他们的劳动成果的权利构成了威胁。

制度正当化理论表明,弱势群体往往比一些强势群体更加积极地捍卫现有的体制,这一点在废除遗产税运动中也是如此。格雷茨和夏皮罗认为,由于对遗产税的无知和一些来自于主张废除者的错误信息,更加加剧了底层和中产阶级不支持遗产税的态度。当然,另一方面,大量的美国人认为他们将不得不支付遗产税也更加剧了对遗产税的反对态度。制度正当化理论补充和丰富了这个解释:这些男人和女人对于那些可能推翻现有的社会体制的威胁会做出响应,这些社会体制被看作是有利于他们的自身利益以及他们的集团利益的。虽然他们可能在一定程度上对此反应过度。

体制威胁也加重了地位较低阶级所在的群体利益受损,而其他群体获益上升的趋势。少数民族和贫困工人之所以要支持废除对富人课征的税收,是因为他们认为遗产税是一种体制威胁。因此,他们赞同那些富人的观点,并认为应该废除遗产税,但并没有考虑到持续性的遗产税对他们所在的群体其实是有利的。[68]

尽管小企业主和农民不会被课征遗产税,但他们构成了支持废除遗产税的运动的中坚力量,从而保卫了美国的中产阶级。人们通常会有更强烈的防御不确定性的需要,因而展现出一种保守的倾向。有证据表明,谁在自己所在

---

[67] Graetz 和 Shapio(2005)。
[68] 同上注。

的行业领域里投资更多，就对威胁到社会现状的因素更敏感易激。⑩

布拉西和约斯特（Blasi and Jost）依据人们如何界定现在面临的问题来具体运用制度正当化理论。每个人属于不同的社会群体，但其中部分可能是重叠的。例如，一个人可以是一个国家、一个省和一个镇的公民；可以是一个政治、种族和宗教群体中的一员；可以是工会的一员；是一个家庭的一员；在一个特定的社会圈内生活；可以是一个体育队的粉丝。制度正当化理论中一个具有挑战性的部分就是，一个人如何将自己所具有的不同的身份进行优先权的排序。

我们的前提假设是——主张废除遗产税的人将遗产税界定为对美国的家庭理念和精英治国体制的威胁，所以受到了大众的赞同。反对废除者未能提出一个能让人们有改变体制的动机的论点。相反，他们试图提出的主要观点是，财富不能过度集中，否则国家会有很多危险。虽然这个观点在调查中有被提到，但主张废除遗产税者坚持的战略仍旧是强调要保护家族利益和努力赚得的财富不被侵犯，反对废除者的影响力实在寥寥。⑩

也许反对废除者们也可以将他们的论点塑造成保护家族和美国梦。他们可能会说，联邦遗产税其实是针对那些不尊重工人阶级的被宠坏的有钱人的，要是没有这一税收，财富集中加剧，会不利于那些工作很努力却无法获得应有成功的人。制度正当化理论强烈建议那些参与这场是否要废除遗产税大辩论的人找到一种方式来唤起美国人保护社会现状的动机。

正如我们所见，废除遗产税运动的历史表明，人们坚持认为遗产税是对体制的威胁。此外，美国人似乎具有一种道德使命，反对那些他们认为不道德的、本质上不公平的税收。运用这两个民间正义的原则——道德使命和制度正当化——可以帮助我们了解美国人如何选择站在社会政策的哪一边以及对立党派间如何在辩论中界定自己的观点和议题。

关于遗产税的实验证据

马修·特纳（Matthew Turner）一起，我开展了一次线上调查，探讨制度

---

⑩ Blasi 和 Jost（2006），第 1154—1168 页。
⑩ 在凯撒/全国公共广播电台/肯尼迪学院的联合调查中，53%的反对者赞同以下陈述：遗产税限制了"有钱人的权力和影响力"。然而，反对者只占调查样本数的 15%。Bowman（2011），第 92 页。

正当化理论和道德使命对于遗产税的影响。我们在亚马逊的 Mechanical Turk 网站上公布我们的调查,一大群调查参与者加入进来,对参与者的要求是在投票年龄段里的美国公民。与网站上其他研究一致的是,大多数参与调查者是白人,女性,年轻或中年人,收入一般从低级到中等范围。[71]

实验一:制度正当化理论

我们的第一个线上实验是探讨制度正当化理论,人们认为对体制的威胁的理念会强化废除遗产税的情绪。调查还提供了关于受访者支持或不支持遗产税的理由方面的信息。本实验共有 158 位亚马逊 Mechanical Turk 的网友参与,每人获得 0.50 美元的报酬。

本次调查随机将参与者分成两组,每一组都阅读一段有关美国目前状态的短文。对照组(参与者 74 人)阅读的是一段美国的状态比较积极的段落:

尽管全国性媒体和外国评论家会有一些负面看法,但美国仍有一个光明的未来。经济衰退最糟糕的部分已经结束,新的就业机会不断产生,失业率正在下降。经济学家一致认为,中国和印度等国的崛起不会对美国造成损失,反而很可能会强化我们的经济。美国在技术创新领域仍然领先世界,并且我们的大学体系是全世界羡慕的对象。美国在新的十年里显然处于一个令人羡慕的地位。

实验组参与者(84 人)阅读的是关于美国正处于严重衰退的状态中的段落:

公众认为美国在过去的十年里经历了显著的衰退。国家债务和失业率继续增长,许多人无法供养他们的家庭。美国在全球的地位由于持续的反恐战争而受到威胁,中国、印度和巴西也在不断崛起,可能在经济实力和影响全球政策的能力上会超越美国。我们的政治制度似乎失调了,在一些基础的头等大事上没有达成一致。总体而言,美国人似乎很不高兴,并对美国能否恢复并

---

[71] 亚马逊 Mechanical Turk 现在已经成为了一个很热门的使用学生作为调查主体的网上实验平台。

保持全球超级大国地位持有怀疑态度。

然后，我们根据受访者对遗产税是支持保留还是废除的态度进行分类。以下是我们提出的问题和我们给出的答案选项：

目前美国征收联邦遗产税，也就是说，一个人死后，其留下的钱财会被征税。你赞成/反对政府废除/严格限制遗产税吗？
- 我强烈支持废除或严格限制遗产税
- 我比较支持废除或严格限制遗产税
- 我不了解，没有意见
- 我比较反对废除或严格限制遗产税
- 我强烈反对废除或严格限制遗产税

我们假设那些阅读了体制威胁论文章的人可能更容易认为：废除遗产税是一种支持美国精英治国理念，或是保护美国家庭和他们积累财富的权利不受政府干预的方式。

调查还询问了参与者赞成或反对废除遗产税的理由以及那些回答不确定的人会被问及他们认为"某些"美国人会赞成或反对废除遗产税吗？那些赞成废除或是限制遗产税的人会被要求回答他们偏好的税收豁免水平。

为什么你（某些人）想要废除或严格限制遗产税？参考以下选项：
- 遗产税是对财富不公平的双重征税。
- 政府没有对财富征税的权力。
- 遗产税是对家族积累财富的能力的威胁。
- 遗产税会损害家族企业和农场。
- 遗产税会降低努力工作和经营的激励作用。
- 这是对死亡征税。
- 其他。［可以键入你的意见］

为什么你(某些人)支持遗产税？参考以下选项：

- 这不会影响我。
- 能够筹集一些资金用于必要的社会服务。
- 为美国的穷人提供公平的竞争环境。
- 那些极端富有的人的财富是不应得的。
- 那些极端富有的人已经从美国的经济机遇中获利了。
- 其他。[可以键入你的意见]

我们的研究结果表明，体制威胁论导致了个体对于遗产税的基本偏好变得不太明确，但并不会引起重大的态度变化。表4.4中根据参与者阅读的是否是体制威胁论的文章进行分类，显示了赞成或反对遗产税的结果分析。

表4.4　　　　　　　　　制度正当化与遗产税

	行加总	支持取消	反对取消	未定
有体制威胁	84	44	25	15
无体制威胁	74	44	27	3
列加总		88	52	18

总参与者数　158
P值=.18（检验行因子，所有参与者）
P值=.06（检验行因子，未定与表达意见者比较）

尽管体制威胁论的提示对那些情感上明确支持或反对遗产税的人来说并没有很大的影响，但那些阅读了体制威胁论的文章的人在回答问题时还是更加犹豫不决。这一效应从统计结果上来看是显著的。接受体制威胁论提示的这组参与者的回答在1~5之间更加均匀分布。相比之下，没有收到体制威胁论提示的对照组参与者中犹豫不决的人更少，答案分化性比较明显。

很有可能的是，得到体制威胁论提示的参与者对遗产税进行了更多的思考。至少其中的一大部分人，由于进行了更多的思考，降低了他们的回答的确定性。因此，体制威胁论可能会扰乱人的思绪，尽管我们的研究结果并无法证明这一理论会让参与者变得更加支持废除遗产税。

那些赞成废除遗产税的参与者有机会提出一个理想的联邦遗产税免税水平（实验组和对照组各有44名参与者）。调查显示参与者对遗产税现在的免税水平并不了解,实验组中的 38.6% 和对照组中的 29.5% 认为一个理想的免税额为 100 万美元;但是,其实目前已婚家庭中的每个成员都已经有了 500 万美元的免税额,所以参与者提出的免税水平实际上会增加税收。大多数参与者(实验组中的 45% 和对照组中的 43%)赞成全面废除遗产税,而不只是增加免税额。总体来看,大约有 1/4 的调查参与者希望彻底废除联邦遗产税。[72] 我们的参与者的收入都不超过 25 万美元(大多数收入较低),因而其拥有的财富不太可能超过目前的免税额。显然,之所以反对联邦遗产税可能源于一些其他原因,而不是理性的自我利益。

表 4.5 反对遗产税的理由

有体制威胁	人数	比例	无体制威胁	人数	比例
双重征税	27	61		19	43
政府无权	4	9		1	2
威胁家庭	13	30		23	52
危害家族企业	22	50		24	56
降低激励	12	27		12	27
死亡税	29	66		21	48

赞成废除或严格限制遗产税最主要的一些原因是——遗产税是一种"不公平的双重征税",遗产税危害了家庭农场和小企业,遗产税是对死亡课税,如表 4.5 所示。实验组的参与者阅读了体制威胁论的文章,他们比对照组的人更倾向于选择"双重征税"(61%∶43%)和"对死亡征税"(66%∶48%)。因此该体制威胁论的文章引发了此种反应,这是两个最突出的反对遗产税的原因。

反对废除遗产税的人也有机会说明他们的原因。在这种情况下,实验组和对照组的参与者的反应很类似。最主要的回答是,遗产税能够筹集资金并用于必要的社会服务和富人已经从美国的经济机遇中获利了。

这一对制度正当化的网络调查证实了我们最初的假设,同时也有一些意外的发现。体制威胁论文章让一些人对遗产税的态度变得犹豫不决,也影响了他们赞成废除或限制遗产税的理由。或许,体制威胁论文章使人们重新思考他们自己固有的观点,使他们更容易遵循社会定式。最后,支持废除遗产税

---

[72] 这一结论与本章之前讨论的国家广播电台(NPR)的研究是一致的。

的人倾向于赞成完全废除，而不是简单地对遗产税进行限制。

实验二：道德责任

我们的第二个线上实验是探索道德使命对于遗产税的作用。与制度正当化实验一样，研究道德使命的影响能够帮助我们了解美国人是如何看待政治问题并根据其信仰采取什么行动。在这个网络实验中，有来自亚马逊 Mechanical Turk 的 157 人参加，每人获得 0.50 美元报酬。

我们对这项研究的策略是试图触发实验组的参与者对于遗产税的情绪反应，然后与对照组的参与者的反应进行对比。通过触发情感，我们希望看到在他们对于遗产税的评价中，观点和态度是怎么变化的。

网络实验随机选择参与者，让其阅读关于联邦遗产税的两篇文章中的一篇。对照组的文章只是简单地说明联邦遗产税的存在，然后就问参与者是否希望废除或限制遗产税。实验组阅读的文章更长，其中讨论了遗产税的利弊，使他们陷入情绪化的言论中。阅读文章后，参与者会被问及他们是否希望废除或严格限制遗产税。我们的假设是，在阅读带有情感色彩的文章后，实验组的人可能更容易受到道德方面的暗示和影响。

以下是针对两个组的问题：

对照组

现在有一个联邦遗产税，对人们死后留下的财产课征税收。你赞成/反对政府废除/严格限制遗产税吗？

- 我强烈支持废除或严格限制遗产税
- 我比较支持废除或严格限制遗产税
- 我不了解，没有意见
- 我比较反对废除或严格限制遗产税
- 我强烈反对废除或严格限制遗产税

实验组

现在有一个联邦遗产税，对人们死后留下的财产课征税收。支持者们认为只有那些极为富有的人才需要缴遗产税,并且征收的税收有助于为社会服务提供资金。美国最富有的家族在政治经济领域的影响非常大,他们的权力会被滥用。如果废除了遗产税,只会牺牲穷人的利益,而让那些富人变得更有权力。同时,反对者们认为他们已经对自己辛苦挣来的钱纳过税了,而在死后还要让自己的家族支付遗产税是不公平的。

你赞成/反对政府废除/严格限制遗产税吗?
- 我强烈支持废除或严格限制遗产税
- 我比较支持废除或严格限制遗产税
- 我不了解,没有意见
- 我比较反对废除或严格限制遗产税
- 我强烈反对废除或严格限制遗产税

调查根据参与者是支持废除、反对废除还是不能决定的态度将参与者进行分组。除了那些态度不确定的人以外,其他人继续阅读两篇虚构的文章:一篇是关于遗产税正威胁到一个小的家族企业,另一篇描绘的是反对遗产税会让那些已经非常富有的权势者更加获益。

以下是他们阅读的两个故事:

杰克·威廉姆森享年88岁,长久以来过着快乐并成功的生活。他的一生都在家族农场工作,由于聪敏并且对职业的热爱,农场的规模和生产力都在扩大。他的农场和收入需要缴税,尽管有时入不敷出。杰克辛勤的工作还是值得的,在他过世时他的农场价值1 200万美元。杰克希望他的家人在他死后能够继续经营农场,但可悲的是,杰克的农场可能不再属于其家族了。其家族将不得不缴纳遗产税。杰克从来没有获得过巨大的利润,但农场需要高昂的设备和维护成本。他的三个儿子理应继承遗产,但他们将不得不支付100万美元的遗产税。这将迫使他们卖掉农场,再去寻找新工作。

克拉丽莎·摩根一直受到她的朋友(和对手)的羡慕,因为她是亿万富豪酒店大亨乔治·摩根的孙女。她能得到任何她想要的东西,而现在克拉丽莎就读于哥伦比亚大学,她的祖父向这所学校捐过约1 000万美元。摩根先生是纽约最富有最有权势的人,他一直向自己最喜欢的政治家赞助,赞助经费动辄几百万美元。乔治·摩根在2010年10月去世,留下了103亿美元给他的第三任妻子和四个孩子。由于政府在2010年废除联邦遗产税,摩根家族不需要缴纳遗产税。为了表彰乔治的荣誉,哥伦比亚大学举办了一个酒会,几十个曾在竞选中得到过乔治帮助并获胜的有影响力的商人和政客参与了酒会。与此同时,克拉丽莎的父母又在她的信托基金增加了1 500万美元,在一年之内,她就有权力使用。

每个参与者要对他们认为故事是否真实的可能性进行评估:

这个故事对你而言是真实的可能性有多少?
- 非常没可能
- 没可能
- 不确定
- 有可能
- 非常有可能

我们预计,由于阅读了带有情感色彩的言论,参与者可能会有比较极端的立场,那些具有道德使命的个人,无论是支持或反对遗产税,都会有比较两极化的反应;换句话说,他们会更倾向于认为一个故事是非常有可能的,另一个故事是非常不可能的。在他们判断了故事的真实可能性之后,我们再询问受访者认为税收是公平的还是不公平的。

表 4.6　　　　　　　　　　情绪反应与遗产税废除

	总数	支持废除	反对废除	未定
对照组	72	35	25	12
实验组	85	54	22	9

P值(行因子)=.165　N=157

表 4.6 反映了对照组和实验组是支持还是反对废除遗产税。

与制度正当化研究不同,实验组并没有产生更多的不确定性。在实验组,更多的人支持废除遗产税,但是统计显著性只有16%。

然后,我们移除了犹豫不决的受访者,只将其余明确赞成或是反对的人作为样本,让其看两个虚构的故事。对照组的结果和预期的一样。赞成废除遗产税的参与者认为,赞成废除的故事较有可能是真实的,而反对废除的故事不太可能是真实的。同样地,反对废除遗产税的参与者认为,反对废除的故事较有可能是真实的,赞成废除的故事不太可能是真实的。

实验组的结果明显不同。赞成废除遗产税的小组认为这两个故事都更可能是真实的。反对废除遗产税的小组的结果也类似:他们也认为两个故事都更可能是真实的。对此结果的一个可能的解释是,一旦我们触发了参与者的情绪,实验组会对任何形式的故事引发联想。

在阅读了这两个故事后,样本组参与者会被要求对遗产税的公平性在1~5区间内进行评估。表4.7是根据对照组和实验组的参与者一开始选择的是支持还是反对废除遗产税,分成四大类进行归类和统计。[73]

表 4.7　　　　　　　Faimess 故事对于公平观点的影响

	对照组	
	一开始赞成废除	一开始反对废除
公平	7	16
不公平	25	8
	实验组	
	开始赞成废除	开始反对废除
公平	10	2
不公平	40	17

就对照组而言,一开始赞成废除遗产税的参与者认为遗产税是不公平的。相反,反对废除遗产税的参与者认为遗产税是公平的。然而,实验组的结果明显不同。无论是支持还是反对废除遗产税的参与者现在都认为遗产税是不公平的。显然,实验组的参与者被他们阅读的故事所影响。很明显,我们给予的

---

[73] 这一表格没有包括那些对公平没有表态的个人。

提示使他们更加感性；最终，这些情绪甚至导致了那些最初赞成遗产税的人现在反对遗产税。⑭

　　我们的证据表明，如果就联邦遗产税而言，道德使命感确实存在，人们通常是赞成废除遗产税的，而不是支持遗产税。类似"公民义务"和"收入再分配"等概念并不能更有效地激发一些情感共鸣，从而让人们反对废除遗产税；相反，对"死亡税"的恐惧和认为政府是从辛勤工作的纳税人那儿拿走钱的观点，让人们更倾向于支持废除遗产税。

　　许多政治理论家认为，美国公民倾向于用心去投票，而不是用脑袋投票。政治家，包括那些在过去的二十年里大力攻击联邦遗产税的人，可以充分利用到这一点来为自己拉票。这项研究表明，男人和女人在一些政治辩论中富有情感色彩的言辞影响下，相比于只读一些中立的事实和数据来说，通常会因为受到影响而展现出不同的行为。大多数政治辩论会采用一些带有情感色彩的措辞，因而有必要去理解这类措辞对公众投票的潜在影响。总之，我们的网络实验表明，美国的经济体制、强烈的道德信仰、公平理论和有效公正的观念都以复杂的方式相互交织在一起，并对民众关于遗产和赠与税的态度及行为产生影响。

---

　　⑭ Fatemi, Hasseldine 和 Hite(2008)也发现了一些关于遗产税提示效应的令人惊讶的结果，表明这是一个与感性有关的话题。

第五章 人们为什么纳税？

不同于财产税和收入再分配，民间正义的理念在专家对于税收遵从的态度上面已经产生了深远的影响。正如我们在第一章中所讨论的那样，对税收遵从的传统的经济观是基于威慑考虑的。迈克尔·阿林厄姆和阿格纳尔·桑德莫的经典著作《所得税规避：一个理论分析》中提到："决定逃税本质上是一个赌注，在这个赌注里，纳税人通过衡量逃税风险的成本和收益，从而决定是否向税务机关申报收入，或者申报多少收入。"[1]他们的作品已经为建立一个基于经济理论的威慑模型奠定了一个基本的文献理论框架。

当然，也并非所有的经济学家都同意这种传统的理论。有些经济学家就理性效用最大化模型能否完全解释较低的税收遵从率（即较高的逃税率）进行了辩论。这些学者认为，道德价值观和周边人群的态度会在较大程度上影响一个人缴税或者逃税的决定。例如，谢福林和特里斯特（Sheffrin 和 Triest）（1992）在一次经济计量分析中发现，忽略人的态度对税收的影响会导致低估税收遵从的威慑力影响。弗雷（1997）强调纳税人把纳税视为"公民义务"这一经验的重要性，而斯莱姆罗德（2007）则主张税收遵从与声称的对政府的信任正相关。逃税似乎不只是受税率、惩罚和审查率的影响，同时也受到对逃税的看法和态度的影响。[2]

自20世纪90年代末开始，来自经济学、社会学和心理学方面越来越多的研究人员都专注于研究影响纳税道德的心理因素，即各种与纳税意愿相关联

---

[1] Allingham 和 Sandmo(1972)。
[2] Slemrod(2007)。

的纳税态度的数据。这些研究人员强调,实际的逃税率远远低于标准威慑模型中所预测的结果。他们假设,不履行纳税义务的问题,只通过威慑并不能解决。这一研究在美国、欧洲、拉丁美洲和澳大利亚进行了问卷调查和实验,根据结果来分析影响纳税意愿的因素。

主流经济学家们直到相对比较晚的时候,才认识到税收遵从"软性"的一面。在20世纪80年代,社会学家、心理学家和一些经济学家的研究结果开始揭示,除了威慑以外,需要用一些其他重要因素来解释人们为什么纳税。程序公正、公平和平等的概念具体地介绍了这个理论;所有的一切似乎都在理解税收遵从上发挥着重要作用。

1990年在密歇根大学举行的一次会议出版了一本著作:《人们为什么纳税:税务遵从和执法》,其中涉及很多民间正义的主题。[3] 密歇根大学的税收政策研究中心主持了这次会议,描述了这本书的调查结果,即"要强调迫切需要抛弃坚持惩治偷税漏税的这种理念,为了鼓励遵守,要提供奖励。这种多学科的研究方法对会计师、经济学家、律师和社会学家的工作都有助益"。[4] 这本书中提到的许多不同类别的工作在20世纪80年代开始展开,代表了一种可以与传统概念抗衡的研究方法,而在传统概念里,税收遵从本质上只是一个威慑问题(涉及监察、惩罚和处置)。

制度因素对威慑和遵从的结构都有影响,因此,在理解税收遵从的过程中也起着非常重要的作用。虽然标准的逃税威慑模型是可以预测遵从率的,但这里必须要指出的是,在大多数国家,遵从率也会因为纳税人的不同而产生巨大的差异。不遵从现象在那些有更多机会逃税的人群中的比例明显更高,比如,一些个体经营者或者企业家,而工薪阶层通常依法纳税的比例会更高。比如,在意大利,20世纪90年代的所得税平均逃税率在26%左右。其中在工薪阶层中,这个比率在8.5%左右,而在个体经营者中,这个比例高达62.8%。[5] 因此,大多数工薪阶层服从纳税义务这一事实,可以部分地解释为什么当时纳税遵从率会如此之高。

---

[3] Slemrod(1992)。
[4] 密歇根大学,税收政策研究中心(2011),对此书的介绍参见:http://www.bus.umich.edu/otpr/books.htm#peopletaxes Accessed July 2,2013。
[5] Bernardi 和 Bernasconi(1996)。

这个观点也得到了斯莱姆罗特(2002)的赞同。在研究政府信任度和纳税遵从的关系中，他反对完全摒弃标准模型的一些观点：

这些被摒弃的观点如下所示：美国的平均纳税审查率不到2%，在这种情况下逃税被发现的可能性会小很多，包括在美国处罚率的有效实施性以及在其他情况下风险厌恶的程度，都预示着纳税遵从度应该要比表面上看起来低得多。这个论点的问题是2%的发现率，这无疑低估了大量的被税收入。如果雇主向国税局递交所雇员工收入的纳税申报表，而同时他并没有提及他自己的个人收入，这将会受到更进一步的审查，那这种情况被发现的可能会接近100%而不是2%。[6]

根据斯莱姆罗特所述，现实生活中，如果瞒报个人所得，大多数人将会面临着非常高的逃税被查率。这个事实可以部分解释为什么会有如此高的纳税遵从度。然而，大量的经验数据表明，威慑之外的其他因素对非工资收入的纳税遵从度也有着更重要的影响。斯莱姆罗特在捍卫逃税的经典模型后，继而凭经验判断，对政府的信任和政府是否值得信任也影响着纳税行为。与他一样，还有许多研究者都论证了纳税的心理因素对纳税遵从有着显著的影响。

政治上的一系列事件的影响，使得对税收非遵从的社会影响扩展到了政治领域。20世纪90年代，美国共和党占据优势，国税局过分热衷于其职能的行使，造成了一种类似于我们在第一章中所强调的卡尔古利矿工和澳大利亚税务局事件类似的后果。美国的这一事件表明，除了威慑之外，还有很多因素影响着纳税遵从。当然，威慑是影响纳税遵从必不可少的一部分。

20世纪80年代末和90年代中期，美国国税局的历史表明，许多美国人非常害怕以及鄙视该机构的做法。随着高层官员滥用权力、才不胜任以及不尊重纳税人等一系列问题带来的破坏性事件的显露，一些针对税务机构的反对运动开始出现，主张限制国税局的权力。在此期间，议会成员通过了几部法案来保障纳税人与纳税机构的抗衡。多部法律限制了国税局的可用权力后，该机构不得不开始提高对"客户"的服务，但是却仍然一直保持着较高的税率。

---

[6] Slemrod(2002)，第11页。

自1998年国税局重组改革法案通过后,该机构将严苛的执行策略替换成更加宽松的政策,以提高自愿纳税率,但是这些行为却没能提高总体的纳税遵从度。⑦ 事实上,这对国税局来说,可能更难达到预期的纳税遵从度的目标。

在20世纪80年代和90年代,随着对国税局和其执行策略的不利新闻的出现,美国国民对国税局的负面意见开始加剧。国税局做着一项非常重要但是又极度吃力不讨好的事情——确保美国公民缴纳他们欠联邦政府的税钱。在纳税人的眼中,国税局无论怎样都不会是一个受欢迎的角色,但是在这期间国税局雇员的一些行为却引起了美国公民非常敌对的情绪。

纳税人观念里一个长期存在的主旨是,他们没有对国税局滥用和扩大职权的现象进行及时纠正。一些描述纳税人在国税局的不好的经历的文章和新闻报道有助于解释大众对该机构的一些看法。20世纪80年代末,大众呼吁出台一部纳税人的《权利法案》来保障纳税人,并与国税局的一些侵权行为作抗衡。⑧ 有些人表达了他们对这个项目的疑虑,他们认为有关权利的法律对美国公民的帮助微乎其微,因为国税局根本就是输不起的人:"当国税局在美国税务法庭上败诉时,它的反应往往是去国会求助并修改法律。"⑨一位前雇员也表示了他的疑虑,因为国税局自负的"悬赏猎人"的心态会导致该机构做出一系列相应措施。⑩ 在1988年,国会确实通过了一部《纳税人权利法案》,但是该法案起到的作用微乎其微,以至于在仅仅几年后就做了重大的修改。因此,纳税人还是认为,对于弱势的公民来说,国税局是一个有着不公平权力的机构。

有历史证据表明,国税局有时会滥用其权力,或是为了自身的利益买通政府高层官员。约翰·F.肯尼迪据说派国税局去跟踪他的政治旧敌,而尼克松在著名的"水门事件"丑闻中把国税局为己所用。更有人指控国税局高层雇员通过欺压竞争对手公司来帮助他们朋友的公司。具体的事件是当时国税局雇员对Jordache公司进行了一次突击检查,而此后不久便在它的对手服装公司

---

⑦ 参见Lederman(2003)的讨论。
⑧ *St Petersburg Times*(1998),第13A页。
⑨ Rosen(1998),第2页。
⑩ Pitman(1989),第19页。

Guess 中任职。⑪

一系列关于国税局的"恐怖故事"助长了日益高涨的反国税局情绪。新闻报纸经常发表一些耸人听闻的报告,描述国税局的一些行为是如何毁了公民的生活。这里提供几个例子:有个人没能力缴纳 1 750 美元,国税局逮捕了他,并将他价值 40 000 美元的房子进行拍卖,以收取 1 750 美元税收;国税局拿走了一个 10 岁女孩 694 美元的积蓄,只是因为她爸爸欠税 1 000 美元⑫;国税局调查了一个纽约人,只是因为他在写给当地报纸的一封信中,提到了第十六修正法是违宪的,最后证实,这名"人士"只是一个 17 岁的青少年。⑬ 尤其引起公众激愤的是阿莱克斯·康瑟尔(Alex Council)的故事。在他给他妻子的自杀信中写到,自杀是将他和妻子从欠联邦政府的债务中解脱的唯一途径。同样的故事也在加拿大报纸中刊登,以便于提醒加拿大人不要让他们的税务机关有太多的权力。⑭ 这些关于国税局的恐怖故事促使美国人最终与该机构以及被认为是严苛的执法策略进行激烈的对抗。

批判者同时还指责国税局的平庸无能和效率低下。国税局在 20 世纪 90 年初推行现代化改革的进程很不顺利。在这十年的历程中,国税局花了 40 亿美元来将它的系统现代化,包括 25 亿美元用于后来被证明是无用的信息技术系统(IT)。⑮ 纳税人经常抱怨他们所要填写的税务表格混乱又过于复杂,只有注册会计师或税务律师才能看得明白。⑯ 美国审计署从 1987 年开始报道,从调查的 1 000 个国税局雇员有关他们工作不同方面的问卷来看,大约 1/3 的答案是错误或者不完整的。⑰ 许多纳税人认为国税局不仅严苛顽固,同时效率也非常低下。

在 20 世纪 90 年代,议会通过了几部法案来对国税局进行改革。借助于一场强大又普遍的反税运动,这些法案迫使国税局从根本上改变征税方式。公平地说,有些人认为是国税局的名声毁了它的初衷。局长弗雷德·戈德伯

---

⑪ Mezvinsky 和 Adler(1989),第 17 页。
⑫ Worthington(1989)。
⑬ Jeffrey(1990),第 E7 页。
⑭ Picton(1992),第 A1 页。
⑮ Kocakulah 和 Gower(2000)。
⑯ Peterson(1989),第 A3 页。
⑰ Burnham(1989)。

格(Fred Goldberg)在这些法律出台前就表示过对于纳税人的理解,并灌输给底下员工不要有斗争心态的思想。⑱ 1992年的第二部《纳税人权利法案》增加了规定补偿纳税人在国税局受损的条款:用总统提名的独立的纳税者代言人来代替原有的纳税申诉专员,并由参议院进行后续确认,当国税局败诉时应当由该机构来支付被告的律师费用,废除纳税人可以从国税局获得的最高10万美元的补偿限制,还有一系列相关的规定等。⑲

1998年,国税局《重组改革法案(RRA)》出台,这是一项更重要的着眼于维护纳税人权利与被服务态度的法案。该法案的主要目的是重组国税局,以便使其更加尊重纳税人。它包括改进程序规定,比如限制国税局收税的途径,禁止在没有事先司法批准的情况下没收房屋,并创造出一个员工"十宗罪"的一票否决名单,一旦国税局工作人员有该行为之一,将会导致立即被解雇。该法案将机构资源从执行机构转移至客户服务机构,削减了执行过程中的雇员数量。⑳ 当然,国税局还是有同样的任务——以尽可能高的税率征税,但是从1998年以后,该机构必须鼓励更多的自愿纳税。这种方式的转变为纳税遵从度带来了有趣的后续结果。

这种实践操作上的改变带来了不一样的变化吗?许多对抗的因素和环境影响着纳税人的遵从度,但是莱安德雷·莱德曼(Leandra Lederman)认为1998年RRA出台对纳税人遵从度的提高作用并不明显。1998年颁布的这部法案重点在于对服务与执行过程的改革;法律制定者很少关心遵从度这一问题。强制性的下降改善了纳税人对国税局的看法,但是国税局的软手段并没有足够的影响力来降低逃税率。莱德曼指出在1998~2001年之间,由国税局追踪收集的税收犯罪案件有所下降,然而未收集的犯罪率却显著上升。1996~2001年,未申报人数明显增长了3.5倍,而1999~2001年,越来越多的人认为逃税并没有带来什么不利影响。国税局新理念的直接结果是导致比人们预期更少的承诺。纳税人则在某种程度上会因为逃税在理论上受到更少的惩罚而选择少缴税。㉑

---

⑱ Riley(1991),第C1页。
⑲ *The Washington Times*(1992),第F2页。
⑳ Lederman(2003)。
㉑ Lederman(2003)。

第五章 人们为什么纳税？

乔尔·斯莱姆罗德在他的著作《人们为什么缴税》的前言中，提到存在于一些税务专家理论中的永恒的主旨，这些专家曾经的主张从威慑不遵从转变到鼓励自愿遵从。斯莱姆罗德同意更多地运用众所周知的奖励措施，但他提醒道，收税机构"应该始终围绕着一个主轴运作"。[22] 在过去数十年中美国国税局太教条地遵守着这个主轴，以至于在20世纪80年代末和90年代，纳税人开始用减少国税局的执法权力这种方式来进行反击。最后，国税局不知不觉演化成了将更多的专注点放在怎样更友好地对待纳税人的这么一个机构。这确实平息了纳税人的激愤，但是强制性执法在提高纳税遵从率上面还是一如既往地不可或缺。

这一历史事件表明，必须发挥软性的一面在纳税遵从执行中的作用，但不能取代强制性。事实上，近期的一些研究表明，威慑模型比一些研究者所预期的要更有说服力。比如，马尔克·菲利浦斯（Mark Phillips）强调国税局广泛地使用第三方信息报告来匹配他们在税务申报表上的信息。收入匹配的例子包括，由金融机构为投资收入所发行的1099B形式税收，或者是为咨询业服务所发行的1099-MISC形式税收，这种形式不仅提供给个人同时也提供给国税局。菲利浦斯提出，当个人一开始没有上报全部收入时，他们起初不能申报收入的情况不受信息的限制——收入在此时对于收税机构是不可见的。但是，如果未申报的收入数量再增大，那他们就不能再继续申报，因为国税局会通过其他的文件匹配来发现。因为国税局通过匹配信息更容易发现逃税现象，这就导致对个人纳税申报引起一些不必要的关注。个人也因而会克制他们的逃税现象，尽管他们未申报的收入被发现的实际可能性很低。[23]

当然，从长远来看，软性的一面也是相当重要的。受人敬重的著名学者詹姆斯·阿尔姆（James Alm）在美国及其他国家进行了一项纳税遵从的研究。在阿尔姆给国际公共财政研究所做的一次政策演讲中，他评论说：

> 很多观察者都清楚地知道单纯的经济因素并不能完全解释遵从性，尤其是强制性制度中所包含的经济因素。即使是在最不遵从的国家，逃税率也很

---

[22] Slemrod(1992)，第3～8页。
[23] Phillips(2011)。

少上升到纯粹的经济学分析所预测的水平。事实上,会有相当多的人一如既往(或大多数时候)选择支付他们所有(或大部分)的税收,不管他们面临的强制制度带给他们多少经济上的激励。[24]

阿尔姆接下来继续讨论了税收遵从在社会规范上的理念。社会规范是一种自我强化的模式。如果个人遵守规范,他们将能得到积极的社会或精神奖励。如果他们不遵守这种规范,他们将会接受不同类型的惩罚。只要这个规范是在社会中产生,它就能持续下去。阿尔姆指出,社会规范的存在是与广泛的基本理论相一致的,比如那些基于公平、信任、平等和与之类似的一些民间正义概念。

本章的其余部分将借鉴民间正义的观点,探讨纳税遵从的社会规范这一理念。我们将会重点回顾一些重要的研究理论,这些理论强调了程序公正、发声和相对公平的重要作用。将这些因素全部综合考虑之后,我们才能对纳税遵从做一个更客观、全面的描述。

纳税遵从、程序公正和发声

本书中的一个重要主旨是要说明,对税收政策来说,程序很重要。纳税人在什么地方能与税务机关打交道,这在程序上是有迹可循的。我们在第二章中所讨论的程序公正揭示了许多渠道,通过这些渠道执法程序,不仅会影响结果的满意度,也会影响结果本身。

在纳税遵从领域,研究强调了两个不同的渠道。首先是发声在推进程序公平的过程中起到的重要作用。正如我们对程序正义文献回顾中所强调的那样,发声是使程序正义发挥作用的一种更强大的渠道。我们也会发现发声对了解纳税人对市场价值财产税的反应,解释纳税人对财产税系统的焦虑以及财产税反抗运动的起源,都有着重要的作用。发声是一个多维的概念,可以指在亲密的小环境中,或者是大一点的环境,在一个匿名的环境中个人表达自己意见的能力。在后一种情况下,发声的概念与政治责任感,还有民主制度的性

---

[24] Alm(2011)。

质和结构都有着密切的关系。

影响纳税遵从程序公正的第二个渠道,是通过对纳税人的尊重对待来实现的。从理论上看,尊重有助于解决社会合作收益与成本之间的矛盾关系。尽管社会合作会带来重要的收益,但是个人也可能因为受到别人的影响和制约而被利用。尊重使得这种利用不会发生,个人在追求合作策略的过程中也相对安全。税务机关可以通过各种机制和措施直接影响纳税人对他们的态度。这些措施包括机构的公共言论和执行政策以及日常生活中与纳税人打交道的一些雇员的行为表现。由于这些都是在税务机关的直接控制下发生的,所以他们对尊重对待的情况下确定程序公正是否重要这一问题有着浓厚的兴趣。

尊重行为可能会成为产生实证的税收道德的渠道之一。布鲁诺·弗雷(Bruno Frey)和拉尔斯·菲尔德(Lars Feld)分析了纳税人与税务机关的互动怎样影响税收道德。[25] 根据他们的理论,当纳税人从办税人员那里得到尊重对待时,他们遵守纳税义务的意愿会提高。他们认为纳税遵从是一种准自愿行为。税收收入将用于提供公共物品,而由此带来的"搭便车"现象也无可避免。因此,纳税过程中总是具有一些自愿的成分在其中。

弗雷和菲尔德建立了一个税收行为模型,其中,税务机关的态度会影响到个人的动机。他们考虑到威慑可能并不是唯一提高纳税遵从度的渠道,因而也力图鼓励税收道德。通过采用尊重纳税人的方式,税务机构官员可以将税收道德的因素挤入进来,同时利用威慑作为唯一的手段来提高遵从率也可能会导致挤出效应,导致纳税人固有的或内在的动机下降,整体上降低纳税遵从率。在他们的模型中,尊重方式和威慑因素必须要结合起来运用。

通过一个简单的纳税人行为的理论模型,他们发现威慑有两方面的作用。第一,它对降低逃税的边际成本有着直接的影响;其次,它对税收道德的下降也有着直接的影响。基于这两个影响力的大小,威慑可以增加或减少逃税率。最后,他们认为尊重行为由于提高了税收道德而降低逃税率。

他们所谓的尊重行为的确切的意思是什么?在他们看来,税务机关在与纳税人的交易中有许多选择。一旦发现错误或可疑的纳税申报表,税务局可

---

[25] Frey 和 Feld(2002)。

以立即假设可能发生了最坏的情况,并采取法律制裁,也可以针对错误或不寻常的申报表调查取证。弗雷和菲尔德说:"如果纳税人确实没有打算欺骗,而只是犯了一个错误,他或她将最有可能被税务机关的无礼待遇冒犯。这种被以消极方式控制,或被怀疑税务欺诈的感觉,往往会排挤其成为一名光荣的纳税人的内在动机,进而导致纳税道德的下降。"[26]另一方面,尊重行为还包括可能会接触纳税人,以努力了解纳税人的情况,这不会对税收道德产生不利影响。

为了对这些命题进行实证研究,他们研究了在瑞士 26 个州进行的一项调查得来的数据。在本次调查中,各州的税务机关被问及关于逃税的法律背景的细节性问题:"比如罚款的使用及规模,是否在适用税款和提供公共服务之间建立了明显的链接,逃税对于公共服务水平的可感知的反馈效应,税务机关的控制强度,税务赦免的存在以及在某地税务是否公开。"[27]这些数据被用来和其他一些标准方程中的变量一起研究,用以解释瑞士各州的逃税金额。

他们的估计结果表明,单独威慑和税收道德都不能解释整件事,而只有这两者合在一起才能解释纳税遵从。实证证据与理论一致认为,对纳税人的尊重对待会导致更少的逃税现象。

在回顾一些额外的实证研究之前,必须要强调几个一般的方法论的观点。首先,在所有的统计和计量分析中,有个重要的问题是,数据中的相关性是否反映潜在的因果关系。例如,对税收制度的态度可能是纳税人对整个社会制度遵从的产物,而不是由独立的因素决定的。一些研究者对这些问题的敏感程度比其他人在进行实证研究时更高,但大多数研究者都试图通过他们的计量经济学方法来解决这些问题。有时,制度设计的变量可以帮助解决这些问题。实验室实验或田野调查也是用来推断因果关系的策略。其次,在对这一性质为元分析的回顾中,并非所有研究的价值都是同等的。我们选择评估一个小团体的研究,但其他研究人员的工作被证实是更重要的,也对这一问题的研究做出了显著的贡献。

托格勒和沙夫纳(Torgler 和 Schaffner)分析了纳税遵从与税收道德之间

---

[26] Fred 和 Feld(2002),第 12 页。
[27] 同上,第 15 页。

的关系。他们认为"提高税收道德会增加行为违法的道德成本,因而减少逃税的动机"。[28] 在提出税收道德与纳税遵从之间的正相关关系的实证证据之后,他们研究了税收道德的影响因素。他们发现,如果美国国税局被认为是更诚实和公平的,则税收会增加。因此,这项研究还表明,税务机关尊重纳税人的行为可以提高纳税人的纳税意愿,进而提高纳税遵从度。让我们仔细看看他们的研究。

托格勒和沙夫纳采用了纳税人意见调查(TOS)中的调查数据,这些数据采集自1987年的美国。它提供了广泛的纳税人对于美国的税收系统、国税局、偷税漏税以及其他变量的意见和评价的信息。TOS包括两个关于逃税的问题:一个是关于夸大了扣除费用,另一个则与瞒报收入有关;他们对这两种不同类型的逃税行为分别进行了分析。

在两个有序概率选择模型中,作者以夸大费用扣除和瞒报收入作为因变量。两个模型中的解释变量是相同的,包括税收道德和人口统计变量。所有的实证结果与假设一致:具有高税收道德的人夸大扣除费用的可能性更低。当瞒报收入为因变量时,托格勒和沙夫纳得到的结果与他们的第二个假设是一致的,即低税收道德的人更具有瞒报收入的可能性。

在找到纳税遵从和纳税意愿之间的显著关系后,作者分析了税收道德的决定因素。为了衡量税收道德,作者使用了对于调查中一个问题的回答。受访者被要求用1~6的数值来评估以下陈述,6代表完全不接受,1代表完全可以接受:"对于与朋友或邻居交易或交换商品或服务,不在纳税申报表上进行申报。"在调查中,纳税人也被问了许多关于美国国税局的问题。这些问题被分为三种类型,并以此构造了三个不同的解释变量。这些变量的目的是获得国税局工作的绩效,其诚实和公平以及其提供帮助和信息的量。估计结果显示,所有这三个变量都对税收道德有非常显著的影响。因此,作者得出结论,美国国税局的工作绩效以及与纳税人互动的方式对纳税遵从有着显著的影响。程序正义是税收行为的一个重要决定因素。

在早期的工作中,谢福林和特里斯特将许多纳税人的态度(包括对政府积极或消极的倾向、遵从度、对于别人诚实的信仰)和他们所报告的自我遵从之

---

[28] Torgler和Schaffner(2007),第3页。

间的相互作用进行建模。他们的工作将潜变量和未观察变量整合纳入一个复杂的计量经济学方法,以使他们能够更有效地利用调查中所包含的信息。[29] 与后来文献中的发现相一致,他们发现纳税审查是否被得知的概率在自主遵从方面的重要作用。如果分析中忽略了纳税人的态度,威慑对于纳税遵从的作用将被降低。

谢福林和特里斯特同时也发现,纳税人过去与国税局有过接触的经历,会对其认为会被查到的概率有一些微小但又消极的影响。然而,最有趣的发现是,如果纳税人曾经与国税局有分歧,其逃税被查到的可能性会显著降低。也许这些结果的产生是因为他们通过与税务局打交道的个人经验,不再有认为税务局无所不知的幻觉了。这些结果表明,尊重对待并不仅仅影响税收道德本身——同时也影响威慑和认为会被查到的可能性。因此,税收道德和通过心理机制起作用的威慑之间有着微妙的相互关系。

大多数程序正义的研究者将关注点主要集中在人们如何看待税务机关及官员对他们的尊重对待上。斯坦兰斯和林德(Stalans 和 Lind)比较了于纳税人和在审核过程中代表公民的税务专家之间对程序正义这一概念的不同理解。[30] 他们认为,对公平这一概念理解的差异表明由专家设计的这些程序并没有达到纳税者的意愿。许多税务专家将关注点主要放在如何达到审计上最佳的财务结果。然而,纳税人可能希望审计结果揭示潜在形势的"真相"。一部分税务专家仅仅将重点放在如何达到最佳的财务结果上,以至于外行的纳税人对他们并不满意,所以也有另外一部分专家将纳税人的态度考虑在内。

斯坦兰斯和林德在税务审计结束后采访了纳税人和他们的代表。他们希望能弄清代表们对于税务的认知和观点是否改变了纳税人对程序公平的看法。70个纳税人和70个税收专业人士同意参与这次采访。这次采访包括两个程序公平方面的问题——一个是关于审计员处理方式的满意度,另外一个是审计员如何努力做到公平。这次调查根据他们定位于审计结果还是定位于帮助纳税人确定事情的真相来分成两组。作者同时也设计了一些开放性问题来检验关于审计方面的其他观点。他们专注于五个主要的概念上:尊严(普遍

---

[29] Sheffrin 和 Triest(1992)。
[30] Stalans 和 Lind(1997)。

的礼貌或尊重待遇），回应（审计员如何仔细地倾听），能力（对税法或执法程序的知识和技能），公正（客观）以及决定的准确性（其回答是否与审计员的决定一致）。

采访的结果显示，程序正义对于纳税人和代表们而言有着不同的含义。礼貌和尊重提高了纳税人对程序公平的看法，但对代表们的认知却只有微乎其微的影响。特别地，当纳税人没有感觉到被尊重对待时，其满意度会下降，并且认为审计员工作不努力；但在代表中，是否有被尊重对待并没有产生同样的作用。

代表们和他们的客户采取了同样的标准，当他们需要对程序公正做出判断时，他们给出的标准都是一样的。在对程序公平的判断中，尊重对待在两组人群中都是最重要的考虑因素。尽管如此，纳税人和专家都确定了一个"真相"——比起专家们仅仅考虑审计结果，审计的过程普遍被认为更不公平。因此，尽管两组不同的人员用同样的方式对程序正义做出判断，那些想要提高客户满意度的专家们可能需要直接着力于帮助客户在审计过程中验证其真实性，而不是仅仅追求客户财务数据的最佳表现。

对于发声和遵从度之间的关系，一项重要的研究已经在瑞士进行了，该研究利用瑞士不同州之间直接民主程度不同的事实——公民根据法律直接投票进行全民公决或立法提案——来探析这一问题。与个人参与的直接民主相对比的是代表民主，即只有被选举的代表有参与的机会。

这一领域最早和最有影响力的研究之一，是波曼里勒和韦克—汉勒曼（Pommerehne 和 Weck-Hannemann）于 1996 年的著作。[31] 作者指出，这些实证研究的结果没有考虑到政府用在逃税方面的支出，从而忽视了影响纳税人遵从的重要因素。公共物品供给增加可假定能提高个人效用，但是，增加的公共支出必须伴随着增加税率，从而降低个人效用。对个人至关重要的是，必须要将公共物品的供应与其收入和偏好进行比较分析。

波曼里勒和韦克—汉勒曼认为，个人能否在选择理想的公共物品的供给中发挥作用将影响他们的纳税遵从。因此，他们根据公民在瑞士各州表达他们意见的程度来权衡供给公共物品方面的公民意见和融资意愿。比起直接民

---

[31] Pommerehne 和 Weck-Hannemann(1996)。

主的州的政策,非直接民主的州在供应公共物品上对公民的控制较少;因此,从理论上来说,非直接民主州的公民应该比来自直接民主州的公民更反对税收。

波曼里勒和韦克—汉勒曼发现,具有高度直接民主经验的州,比那些代议制民主的州,具有更好的纳税遵从度。作者认为,纳税人的政治参与程度对遵守税法有实质性的影响。

他们的著作被菲尔德和弗雷(2002)进一步完善。菲尔德和弗雷探索直接民主在瑞士的另一项研究中的作用。在这篇论文中,作者将发声与对纳税人的尊重行为这两个概念整合起来,形成税务机关及纳税人之间的心理契约这一新的概念。[32] 即包含强烈感情联系以及纯事务性交换的心理契约或隐性契约,可以促进遵从。这种契约的性质取决于税务机关和纳税人的信仰与行为。

为了探索这种契约的程度,菲尔德和弗雷分析了瑞士各州之间宪法性的差异,特别是选民参与全民公投和提案的机会是如何影响税务机关和纳税人之间的相互作用的。他们指出,任何合约的基础只有部分是建立在信任之上的。同样的原则是,税务机关和纳税人之间有一个心理上的契约。这个心理契约的基础,是纳税人期望如果他们如实申报收入,就会受到税务机关的尊重对待。将纳税人作为潜在的犯罪对待,会造成紧张的气氛,同时也会破坏这个隐形的契约。

他们认为,尊重对待公民可望使选民直接参与宪法条款制定的政治制度更为公开,比如投票和公民立法提案。在这种有力的直接民主制度下,纳税人和税务机关都可以清楚投票者是否支持公正政策,这可以更好地提供公共物品。通过这种直接民主,公民对政府的政策可以通过别的机会来发出他们的声音(在某种情况下是不满的情绪)。按菲尔德和弗雷所言,这些举措为公民提供了一个安全的倾泻口,使他们不太会通过在纳税上作弊来表达他们的不满情绪。同时在他们的理论中也有一个反馈回路。因为税务机关知道公众有其他的途径来表达他们的感受,而不是通过逃税,所以他们会更加尊重纳税人。这样就会提高税收道德,同时也创造了一个良性的循环。

菲尔德和弗雷通过利用瑞士 26 个州的税务部门的调查数据来验证他们

---

[32] Feld 和 Frey(2002)。

的假设。他们的实证结果表明,在有着较高直接民主的州,税务官员对纳税人更加尊重、更少猜疑。此外,在直接民主制度下,对税法的轻微违规行为往往是从轻处罚,而严重违反心理契约的行为就要被从重罚款。在直接民主制度下,推测一部分纳税人是诚信的,这体现在对小违规只处以小处罚,但在较大的违法情况下将会受到严厉得多的处置,这样有助于保持合约的可行性。因此,公民是否有发声的机会,与税务机关尊重对待纳税人是高度相关的,这也促进了更高的纳税遵从性。

托格勒(Torgler)(2005)的一项研究为这些发现提供了另外的帮助,这项研究分析了直接民主在税收道德和纳税动机上的影响。托格勒发现,在直接民主下,公民能够自由发声的权利可以引导更高的自我填报的税收道德。

一个预先承诺有直接民主的政府机关,会强制性地限制自身的权力,这样就会给纳税人一个他们被尊重对待的信号。此外,直接民主意味着公民不是无知又愚昧的选民,这样就会创造或者维护社会的资本存量。同时,政府也给出了在政治过程中会考虑纳税人的偏好这样的讯息。更多的纳税人行使参与政治决策制定的权利,基于信任的税务合约就更多,同样,税收道德也会更高。[33]

托格勒使用的调查数据来自国际社会调查项目,这些数据包括瑞士各个州的个人的一些横截面信息。在他的加权有序概率单位的回归模型中,税收道德作为一个因变量,来源于以下问题:"你认为纳税人为了少缴所得税而少申报收入是有错还是没错?"解释变量由以下几项组成:审计能力(衡量每个州每个纳税人的税务审计师数量),惩罚量,个人所得税税率,人口学变量如年龄、性别、教育、婚姻状况、就业状况和教堂的出勤率,对法治系统的信心衡量,还有最重要的一点,能表述每个州直接民主程度的指数。[34]

实证结果显示,直接民主的指数对税收道德有显著的影响。较高的直接民主与较高的纳税动机有关,同时"直接民主指数上升一个百分点,代表最高

---

[33] Torgler(2005),第 526 页。
[34] 直接民主的程度是通过对立法公民投票和对立法主动权签名的需要程度的虚拟变量来衡量的。

税收道德的份额就会增加2.9%"。㉟ 当考虑到瑞士的不同州的差异时,这些影响依然强劲。

当然,并不是所有的社会情况都与瑞士一样。在其他环境下,直接民主也许就不是公民最佳的发声的途径。在加利福尼亚州,如果把直接民主和发声的增加简单地联系在一起,就要引起高度的警惕了。在20世纪早期,宪法进行了修订,这使得公民具有了主动权和投票权,可以参与到直接民主的过程中去。在20世纪70年代末和80年代,宪法上一些重大的修订通过相应的程序颁布,包括第13号提案(在第三章中讨论的财产税方面的主动权)和其他有力的预算及税收政策。在加利福尼亚,许多观察家发现这些主动权的结合使得传统的、代议民主制的政府更难有效进行运作。其中的某些困难可能是因为加利福尼亚主动权进程的不灵活的结构所造成,其他的困难原因在于加利福尼亚比瑞士的一个州要大得多。尽管发声非常重要,但是要在一个庞大和复杂的社会环境下寻找发声的机制,仍然是一个亟需解决的问题。

最后,实验结果表明,发声对纳税遵从可能也很重要。阿尔姆、杰克森和麦基(Alm、Jackson and McKee)(1993)在实验室对纳税遵从做了实验,他们将重点部分放在个人如何确定公共物品的提供量上面。作者强调了纳税人发声的重要性,它在分配政府的支出和确定那些参与到决策制定程序中的公民是否不太可能逃税这些方面都起着重要的作用。作者检验了对公共物品的广泛支持是否会引起较高的遵从度这个命题。

这项研究的实验设计涉及学生得到的收入、缴纳税收、面临被查税以及逃税被抓后处罚的威胁。作者检验了制度的作用,在不同的制度下,"政府"在分配其用于公共产品的支出上具有不同的过程。每个实验进程都分成三组,每组五个人,他们收入中的一部分是随机的,并且每一轮都要为他们所申报的收入纳税。所收集的税款向参与者所在学校的组织提供资金。作者比较了实验中不同进程的结果,这些进程根据他们改变自身组织的既定受欢迎程度而定,资金可能会投到这些比较受欢迎的组织,而且实验主体也会投票决定哪些组织可以得到资金资助。

㉟ Torgler(2005),第529页。

当个人有机会为哪些组织能够得到资金资助投票而不是强制性决定时，参与者表现出了更高的遵从性。此外，当参与者知道公共物品的受众越广时，其遵从性也会更高，因为他们能够相对确定，有其他纳税人会自愿同他们一起承担赋税。这个实验结果强烈地预示，当个人有机会参与到公共支出分配的投票中去并且知道他们的决定会得到广泛的支持时，他们的反应都会更积极，而且对纳税会表现出更高的配合度。

这一研究与强调地方公共产品供给的财政学理论吻合得很好。在地区性的设定下——肯定比加州的规模要小很多——在公共品问题上达成一致，以及个人有机会发声表达自己的观点，这些很可能对提高公民的满意和遵从发挥作用。

遵从和平等理论

有非常多的经验研究将平等理论和社会交换理论联系起来分析纳税遵从问题，并且从不同的角度进行了探讨。有些研究重点讨论一个公平的交换应该是在投入和支出中呈现一个适当的比例，因而强调纳税遵从与政府所提供的公共物品之间的关系。其他的研究主要探讨的是，周围人对逃税的看法是如何影响个人的纳税行为的。这种观点认为如果其他人不缴税，那么纳税人的投入和支出之间的关系会被扭曲。还有少部分的研究会讨论对税务机关的信任和纳税遵从之间的相互关系。这些理论认为，信任政府的纳税人相信政府会公平地提供公共物品，从而有更高的遵从性。

正如这章前面所描述的那样，托格勒和沙夫纳（2007）探讨了税收道德的决定因素——纳税的内在动机。为了解释税收道德内部的区别，他们用各种各样的解释变量来获取一些信息，这些信息的内容有关税务机关、税收制度、对威慑因素和逃税的观点和经历、税收问题的认知、政府的信任度、社会资本以及服从度。这里我们集中讨论税收制度的公平、逃税的认知以及与平等理论有关的作为措施的信任所带来的影响。

为了知悉他们研究的喜好以及这个领域中其他相关的一些研究，我们有必要实际了解一下他们在调查中所涉及的问题。表述税收制度公平性的变量

税收公平与民间正义

从以下几个问题中获得：

1. 你对适用于1986年纳税申报表的联邦所得税系统做何感想？——你认为这对大多数人来说都是非常公平(4)的吗？或者是相对公平(3)，或者有些公平(2)，又或者是对大多数人来说完全不公平(1)？

2. 现行的税收制度有利于富人，对普通的工薪阶层是不公平的(1代表强烈同意，6代表强烈反对)。

他们的实证结果显示，税收公平对人们纳税的内在动机有着重要且积极的影响。

假设纳税的道德动机取决于社会上逃税现象的严重程度，托格勒和沙夫纳分析了对逃税的认知是否影响纳税行为。对逃税认知的变量从以下问题中获得：

正如你所知道的，税收审查的过程是这样的：你必须要去国税局办理，或者办税人员到你的家里或公司，又或者是他们可能会与你联系，让你提供你的税收减免材料或回答一些纳税申报表上的问题。我的问题是：在与你的收入水平相同的每一百个纳税人中，你认为去年被审查到的有多少？

这个实证结果证实了这一理论，即更高的逃税认可度对纳税的内在动机会有挤出效应。

最后，他们分析了信任对纳税道德的作用。为了取得这个变量，需要用到下面的陈述："公职人员是可以被信任的，他们做的事总是正确的（强烈同意＝4，一般同意＝3，一般反对＝2，强烈反对＝1）。"结果显示，信任和税收道德具有正相关关系。

阿吉雷和罗查(Aguirre和Rocha)(2010)使用2005年拉丁美洲民主动态调查的数据，分析在拉丁美洲和加勒比(LAC)国家公众认为政府是如何支配税收收入的和税收道德之间存在怎样的相互关系。自1997年以来，在拉丁美洲和加勒比国家，这是一项每年都会做的调查，包括了解公众对税收和税收制度不同的看法。实证研究的方法与托格勒和沙夫纳的做法类似,作者的兴趣在于研究税收道德的决定因素。

阿吉雷和罗查用一个有序的对数估算模型来进行分析,在这里,税收道德是一个因变量。令作者格外感兴趣的一个解释变量是人们从公共支出中所感受到的福利。这个解释变量从如下问题中取得:"你相信税收收入会被政府很好地支配吗?"其他的解释变量包括:税负,发声,腐败,税收审查率和处罚,人际信任和人口特征。实证结果显示,相信政府会很好地支配税收收入与较高的税收道德有着正相关关系。因此,政府对公共物品的提供会影响纳税的内在动机。

莱德(Leder)等人(2009)探讨了对财政交换的认知和税收道德之间的关系。"财政交换"指的是在纳税人和政府之间将税收和公共物品进行交换。本书的目的是提供在税收活动中政府信息的有效性证明。作者旨在研究不同的税收活动如何影响对财政交换的认知,同时,反过来,财政交换又会如何影响纳税的态度。作者在意大利进行了两项实验,在意大利,税收道德被认为相对较低。这里,我们集中讨论与财政交换和遵从性有关的问题。

实验如下所示:来自罗马一所大学的80个学生在自愿的基础上参与了这次试验。为了避免偏差,我们告诉实验主体有两个研究要做,一个是关于人的记忆,而另一个是一个经济问题。试验中,参与者阅读了关于为了社会福利而纳税的必要性(或者不纳税的代价)的一篇文章,然后做了一份有关税收制度和纳税行为的调查问卷。从下面的问题中可以判断人们对于财政交换的感受:"据你所知,在意大利税收收入中,有多少比例是用于资助公共物品和服务的?"税收道德可以从对以下陈述的回应中被度量(依据他们反对的程度分别用数字1~6来表示):"公民有依法纳税的义务。"关键的实证结果显示,信息的传播会影响对财政交换的认知,同时在认知财政交换和纳税道德之间有着正相关的因果关系。

最初一项关于税收遵从是如何影响个税的研究是由阿尔姆、杰克森和麦基(Alm、Jackson and McKee)(1992)进行的。在这项研究中,类似前面提到的这些研究者的工作,他们通过进行了一项实验来估计人们对于税收、处罚、被查税的概率和政府支出变化的反应。实验结果表明,纳税遵从度和应纳税额成反比,与被查到的概率成正相关,而处罚对此几乎没影响。公平理论的主要发现是,当个人知道对方在做贡献时,他们也会增加贡献。这项研究表明,社会中的自觉行为会影响纳税的内在动机。

弗雷和托格勒(2007)为这一现象提供了额外的经验证据。他们使用了欧洲价值观调查(EVS)1999~2000年的调查数据。一个数据集包含至少30个代表性国家,每个国家至少有1 000个人参与调查。

他们使用了一个有序的概率模型,其中,税收道德是因变量,逃税是主要解释变量。对逃税的判断则源自以下陈述:"你认为,你有多少同胞会这样做:只要有机就会逃税。(4=非常可能,1=完全不可能)"作者考虑了文化、宗教、对税务机关的信任、发声以及腐败现象的影响。结果表明,逃税和税收道德是负相关的。

实验结果表明,逃税和税收道德之间有很强的相关性。作者比较关心反向因果关系:更高的税收道德也许会减少社会中的逃税的动力。为了强调这个问题,他们使用了计量经济学的技术来进行研究。实验结果表明,对逃税的认知确实影响税收道德。

与公平和社会交换理论相关的影响纳税遵从的另一个因素是对政府的信任。像前面论述的,托格勒和沙夫纳(2007)发现信任和税收道德存在正相关关系。斯莱姆罗德(2002)使用了世界价值观调查(WVS)的数据,也发现了关于反向因果关系的计量经济学的证据,在有更高的信任度的国家中,逃税相对较少。

迪杰克和伍本恩(Dijke 和 Verboon)(2010)在工作中总结了程序公平(发声)和公平理论以及社会交换理论(信任)。作者假设当个人对政府的信任度极低时,他们更会积极参与以争取程序公平。因此,程序公正对于表现出低信任的个人的遵从应该有更大的积极效应。这也意味着,在信任度高的社会中,增加程序的公平性可能不会对税收行为有所改善。

作者进行了两项研究来验证其理论,第一项是对本科生的研究,在这项研究中,受试者面临其中的一个提示:

高信任度的状态

我们请你记住这样一种情形,你必须要与政府机关打交道(如市政厅、警察局或行政部门),他们会尽可能的帮助你和保护你的利益。总之,当局是值得信赖的。请在下面写下在这种情况下你所面对的问题和你的感觉。

低信任度的状态

我们请你记住这样一种情形,你必须要与政府机关打交道(如市政厅、警察局或行政部门),他们并不会尽最大的努力帮助你和维护你的利益。总之,这种情况下当局是不可信赖的。请写下你所要面对的问题和你的感觉。

在他们的第二项研究中,参与者会接受问卷调查,作者分析了他们对程序公正和信任问题的反应。这两项研究结果和他们的假设是一致的,程序公正在低信任度的政府中相对更有效。因此,在高信任度的国家中,从结果考虑,不一定必须要提高程序公正。

两项其他的研究探讨了在南美与南非的税收遵从性、信任以及公平之间的关系。伯格曼(Bergman)(2002)在智利和阿根廷进行了调查,以了解在不同社会税收遵从的差异。他的研究涉及对公正的有效认知以及公平和社会交换理论。他认为公共部门的制度绩效会增加公民税收道德。之所以选择智利和阿根廷作为他感兴趣的调查地点,是因为两国有类似的税收制度、经济和社会发展水平以及文化遗产。然而,相对来说,智利的逃税问题较少,而阿根廷则很严重。探讨满意度、对政府立法的了解和自愿遵从之间的关系,有助于了解两国的税收遵从度。

根据调查结果,伯格曼发现,智利意识到纳税是减少贫困率的一个重要因素;智利人也支持国家干预和增加税收来为这样的项目筹资。他们普遍认为逃税存在很大风险,而且很困难。伯格曼对智利的数据进行分析发现,对公共机构的信任和对公共服务的满意度与税收道德有关。他还发现,人们如果认为政府宣称的目标具有合法性(在这种情况下,指的是政府致力于减轻贫困),那么对提高税收道德有积极作用。

同时,阿根廷的纳税人发现他们的税收管理的效率不高,所以逃税很容易。他们还表明了对公共服务质量的高度不满。伯格曼认为,对公众服务的满意度对提高税收遵从和减少逃税有积极的影响。

这项研究的比较结果表明,具有类似文化背景和税收管理的国家在税收遵从度上还是有很大的不同。伯格曼从这些国家的调查结果发现,对公共服务的满意度和税收道德之间存在强有力的关系,阿根廷相对较差的政府绩效评估和之后的低遵从度很好地说明了这一反比关系。从智利和阿根廷两国的经验来看,当他们认为政府绩效良好时,纳税人随时都准备支持政府提供公共产品。他们希望他们给政府缴纳的税收是公平的,可用来交换公共服务的提升。

我们对这一节的最后一项研究使用了叙述性的、历史的方法。南非一向就有地方性税收不遵从的问题,近些年来,这一情况变得更糟。省和地方政府很重视税收不遵从问题,也试图对此进行各种解释,给出的理由包括源自种族隔离时代的支付能力不足和"身份文化"。弗尔斯塔德(Fjeldstad)(2004)在对南非问题的思考中,认为造成不遵从问题的原因是多方面的。多维度信任影响税收道德:信任政府使用税收提供公共服务,信任当局所制定税收征管的公正程序以及信任其他人缴纳了应缴的公平的税收。根据他的分析,南非人税收不遵从的原因在于,他们不相信地方政府可以提供足够的公共服务;同时,他们也不信任其同胞们确实承担了该尽的税收义务。

弗尔斯塔德了解了南非税收不遵从这方面的历史,包括玛萨卡那(Masakhane)在1995年竞选运动中宣布提高地方政府对基本公共服务的供给水平。然而,地方政府认识到,长期以来,近2/3的居民没有纳税,或者只支付了部分税额。玛萨卡那竞选运动只能算成功了一部分。从过去的社会动荡所产生的支付能力和身份文化的发展,有助于解释某些程度上的税收问题。然而,弗尔斯塔德更重视信任作为决定纳税人行为的一个关键因素。

弗尔斯塔德也承认财政交换和社会影响等因素会影响个人纳税与否的决策。财政交换意味着支付的服务费和提供的服务创造了纳税人和地方政府之间的契约关系。纳税人会根据他们与政府之间"交易"方式是否有利来决定其满意度。虽然服务质量似乎并不是一些最贫困地区拖欠税款的主要原因,但越来越多的人认为,公共服务的质量正在逐渐恶化。此外,有证据表明,南非执政党在解放时期的所作所为,与实际的政府提供服务的表现相比影响更大。弗尔斯塔德认为,政府提供服务的持续恶化将会影响未来的遵从行为。

弗尔斯塔德提供了更多的证据说明,纳税人遵从度在很大程度上取决于个人和他人之间的社会交往以及个人与地方政府之间的社会互动。其他人是否自觉遵从,对于纳税人自己的遵从行为也起着重要的作用。不管怎样,了解他人的遵从行为会影响个人的税收道德。类似地,社区承认其选民对公共产品的供给所做出的贡献会带来遵从度的提高。对政府政策的合法性是否认可,也会增加或减少遵从度;民众的支持会大大增强守法的道德正当性。弗尔斯塔德总结说,民众对南非市政当局长期的破坏性的不信任感将影响其对政府税收方案的合作。如果政府对纳税人更尊重,公民会以信任来加以报答,对于纳税也更愿意遵从。纳税人想知道,他们为当地政府所支付的税收代价是否与政府所提供的服务相称,并且与社区其他纳税人相比是否相当。

文化与公平

从民间心理的构成来看,公众对公平的有效感知也会影响他们税收遵从的意愿。这也许是所有的心理学观念中最为直观的一个。当公众相信税收公平时,他们更愿意遵守制度。

温策尔(Wenzel)(2003)深入回顾了个人所感知到的公平观念(他所谓的"分配正义")与不遵从之间的联系。从纳税人个人的角度来看,形形色色、林林总总的证据令人困惑。斯派瑟和贝克尔(Spicer 和 Becker)(1980)发现不公平的纳税负担会导致不遵从,但是之后的研究人员——包括韦伯利、罗本和莫里斯(Webley、Robben 和 Morris)——却认为没有显著影响。另一方面,调查证据表明,个人会借口税收制度的不公正来为其不遵从寻找合法性理由。从群体层面来看,对公平的讨论往往侧重于纳税和获得的收益之间的关系,这是我们之前在有关公平理论的证据回顾中所讨论的问题。

这一文献还面临几处挑战。首先是因果关系问题,要对税收遵从与文化变量的关系做出解释,必然要面对导致因果关系的复杂问题。第二个挑战则是往往难以直接衡量很多不同维度的公平。因此,研究人员经常以对文化和社会规范的测度作为衡量直接公平的替代方式。在一个社会中，参与者会将其感受到的社会规范看作"正常的"和"公平的"。不同社会和群体间社会规范的差异会影响个人和组织的纳税意愿。例如，如果逃税被认为是一项好玩的游戏，个人就会因此而行事。我们将回顾这方面有趣的研究，可以看到文化与税收遵从之间的关系仍然是间接的。

阿尔姆和托格勒（2006）对各国纳税道德的影响因素进行评估，阐述了文化差异的重要作用。他们使用了世界价值观调查（WVS）1990年、1995年和1990~2000年在西班牙和美国的调查数据。他们将税收道德作为因变量，人口和社会经济变量作为解释变量，建立了一个概率模型。阿尔姆和托格勒使用一个多因素的指标衡量税收道德，希望能减少衡量误差。为了比较西班牙和美国之间的差异，作者还为西班牙增加了一个虚拟变量。他们的估计结果表明，西班牙的相关系数是负的，并且在分析的所有年份都高度显著。因此，美国的税收道德明显高于西班牙。此外，阿尔姆和托格勒还发现，对宗教的虔诚（教会出席情况）与税收道德呈正相关，与教育和个人收入呈负相关：教育程度低的以及较低阶层的人表现出更高的税收道德。因此，不仅是文化，社会的阶级和宗教同样影响税收道德。

随后，这些作者使用了 WVS 的 1990~1993 年的数据，其目的是将更多的西欧国家与美国进行比较，以验证国家间的差异。其中，包括14个有类似税收制度和发展水平的欧洲国家。为了捕获不同文化的差异，他们在以美国为样本的基础上，又为每个国家设置了虚拟变量。结果表明，美国和瑞士的税收道德最高。有趣的是，这两个国家也是最民主的。此外，来自北欧的人比欧洲南部的人有更高的税收道德，而且教会出席率和纳税也呈正相关。这些结果再次验证了单独在美国和西班牙得到的研究结论。

康明斯（Cummins）（2009）进一步证明了文化对税收道德的影响。他们的目的是分析跨文化差异对于纳税遵从是否有影响。他们结合了来自 Afrobarometro 组织的调查数据以及在南非和博茨瓦纳的田野实验资料进行研究。他们的实验结果表明，博茨瓦纳比南非的税收道德更高，这个结论符合各自的政治历史。类似地，路易斯等（2009）利用实验数据表明，意大利比英国的税收道德低。最后，弗雷和菲尔德（2002）也发现文化差异影响遵从度。他们在研究我们先前讨论的发声对税收道德的影响中发现,作者增设了一个虚拟变量来区分法国、意大利和德国各州。他们的实验结果表明,德国各州的税收道德更高。

托格勒(2006)分析了宗教信仰的更多细节,他使用的是 WVS 的 1995～1997 年的数据,覆盖世界 40 个国家 70% 的世界人口。在分析中,因变量是税收道德,而宗教变量作为解释变量,还有一些社会人口学变量。为了衡量宗教虔诚,他采用了替代的指标,设置了关于每种宗教、教堂出席情况、宗教教育和对教会的信任等虚拟变量。实验结果表明,宗教和税收道德之间存在很强的相关性。即使在控制腐败和信任等因素后,还是有效果的。

艾哈迈德和布雷斯韦特(Ahmed 和 Braithwaite)(2005)探索了一些相对纳税意愿较低的群体的想法。作者调查了相对于澳大利亚的其他普通人来说,自雇人士对于税收是否持有不同的观点。相比经济中的其他部门,小企业界历来税收遵从度低。阿林厄姆—桑德莫的模型预测,被审计和查到的概率低会降低纳税遵从度。因为对小企业的审计非常困难,所以它们面临审计的概率很低。因此,根据解释逃税的典型模型,这种低概率就会驱使这些企业的纳税不遵从。另一个合理的解释是,自雇人士相比其他群体的税收道德更低。因此,艾哈迈德和布雷斯韦特想探讨的是,是否较差的遵从度是由于个体逃税的机会更大或税收道德更低所造成的。

作者使用了来自社区希望、忧惧和行动调查(Community Hopes, Fears and Actions Survey)[36]的数据。问卷被发送到澳大利亚不同的纳税人手中。所取样本是当地具有代表性的个人。艾哈迈德和布雷斯韦特测试了四种假设,包括威慑、税收道德、公平和工作实践中的差异。

报告中说,他们的实验结果对威慑假说的支持很有限。此外,他们发现,小企业主在纳税诚实和守法意愿方面与其他群体并没有明显差异。关于公平的假设,他们也没有发现其与其他群体有显著的差别。税收道德方面存在差异,因为这个群体的纳税人不觉得需要承担社会的纳税义务,因为他们不赞同政府对经济的干预。我个人倾向于对此结果的解释是,自雇人士的纳税遵从度更低,不仅是因为有更多的机会逃税,也因为他们的纳税动机不同且更低。

---

[36] Braithwaite(2000)。

性别对遵从度有重要影响。女性似乎更愿意纳税,或者比男性有更高的税收道德。本章的大部分研究都认为性别对税收遵从有显著的正向影响。

社会态度非常复杂,不同的研究方法可以带来新的见解。埃里希·科奇勒(1998)允许受访者随意对有关税收的问题进行自由联想。他的观察发现,很少有人认为税收可以提供明确有形的回报。当他们争论税收问题时,往往同时要求降低税收和增加政府的服务,比如医疗保健或者教育,显然这样的要求是自相矛盾的。换句话说,人们不认为他们对政府的贡献是有直接回报的。科奇勒承认,因为工作的类型不同,获取收入的方式也不同,他们应该在纳税和接受政府福利方面保持意见独立。他的做法是通过寻找一个多元化的工作类型:蓝领和白领、公务员、企业家和学生,从而了解更多关于纳税人的信念和行动。

科奇勒的调查中有171名参与者,调查分为两阶段。第一部分要求受访者参加主题为税收的自由写作。然后,科奇勒据此将应答者分为态度正面的、负面的和中性的三类。第二部分测试受访者对典型纳税人、诚实纳税人和逃税者的态度。

科奇勒发现,企业家最常使用类似惩罚、对工作负激励、不够透明的词语来描述税收。蓝领工人都知道公共产品,但却往往把税收看作自私的政客为了达到自己的目的所使用的工具,而非为提供公共产品服务。白领认为税收是必要的邪恶,而公务员认为税收对实现社会再分配有积极作用。科奇勒指出,参与者的初始反应在调查中均为负面的,但对税收积极的联想随着考虑所花费的时间长度的增加而增加。调查问卷的第二部分给税务机关的工作开展带来了麻烦。每组的参与者都给典型的纳税人以最负面而诚实的纳税人以最正面的评价,但他们在其他维度上给了逃税者高分。参与者发现逃税者在三组中是最聪明的。逃税者并未被视为犯罪,而是被视为聪明的人。

科奇勒假设,相比于那些获得每月净收入的人(较少关注总收入)和真正从税收中受益的学生,不扣缴税款但必须交汇支付的雇主对税收会表现出不同的意见。作者指出,认为税收制度是否公平是解释纳税人税收态度和行为的关键。白领和公务员将税收与交换和公平联系在一起。企业家为了获得更多的自由和资金使用的选择而寻求避税。蓝领工人更多地依赖于媒体所描绘的政治家和税收机构的形象来了解税收,而学生很少对税收有直观的感受。

科奇勒的证据表明,不同类型的工作者对税收的态度各不相同,这也决定了他们对税收制度的支持或纳税遵从度的差异。税务管理人员不能用相同的方式来对待这些对于税收的偏好和信仰千差万别的群体。

报应的正义是影响税收遵从的心理正义的另一个组成部分。温策尔(2003)从几个维度证明了报应的正义是重要的。对于不遵从的实际的惩罚,可以根据其违法的轻重程度来确定。具体可以在个体层面(罚款或监禁的时间)、集团层面(不同群体的惩罚差异)或社会层面(相对其他处罚对纳税不遵从的处罚)上进行研究。处罚太重、不公平或者不相称的话,可能产生不良反应并导致不遵从行为。报应的正义在审计环境也是重要的。谢福林和特里斯特的发现表明,当纳税人知道人们与税务局之间有过"过节"时,会改变他们的行为,这样的例子与前述观点是一致的。

总结评论

本章探讨了民间正义观念对税收遵从行为的影响。相当多的研究表明,三个关键的心理学影响因素很重要,即程序正义、公平理论和对公平的认知。程序正义体现在两个不同的维度上。第一个维度是税务机关对纳税人的尊重对待。在这方面的研究主要集中在纳税人和税务机关之间的相互作用,税务机关可能必须利用这些相互作用作为工具来达成目标。这方面的文献很丰富,并且研究还在继续深入过程中。近些年来,澳大利亚、美国和许多其他国家的税务局的税收战略是试图在以下两方面达成平衡:一是给予纳税人公平的待遇;二是利用足够的执法工具进行必要的威慑。

程序正义的第二个维度就是发声的机会。在这方面的研究中,"发声"的概念已被广泛解释,它可以包括纳税人直接与税务机关在审计或其他环节中进行互动的机会。不过,也有人认为,还包括参与式民主,即通过会议、倡议或全民投票的机会以及将提供公共物品与个人需求相协调的机会。还有一些关于发声的开放性问题,例如,是否仅仅是有发声的机会就可以,还是个人期待发声对个人的实际福利有具体的影响?[37]

---

[37] 这些议题在 Ong 等(2012)的研究中已开始述及。

税收公平与民间正义

民间正义的另一个重要组成部分是公平理论，一种在投入和获得之间感受到的平衡。这一领域的研究主要集中在三方面。首先，有投入和产出之间的直接关系，以税收作为投入和以公共产品作为产出。公共产品的种类和数量对于个人平衡其所支付的税收从而决定是否要遵从非常重要。其次，其他人是否也在纳税。在一定程度上，个人会觉得别人的税收贡献比不上自己，因此，所提供的公共服务水平是不足够的。最后，政府信任的因素。在纳税人对政府有信任的基础上，他们更倾向于相信他们的税款是合理使用的，从而确保在投入和产出之间有一个适当的平衡点。

民间正义的最后一个重要因素是对公平的有效感知。同样地，这也有几个维度。首先，税收负担的分配是否公平（在个人、群体或社会层面）直接影响到税收遵从。有各种研究表明它们之间的联系。其次，更侧重于社会规范，特别是那些关于个人逃税行为是否可以被社会接受的规范。如果大家普遍认为，欺骗政府是公平的游戏，那么个人的心理压力将被削弱，它不再成为一种应该避免的"不公平"的行为。大量的研究发现，在特定的社会中，不同国家之间和同一社会的不同群体之间，存在着显著的文化差异。这意味着他们对公平的看法可能截然不同。这些规范如何发展以及"有道德"的规范是否能取代"有缺陷"的规范，对于纳税遵从以及其他形式的不遵从行为都很重要。

道德使命在税收遵从中也扮演了重要角色。最极端的例子是，有些认为税收法律违宪的"税收抗议者"，会冒着被政府严格制裁的风险拒绝纳税。他们的这些行为可能就是被道德使命所驱使的。这些纳税人也许确实行事偏激，但还有其他一些纳税人针对税务当局，站在不那么极端的道德立场上。在面对感知到的不公平、不公正或其他基于道德的理由，麦克巴内特（McBarnet）（2003）建议，纳税人可以采取两种策略。一种是有条件地妥协，纳税人并不正面抗拒，也会去填写纳税申报表，但同时可能有一点越界，采取轻微的违法行为以减少他们的税务风险。更有谋划的纳税人可能在税收遵从上更有想法，他们雇用有经验的法律人才，模糊处理一些收入以及合理避税。经验老到的纳税人可能既有贪婪的动机，同时也不失道德的顾虑。不过，可以肯定的是，个人所察觉到的社会对税收公平的通常的态度可能会影响纳税人的行为。

第六章 应得、公平理论和税收

"越努力,越幸运"
——引自南非高尔夫运动员格林·普莱耶[①]

我们所说的关于公平理论的民间正义原则(即投入应与产出相匹配)与伦理学中被称为"应得"的概念有所关联。根据应得的理论,人们因为其行为而获得相应的赏罚。在市场经济中这一观点是有争议的:个人实际得到的市场结果就是其应得的吗?

本章考察应得原理是否有助于我们对分配公正的理解以及其对税收政策是否有现实的意义。后罗尔斯主义者们一致反对支持以下两种方法的思路:一种是基于社会公平契约的方法来研究分配公正,比如在罗尔斯《正义论》书中所述的那样;另一种是功利主义研究方法,比如最优税收理论所发展的。在契约主义者和功利主义者所考虑的问题中,几乎完全没有涉及应得。然而,也有新的声音出现,质疑上述两者看似一致,其实不然。新的实验证据提出了一个问题:个人基于罗尔斯主义框架设计的社会契约,实质上是否与日常观念中的应得概念相冲突?[②] 此外,一位有影响力的经济学家最近指出,我们的道德

[①] 这句话由格林·普莱耶(Gary Player)提出,他自己却说是另一个高尔夫球员杰夫·帕珀(Jerry Barber)提出的,之前还有其他人也表达过类似的观点。事实上,普莱耶自己用的是"练习"这个词,而不是"工作"。在很多其他场合,这句话的由来被归于塞缪尔·高德温和托马斯·杰夫斯。有一个网址专门讨论了这句名言最初是谁提出来的:http://quoteinvestigator.com/2010/07/14/luck/Accessed July 2, 2012.

[②] Freiman 和 Nichols(2011)。

直觉与最优税收理论的预测以及另一种基于应得的税收政策的方法并不相匹配。③

本章探索应得原则在再分配理论和税收政策中所起的作用。首先,探讨了两个关于应得理论所主张的关键争论点:第一,个人不"应"获得可归于罗尔斯所定义的"自然博彩"的优势,而正是这些意外的运气深深地影响着社会结果。第二,即使对这些因素并无质疑,市场回报与任何貌似合理的应得都不成"比例"。我们认为类似格林·普莱耶"越努力,越幸运"格言的表述和针对直觉的实验性证据一起,对于缓和这两种传统观点与基于应得回报观点之间的冲突,可以起到显著的效果。假定应得的概念对税收政策有利,我们之后会探讨与这种方式相一致的税收结构。

令人惊奇的是,一个以应得为基础的税收理论支持累进的税制结构,并且与现行的税收法规的一些特征相一致。但应得是一个不稳定的概念。对于应得的顾虑并不必然会带来不受政府干涉限制的结果。过于追求应得的效果,可能导致税收政策的无效率,并朝着市场支持者所反对和担忧的方向发展。

一个奥林匹克运动会的故事

作为最终闯进2008年北京奥运会女子100米跨栏决赛的幸运儿,美国运动员洛罗·琼斯以那一年最快的成绩进入决赛。琼斯女士是一位令人叹服的人物:一个有魅力的、具有多元文化背景的跨栏运动员。她曾克服了重重困难和不幸,终于等到即将书写属于她自己的历史的关键时刻。琼斯起跑时还处于领先地位,但被第九个跨栏绊了一下,最后只获得第七名。那场比赛最后的冠军是道恩·哈珀,她在美国奥运会的队伍里是最后一个获得参赛资格的运动员。哈珀同样出身平凡,但从加州大学洛杉矶分校毕业后,师从备受尊敬的教练鲍勃·柯西。她为人谦逊、虔诚。同样,不久前她也曾身处逆境——那年早期她刚接受了关节镜手术,去除了膝盖内的一小片碎骨。其后经过非常艰辛的训练,仅凭0.007秒的微弱优势,以第三名的成绩获得代表美国代表团参赛的资格。尽管每一个人都认为哈珀有些"好运"的成分,而洛罗·琼斯则运

---

③ Mankiw(2010)。

第六章 应得、公平理论和税收

气欠佳撞到了护栏,但大家同时也都认可哈珀同样堪当人生典范,获得奥运冠军也算实至名归。在这次成功之后,哈珀获得肯定并取得其他荣誉,她的职业生涯也由此开启了新的篇章。

无论你是否是体育迷,对于大多数人来说,这个故事都会引发我们的思考。尽管哈珀确实很幸运,但人们还是认可了她的勤奋和奉献精神。没有人会说她应该把奖牌还回来,这有两个原因:第一,她是光明正大地赢得这个奖牌(在奥运会决赛上不能"重比");第二,通过她的努力与奉献,从精神可嘉这样更深的层面来看,她获得奖牌也是水到渠成、顺理成章的。她抓住了上天赐给她赢得比赛的机会。

对普通民众来说,她赢得奥运奖牌,并获得随之而来的奖金奖励这件事并没有任何问题。但是对于她的胜利是否应该获得额外的经济补偿,则在哲学家和社会学家之间产生了争议。

哲学家将应得分为两种类型。第一种也是最无争议的,是制度上的应得。在这个例子中,奥林匹克比赛约定的规则就是胜利者赢得奖牌。哈珀赢得了比赛,所以获得金牌。第二种类型比较有争议,即前制度上的应得。因为道恩·哈珀与生俱来的天赋和在这次比赛中的运气,她理应获得胜利,凭借她的奉献精神和及时抓住赋予她的机会,她应受到表扬。撇开她所参与的具体的制度设定不谈,根据前制度应得的理论,她的表现令人钦佩,也值得称赞。一切看起来完全理所当然,与我们的直觉无悖。但如果不考虑与现代奥林匹克和现代商业运动相关的制度安排,她也应该因为这一次的成功而获得金钱上的奖励吗?

在之前的章节中我们详细讨论过,公平理论是基于这样一个原则:人们对于应得实现回报与付出相匹配的结果,具有心理上和情感上的深度需求。不仅日常的道德评判是基于这个基础("任何获得国家援助的人都必须工作"),而且遇到回报与付出不相符的情况时,实验结果表明人们会采取相应措施使之与这一规则相合,比如,减少努力程度,或者改变对任务的主观评价。公平理论在人们心中扎了根。回顾一下我们前面讨论的一个例子,如果实验对象被告知给他们的报酬实际上超过了他们的付出,相对于他们认为获得了一个相对公平的回报,他们的心理满意程度反而是下降的。

公平理论和相对应的哲学里的前制度应得的概念都将努力与奖励联系在一起。这些理论的制定与制度结构无关。这两种理论也似乎同时使我们偏离了收入再分配政策,并转向接受自由市场的结果。但此时我们尤其需要谨慎,不能草率地下结论。虽然许多田径爱好者认为洛罗·琼斯在类似的比赛中,无论是前期准备、努力程度还是技术水平,都超过了哈珀,原本应当赢得奥运奖牌。但即便这样,他们也没准备在比赛结束后给予琼斯一定的奖赏。

散播财富:曼昆和应得

在给东方经济学会会长的信中,哈佛大学的经济学教授格里高利·曼昆认为,在思考税收政策时,相比功利主义者所推崇的最优税收理论,应得可能是一个更合适的基础。曼昆在回应奥巴马2008年总统竞选过程中水管工乔伊的一个评论时,提出这样一个观点:"我认为当你分享财富时,对每一个人都是有利的。"[④]用曼昆的话来说就是:"毫不夸张地说,左派与右派在政治上唯一的最重要的区别就是,是否认为'均贫富'是政府应当履行的一项职能? 以及政府应该做到什么程度?"[⑤]

曼昆的一个重要的起始观点是,标准的最佳税收理论主要研究的是所得税的征收方法,而詹姆斯·莫利斯所开创的传统并没有为再分配提供一个合适的伦理基础。为了说明这一点,曼昆指出在他和马修·魏因齐尔所做的研究中,将"身高"合并到标准的最优税收框架中。[⑥] 为了理解他们的贡献,我们需要重新回到最优税收理论的基础框架中。假设人们的收入和闲暇时间完全相同,仅在能力水平上有差别;假设政府只能通过征收所得税来满足财政收入的目标。在信息完备的情况下,通过将更高的税收负担施加于能力更强的个人身上,从而使社会福利最大化。所谓能力更强,表现为他们只要付出较少的努力,就可以达到既定的收入水平。但是,由于能力是看不到的,作为一种替代选择,政府只能通过对看得见的收入来征税。然而,紧接着政府就要面临这样的问题:如果税率太高,高能力的群体将会降低他们工作的积极性——假装

---

④ Mankiw(2010),第285页。
⑤ Mankiw(2010),第285页。
⑥ Mankiw 和 Weinzierl(2010)。

他们是较低能力的人。解决办法就是在再分配和效率两个目标上进行一个权衡。最优税收框架具体的解决方法是基于以下一些条件：在经济体中个人能力的分配状况、个人效用函数的形式以及社会福利函数中所隐含的对不同个人效用水平的偏好。

曼昆和魏因齐尔发现，尽管人的纯"能力"是无形的，但其身高是可观察的，不存在人为操纵的可能，且与收入呈正相关关系。将身高加入到税率表中，使得税收成为个人身高和收入的一个函数，让政府有机会调整社会福利的计算方法，减少再分配的扭曲效应。利用观察到的身高与收入、具有代表性个人的效用和社会福利函数之间的关系，他们估算出对于每一应税所得的水平，个子高的人（高于1.85m的）相对于个子矮的人（低于1.75m），应该多付出多少额外的税收。以10万美元的应税所得为例，其中的差别超过4 000美元；高个子的人比矮个子的人多负担近13%的税收。给低收入的矮个子群体的补贴在数量上会更高。然而，曼昆和魏因尔齐并不提倡在美国国税局的1040纳税申报表上增添一行，用于填写申报政府确定的身高。和绝大多数人一样，曼昆和魏因齐尔很难通过诸如身高、种族或性别等变量来确定应税所得。但政府可以搜集到所有变量，且这些变量很难改变。曼昆和魏因齐尔巧妙地批判了功利主义的最优税收理论，并指出它的道德基础值得怀疑。[7]

这些作者的观点引发了一场争议。加州大学伯克利分校的Emmanuel Saez是最优税收理论强有力的支持者，他在支持标准理论时意识到这一点："横向公平的观点对最优税收问题造成限制。公众可能不能接受根据身高征税，如果两人的收入相同，而只是因为个子高就要缴纳比个子矮的人更多的税，这显得不公平。但是，公众完全接受应该基于收入水平来征税，他们认为收入与经济福利或者需要的关联性更强，同样放弃1美元，相比穷人的感受，富人的痛苦更少。"[8]但Saez难以回应的是，除了"社会接受"之外，最优税收理论的道德基础应该是什么已经很难说清楚。因为这本书支持提倡尊重民众的态度，我并不反对这一辩护，但应指出的是，即使在最优税收理论中这一观点

---

　　[7] 曼昆还提出更多反对功利主义方法的传统观点，包括这一方法难以在世界范围内推广。参见Mankiw(2010)，第291—292页。
　　[8] 引自Conor Clarke(2009)。应注意到这是另一个支持横向公平的论证，而这个概念遭到了Murphy和Nagel(2002)的诋毁。

也很突出。

曼昆提出"公正应得理论"的术语为自己辩护,他举了这样几个例子:苹果的前总裁史蒂夫·乔布斯,《哈利·波特》的作者 J.K.罗琳,以及一位假想的CEO,后者让自己的好朋友担任董事会成员,并给自己开了一个很高的工资,同时他的公司还享受政府救助。这几个人都是富豪,但人们对其的态度显然有天壤之别。曼昆认为,这说明人们认为哪些人是真正创造了财富以及哪些人不应获得财富,两者的区别泾渭分明。

一个理想的竞争市场的结果真的就是符合应得标准的吗?简单而言,经济理论指出,人们在一个竞争的环境中,会因其边际产量而获得相应的报酬,边际产量是他们贡献带来的产出的额外价值。因为他们的贡献与付出有一个清晰的链接,至少在一个理想化的环境中,个人理应获得其创造的价值。

研究这个问题的另一种方法,是通过博弈论中"核心"的概念展开。一个经济的核心被定义为商品和服务的某种分配集合,这个集合不会因个人或团体退出、依靠自己来提供商品和服务而受影响。换句话说,如果个人或部分个人的合作可以依靠自己的力量做得更好,那这样的分配将不能成为博弈的核心。在经济学中大家都知道一个定理:随着参与博弈的人数的增加(个人的不同"类型"都是重复的),作为博弈的核心的分配集会收缩至竞争均衡。这一结果意味着,在一个大型的理想经济体中,竞争均衡可以看作是与社会中自愿参与的个人达成一致的结果。个人依靠自己或与他人合作都不会做到更好。因此,可以认为在一个竞争市场中,这样的结果也是他们理应获得的。

我们再回到曼昆在应得理论中所得出的对于税收政策的启示。首先,对于前面提到的对竞争市场的结果与应得相一致的观点,我们面临着两个非常著名的挑战。第一个挑战是,我们关于市场经济公正应得的基本概念并不是前制度的,而是制度的:我们通常可以证明,市场的结果是一种源于现有制度结构所采取的行为的权利。如果我们接受在市场环境中以我们最基本的直觉来描绘应得,我们对于应得的判断将会受到制度的影响。这意味着应得将不能作为一个独立的方式来评价正义或现存制度的价值。第二个明显的挑战是,即使我们愿意维持我们有一个独立的、前制度化概念的市场结果,市场实际的回报也可能与基于应得这一规范基础的结果并不"成比例"。

应得:制度的或前制度的

在第二章中,我们在利亚姆·墨菲和托马斯·纳格尔的一本著作中,第一次接触到从制度层面对应得的批判。⑨ 在他们的观点里,太多的个人受到所谓"日常的自由主义"观念的影响,因此,他们相信税前的所得理所当然就应该是自己的。Murphy 和 Nagel 认为税收支撑着产权的体系,而产权在很大程度上决定了影响收入的因素,所以我们不能评价税收本身的公平性,而只能对产权制度整体的公平性做一个评价。因此,由于对一个以税收为支撑的广泛的产权体系存在依赖,个人自然无法要求一个假设性的公正,或者说"应该得到的"税前收入。

约翰·罗尔斯是这种思考层面当代最著名的支持者。他的观点比墨菲和纳格尔还要激进,他怀疑个人的动机和努力是否可以成为评价公平的基础。在一篇著名的文章中,罗尔斯写道:

> 也许有些人会认为:天赋较高的人是应得那些资质和使它们可能发展的优越的个性的。因为他在这个意义上是更有价值的,所以他应用它们能达到的较大利益。然而,这个观点却是不正确的。没有一个人应得他在自然天赋的分配中所占的优势,正如没有一个人应得他在社会中的最初有利出发点一样——这看来是我们所考虑的判断的一个确定之点。认为一个人应得能够使他努力培养他的能力的优越个性的断言同样是成问题的,因为他的个性很大程度上依赖于幸运的家庭和环境,而对这些条件他是没有任何权利的。"应得"的概念看来不适应于这些情况。⑩

罗尔斯认为,不仅不同的财产权会导致不公平的优势,其他由社会决定的性格、努力和动机上的不同也会带来这样的结果。

---

⑨ 见第二章我们关于 Murphy 和 Nagel(2002)的讨论。
⑩ Rawls(1971),第 103—104 页,转引自罗尔斯《正义论》,何怀宏等译,中国社会科学出版社 1988 年第一版,第 104 页。

哲学家大卫·施密茨将罗尔斯的观点称为"大爆炸理论"[11]。根据罗尔斯的观点，从大爆炸开始（人刚出生），任何东西都不是我们应得的，（根据前制度的观点来看）因为我们的性格和意愿——让我们成为自主个体的才能——都是由身体条件或社会环境决定，且并不是我们自己的功劳。前制度性的应得在大爆炸时代应该消失。

罗尔斯是如何对我们日常生活中应得的观点做出解释的？他的观点是：应得意味着在一系列公正的体系下有权享有一些回报。[12] 在一系列给定的安排下，且默认的附加条件是这些安排必须公平公正，应得的作用只是确定"有权获得"回报。因此，举例来看，如果初始优势的分配符合正义，工资结构的一系列决定规则比较公平，那些成功获得相对较高收入的个人是有权获得并且理应获得这样的工资的。

批评家指出，我们在尝试依照权利这一术语来解释应得的概念时，会遇到以下困难：第一，没有一套制度在所有时候和所有地方都是公正的。然而，在一个多样化的制度环境中，对应得的判断并没有什么限制，所以应得比权利似乎有更广的分类。更重要的是，应得的判断经常被用来批评制度。例如，在反思一项制度的规则时，我们可能凭直觉认为一些人不应得奖。这再次表明，我们所理解的应得的概念，似乎比仅仅基于制度的应得概念更加广泛。第二，许多哲学家不认同这一广义的应得概念，认为这个概念没有考虑到一些我们最基本的直觉判断。大卫·米勒（David Miller）举了这样一个例子，某公司的制度是董事会成员选择按字母顺序排列轮流担任董事长。这一制度所挑选的候选人是有资格担任这个工作的，但此职位对他们并不必然是应得的。类似地，如果通过抽奖的方式，从50位合格候选人中选择出一位最终的入围者，这样的制度本身可能是公正的，但没有人会认为以抽奖方式选出的候选人是特别应得的。[13] 即使是在公正的规则下，应得的含义也不仅仅是公正的权利。应得的概念以某种方式与个人的表现或努力产生关联。

另一个近期突出的哲学思想——幸运的平等主义——和罗尔斯的观点相

---

[11] Schmidtz(2006),第34页。
[12] Rawls(1971),第310—313页。
[13] Miller(1999),第140页。

第六章 应得、公平理论和税收

似,认为个人不应得到先天的或自然的优势。但与罗尔斯观点不同的地方在于,这一观点认可和奖励个人的努力。根据这个观点,一旦我们将天赋或其他自然的有利条件和努力获得的运气中和在一起,我们就可以以应得为基础来决定奖赏。无论如何,控制幸运或禀赋的随机性是必要的。

从罗纳德·德沃金到 F.A.哈耶克,无论是左派还是右派,很多政治哲学家都赞同幸运平等主义的思想。[14] 正如弗雷曼和尼考尔斯所写:"政治哲学家通常接受我们所称之为对应得要求的原生运气限制:在应得的基础上,如果细分不同的利益,原生运气就不能对应得的基础产生不同的影响(即应得要求的范围)。"[15]在此观点下,应得适用的范围可能非常有限,但对于大部分现实目的和评估市场的回报来说,只有很小的实际关联。对于幸运平等主义者们来说,应得也仅在对收入和资源再分配之后起到一定的作用。

一部分哲学家认为,在对公平的评估过程中,应得可能比幸运平等主义者们所预期的发挥更重要的作用。大卫·米勒和大卫·施密茨都认为,应得应该是公平中的一个元素,尽管他们都提出了一个包含多元的公平理论。米勒讲述了许多有关有正当理由的应得场景的行为,有的具有很大的运气成分。一个年轻的科学家找到一家实验室的工作,而实验室正在做一项很有前景的研究,她意外地发现这份工作让她有可能获得诺贝尔奖。或一个年轻人在堤坝上散步,发现一个小女孩掉进了河里,他跳入河中把小女孩救起。在这两个例子中,即使环境赋予他们展现天赋的机会,我们仍会羡慕科学家的发现和年轻人的勇气。用米勒的话说:"当机会降临,个人的主动性和行为选择更进一步加强了应得的实现。"[16]更重要的是:"出生在这个时间这个地点的我是幸运的,我的社会提供给我大量的机会,我通过抓住机会并表现得得体而优秀,从而让这一切的发生成为应得。"[17]

弗雷曼和尼考尔斯提到,与米勒和施密茨类似的观点至少可以追溯到大卫·休谟那里。大卫·休谟指出常识道德和判断没有将"自愿获得或不是自

---

[14] Freiman 和 Nichols(2011),第 125—126 页。
[15] Freiman 和 Nichols(2011),第 125 页。
[16] Miller(1999),第 143 页。
[17] Miller(1999),第 143 页。

愿获得的优秀"[18]做明确的区分。人们一般倾向欣赏、赞美或谴责通过直接行动的行为本身,而不会通过一长串假设的前提条件来进行筛选。年轻人跳下码头救起小女孩的行为就值得我们钦佩。

施密茨既赞同休谟关于我们日常判断的直觉,也支持米勒认为应得是一个前制度的角色的观点。同时,他进一步提出了具有前瞻性的关于应得的思想。尽管每个人得到的机会可能不同,他们还是可以通过行动来证明这些机会对于他们是应得的。生活给予我们很多机会,同时也会遇到很多困难,我们不应该问为何他们应获得这些机会,我们应问:"我们怎么做才能获得?"[19]正如施密茨所提到的《拯救大兵瑞恩》电影中的一个情节,当瑞恩被队长米勒救出时,队长米勒却在诺曼底登陆中牺牲,队长忠告瑞恩:"活下去!"瑞恩有一个机会活下来,但他未来必须要好好活着才对得起这次活下来的机会,同时对他的幸运也才是公平的。[20] 在罗尔斯的观点中,应得的概念并不是在制度中获得的权利,即使在不同的机会面前,人们也可以用行动去平衡或争取他们得到的机会。

认为原生的运气会使应得不起作用的观点,至少得到了部分哲学家的认可,但是普通人是怎么想的?哲学家克里斯托弗·弗雷曼和肖恩·尼考尔斯对此做了研究,他们和罗尔斯的观点相似,认为政治和哲学道德必须在深入考虑抽象的一般原则和特定情境的判断上达到一个平衡。鉴于一些感觉必然是正确的特定判断,我们会希望据此来修正我们的某些一般原则。与此对应,我们也希望改变对特殊个例的看法,以做出深思熟虑的判断。在过程的最后,最理想的状态是:我们关于道德或者政治的理论在一些特定事务上与我们经过周全考虑后的判断保持一致。在本书的描述中,这一过程的确体现了民间正义的观点,但并不止于此,民间正义的概念在更广泛的原则方面被重新定义。无论如何,这一概念本身确实是我们进一步研究的一个有用的出发点。

弗雷曼和尼考尔斯通过网络实验来研究关于应得的民间正义的理念。[21]实验的对照组读到如下的陈述:"假设有些人仅仅因为他们有天赋上的优势,

---

[18] Freiman 和 Nichols(2011),第 126 页。
[19] Schmidtz(2006),第 38 页。
[20] Schmidtz(2006),第 51 页。
[21] 在 Freiman 和 Nichols(2011),第 127—129 页中详述了这个实验及结果。

而比另一些人赚得更多。"接着他们被问到他们觉得这些人是否应获得更多的财富,以及他们得到这些额外财富是否公平。他们给定对照组以抽象的条件,因为回答者被问及的是关于公正的一般原则。

相较之下,实验组则被给予具体的情形,其中一组读到如下表述:

> 假设艾米和贝丝都想成为专业爵士歌手,他们的练习同样努力。尽管艾米和贝丝都很有天赋,但由于天赋还是存在差别,贝丝的歌唱音域和发音比艾米更好。仅因为这方面的优势,贝丝唱歌更令人印象深刻,贝丝吸引了更多的听众,赚的也比艾米多。[22]

这组的回答者讨论贝丝是否应该赚更多的钱,而且这是否公平。

这组实验的结果令人印象深刻。在抽象的情况下,回答者不认为有天赋优势的人应赚得更多钱,同样获得更多的钱也是不公平的。但相反,具体案例的回答者则认为贝丝应赚更多的钱,且这样的结果也很公平。在弗雷曼和尼考尔斯的研究中,另外使用了一个男杂技演员的例子,得到的结论也是类似的,这样就在实验中消除了因为性别偏差带来不同结果的可能性。

这一实验的结果产生了一个难题。判断的标准是什么?我们应该尊重抽象的观点(与罗尔斯和运气平等主义者相似的观点),还是遵从基于实验中具体情形的直觉?双方的观点都有一定的道理。具体案例可能使个人评价产生偏见,并且会过度激发不理性的情感反应。因此,重新定义我们的道德思想,必须要回到特定的情境之中。另一方面,个人本来就是在具体的设定下学会道德判断的,而情感可能是他们的道德意识中的一个完整的组成部分。我们的评价和判断是典型自发的,或正如皮特·斯道森(Peter Stawson)说的"自动反应"。这些反应使我们成为与众不同的人类,一旦我们离开这些特别的情景,我们的道德行为会在一定程度上失去合法性吗?

我们又如何决定哪些是知情的直觉?弗雷曼和尼考尔斯认为对此可以用语言学来做类比。我们可以系统地表达语言的一般规则,而个人在日常生活中讲话时可以很容易地理解规则的偏差,我们的直觉和语言"常识"比我们可

---

[22] Freiman 和 Nichols(2011),第 128 页。

以写下描述现实的任何规则更加复杂和精妙。[23]道德直觉可以完全与此类比吗？比之抽象的情形，我们更应该相信在具体情形下我们对于应得和公平的直觉吗？格林·普莱耶的格言（越努力，越幸运）可能也有助于我们研究幸运公平主义者的思想。这句格言所隐含的观点认为，很难将天赋好运和精心准备区分开来。用一种简单的方式来阐释这一观点：假设 Y 是成功的结果，X 则为影响 Y 的一系列的因素（$X_1, X_2, \cdots, X_n$）。假设个人 A 除了不满足 X_1 条件以外，其他条件都满足。X_1 的这一条件是因为幸运或命好。其他条件则是因为努力、精心准备、意志、个性特征、教育或其他行为。当 Y 发生时，A 可能说是幸运，但只有通过之前的行为才能发挥这一好运。没有这些行为（或缺少努力工作），Y 可能就不发生。通过这一案例，我们一致认为即使需要运气，A 也理应获得成功。

这一公式与大卫·米勒对于"完全"运气和"条件"运气的区分相一致。完全运气比如：一个技术很差的弓箭手射击时射向了空中并意外地击中了公牛的眼睛。这只是一个侥幸，与有人通过买彩票赢得 100 万美元大奖一样。在这些例子中，无论是弓箭手还是彩票赢家都并非真正的应得。相反地，条件运气对应的情况是，对于带来结果 Y 所需的大部分必要条件是由个人采取的行动所产生的。[24]道恩·哈珀得益于条件运气，但仍配得上这一冠军。

弗雷曼和尼考尔斯所做的实验结果表明，公众认为因天赋而取得的成就所得到的奖励是正当的。大部分情况下，个人被赞扬或责备都很少有重大的决定性因素。公众的观点是，只要在事件的发生过程中个人自发或有意的行为是重要的一部分，那么这个主人公被表扬或责备就是应得的。我们对这一观点并不陌生，考虑这样一个法律场景，如果一场车祸是由于酒后驾驶引起的，即使司机倒霉遇到行人横穿马路，他也应受到严厉惩罚。格林·普莱耶的格言强调我们对于经济和社会的奖赏的直觉也遵从这一逻辑。事实是运气并不能完全抵消人类进取心和能动性的作用，这就是应得在前制度中所起的作用。

---

[23] Freiman 和 Nichols(2011)，第 131—132 页。
[24] 这里假设有一系列条件可以导致 Y。在现实中，有很多种集合情况可以产生 Y，但它们也都会有基于行为和运气的成分。

应得和市场结果：相应性？

应得要求如下的结构：鉴于行为 C，A 理应获得 B。在市场环境中，C 可能是提供劳动力、资本或企业家精神等的一些行为，B 就是市场理应获得的奖励。在市场环境下，使用应得这一概念的制度评论主张：市场经济中 B 的回报结构依赖于经济中隐含的制度和当前生效的一系列财产权利。

在某些程度上，财产权制度的确很重要。如果专利和版权未贯彻，经济可能更加萧条，尽管基于创新和著作权的回报分配可能不会过于倾斜。墨菲和纳格尔让我们相信，因为税收支持财产权，没法单独判断市场结果的分配是否公平或公正。但是，这一观点走得太远了。

除了财产权潜在的结构，还有许多因素会影响公平。例如，一个正在成长的全球市场让"超级明星"闪耀。迈克尔·杰克逊的音乐和迈克尔·乔丹的球衣卖到中国和全球，极大地增加了赢家通吃的可能，各行业只有最好的才能在全球经济中获得额外的收益。否则，为什么要从一个不怎么有名气的人那里买一件运动衫，或从一个表现不怎么样的人那里买一张 CD 呢？有趣的是，这一例子表明上涨的收入水平——中国的收入水平增长到之前发达国家的水平——可能在收入分配的最顶端产生一个急剧的不平衡。随着市场、政府和科技一直以来的变化，个人所能获得的机会也各不相同。生活可能是很无序且随机的。

前制度下的应得概念受到全世界发生巨大变化的影响，并且提出这样一个问题：拥有不同机会的个人到底是怎样做的？他们真的是依靠有利条件，明智而有效地利用了他们的机会吗？正如我们前面所强调的，实验的证据符合我们的直觉，支持这样的观点：对于应得的合理角色的定位判断，并不会受到游戏规则或者具体的制度设定的影响。应得的概念远比现存的制度体系下获得回报更加丰富。

另外一个对使用应得概念来证明市场经济中回报结构的正当性的批评认为，人们获得的回报与带来这些回报的潜在行为之间是"不对应的"，或者其比例关系是不合理的。换句话说，对于个人 A，他的回报 B 和行动 C 之间的关联与应得的理念相去甚远。

　　谢用经济剩余的概念来解释市场生产的结果与应得并不一致。[25] 他的观点是,在任何市场制度下,都有人愿意出比市场价高的价格买东西,而其他人只愿意付市场价。例如,假定面包师 1 以 2 美元的价格卖油酥点心给 A,而 A 也只愿意花 2 美元来买;面包师 2 以 2 美元卖给 B 同样的油酥点心(同市场价),但 B 愿意出 5 美元来买。在这个例子中,A 不能享受交易中的盈余(个人以 2 美元买了 2 美元东西),同理,B 可能会享受 3 美元的盈余。

　　谢认为在这个例子中,面包师 2 比面包师 1 生产出了更多的盈余,但他们在市场中获得同样的奖励。在他的观点里,因为面包师 2 产生了更多的盈余,所以凭借他的劳动比面包师 1 产生了更多的社会福利。然而,因为他们做的油酥点心与他们获得的补偿是一样的,面包师 1 与面包师 2 没有获得不同的回报。在他的观点里,这意味着基于其所做贡献的应得的概念并不能满足相应性。[26]

　　谢的观点与众所周知的水和钻石的悖论相似。潜在消费者认为水是生活的必需品且价值很高,但由于水供应充足,价格很低,供给水可以产生很多额外的盈余。钻石相对于水更加缺乏,价格相对高很多。在基础的教科书中,这一案例被作为分析单个价格和对福利的最简单的衡量方式并不是一对一关系的一个典型例子。这个例子指出,包括技术和可得供给在内的许多因素影响了价格,而不仅仅是需求影响价格。贡献、福利和应得的关联在这个简单的方式中都会失效。

　　然而,谢将应得和市场回报联系起来的尝试,只是思考在市场经济中贡献的一种方式。还有许多其他更有效的方式将应得和市场奖励联系在一起,并将应得置于一个更有利的位置。之前我们已经讨论过这样一种方式,即一个经济体的核心,或一系列收入分配的组合不能由经济个人的集合决定,而这些个人可能会从经济中退出,依靠自己提供产品和服务。随着经济变"大",核心中的分配组合会收缩至竞争均衡。在一个大的竞争经济中,个人只依靠自己的能力做不到更好。

---

　　[25]　Hsieh(2000)。
　　[26]　见 Hsieh(2000),第 96—98 页关于此争论的观点。

第六章　应得、公平理论和税收

另一个与此观念相关的概念是（经济学中经常提到）在一个经济体中建立有效的分配模型，以解决最大化的问题。特别地，假设我们定义一个基于个人的社会福利函数，我们希望通过配置现有资源的组合来达到社会福利最大化。如果我们考虑一个经济主体为最大化问题带来额外的资源，那么在此最大化问题中的额外资源价值是他们的"影子价格"，反过来，这一价格与目标函数价值的增加相等。在这个例子中，目标函数的价值增长就是社会福利的增长。如果我们基于影子价格进行补偿，个人就会获得其对社会福利带来的额外的贡献。在一个理想化的市场经济中，这就是现实中确实发生的事情。因此，无论他们的产品卖给谁，面包师 1 和面包师 2 都会获得与其带来的社会福利增加相当的报酬。因此，如果我们考虑贡献、社会福利和在这一层面上的应得，就会有一个关于贡献和市场薪资清晰的对应关系。

乔纳森·温斯坦（Jonathan Weinstein）（2011）提出了一个关于相应性的不同观点。温斯坦认为，竞争模型并不能解释大量的资源分配不公平现象。相反，他认为大量的不平等可以用所谓"巨星"模型来解释，即小的差异可能带来收入上巨大的鸿沟。迈克尔·乔丹、迈克尔·杰克逊和他们的竞争者们在天赋、风格和决心方面的不同可能很小，但结果却造成巨大的财富差异，这在市场上也基于不同的方法。"对于那些产出很容易衡量的个人来说，包括发明家、企业家和金融家，其能够创造与经济规模成比例的价值。相对于美发师、老师等贡献不可衡量的工作，可衡量工作比不可衡量工作在社会收入分配中获得更大的份额，这被认为是公平的。"[27]在温斯坦的观点中，核心和大经济体的定理没有得到真正的运用——我们并不能根据此定律重复或复制迈克尔·乔丹和迈克尔·杰克逊的例子。即使在大经济环境中，每个人都有独特的天赋。

当然，规模收益递增的普遍现象减弱了相信个人获得与其社会福利的边际贡献相应的收入的合理性。在报酬递增的情况下，很小的差别都会引起收益的大不同。巨星现象的确存在而且愈演愈烈，科技进步使对产品和表演的潜在消费扩大到一个更广的范围，而这些表现并不会受到竞争性消费的限制。

然而，这一现象还有很多限制性因素。第一，巨星间的竞争限制了他们可

---

[27] Weinstein(2011)，第 314 页。

能获得的收益。顶级的田径运动员比顶级的娱乐明星赚的钱少很多；体育名人面对一个更广的市场，但也有自己的限制和边界。第二，在某个特殊的领域，因为巨星创造了更多的利益，这个领域中其他人的工资也会跟着涨。美国国家橄榄球联盟(NFL)中成员的工资的确差异极大，而 NFL 的平均工资也一直在疯涨。这个行业中那些无名的接线员的收入即使与橄榄球四分卫完全不能比，但他们现在也赚到很高的工资。因此，巨星的工资由正常的供求平衡所驱动，在一定程度上反映了由各部分构成的整个市场工资的上升。

假定我们确实认为，由于巨星效应所带来的个人回报的增加有一些任意和武断性的成分，但是这是否从根本上削断了基于应得的市场回报的合理性？普莱耶的格言在此仍然适用。如果所有的篮球球员、音乐家、演员和其他表演者参与到各自的行业中。他们知道奖励可能对于一些人不成比例，不论他们表现得好还是坏，或者以经济学术语来衡量他们表现得是否出色，他们获得的回报可能有一部分运气成分，或取决于其他一些不受控制的因素。但他们也知道，努力工作、承担义务和坚持到底可以让他们碰到"条件运气"。工作越努力，结果越幸运。普通人知道——除了中彩票的赢家——很难将基于运气的结果与其他基于应得的行为区分开来。若社会刻意回避这些不同，则会扼杀个人的进取心和创新精神，并最终毁掉责任感。

税收政策和应得

幸运平等主义者会用税收政策来除去市场回报中所有的运气要素，而仅仅对个人的努力予以奖励。如果这是可行的，那么在他们的观点中，来自运气的收入应该按 100% 的比例征税。在罗纳德·德沃金关于资源平等的研究中，这种观点将直接导致将再分配式的税收作为社会保险的一种形式，以预防在一生中遭遇的不幸事件。[28]

然而，假如我们否定这种观点，并假设市场回报应该至少在一定的重要程度上基于应得而被尊重，那将会怎样？基于此点，尽管也许有例外，但是市场回报可以大致反映公平的应得。或者务实地说，在运气和主动性之间绘制一

---

[28] 见 Dworkin(2002)在这个方法下的理论。

根分隔线太难了,并且也很危险。一个市场回报公平应得的理论对税收政策会有什么样的影响?

对于什么类型的税收政策可以与公平应得理论相符方面,曼昆提供了一些思考。公平应得理论允许的第一层级税收政策可能是庇古税或补贴,目的是弥补负的或正的外部性。例如,汽油税可以用来抵消汽车的内燃发动机对环境的影响。如果存在正的外部性,那么对教育进行补贴也可能是合适的。一般而言,对负外部性的税收——如烟尘排放税——可增加可观的税收。

这种政策建议是相对没有争议的。大多数经济学家相信税收可以弥补负的或正的外部性,尽管民众并不认可许多种税收——比如汽油税。有时连一些经济学家都对这些税种产生的再分配效应表示担忧,但即使是最优税收的学者,也可以将其作为可选的政策工具之一,只要其可以作为所得税的补充来调整收入再分配。㉙

曼昆提出的第二层级税收政策,是对公共产品的最优收费。经济学中一直有这样一个传统,即基于一些公共产品——如国防、民事审判制度和环境保护——对于个人的潜在效用水平和需求来制定对其的最优税收。市场机制对公共产品的提供很难生效,所以一般由政府来提供这些产品。曼昆提出个人对这些产品的需求会随收入增加而提高;实际上,如果这些公共产品的收入需求弹性大于1,需求将比收入上升得更快。因此,基于公共产品供给的税收可以是累进的。这个理论的基本原则再次被经济学家广泛接受。然而,对公共产品确定需求和分配税收份额的实际工作仍然是艰难的,比如针对国防或环境问题即是如此。

曼昆提出的最后一个层级的税收政策,是基于利他主义的对欠富裕人群的财富转移。莱斯特·瑟罗(Lester Thurow)最早提出,对贫困者的援助本身可以被看作是一种改善收入分配的公共产品。㉚ 贫困者的效用(或至少是消费和生活标准)可以直接归入富裕者的效用函数中。然而,对贫困者的直接转移可能代价高昂且难以实施,因此在该理论中,对贫困者提供公共产品、转移收入或资源应该是政府的职责之一。无疑,这个种类下的税收可能累进的程

㉙ 这实际上是 Kaplow(2008)所采用的方法。
㉚ Thurow(1971)。

度很大,但困难同样在于确定此类公共产品正确的供给水平。

曼昆的建议中令人印象深刻的是,它们中没有一种是直接与任何具体的应得概念相联系。当这些建议避免了个人之间的功利主义交换时,它们也广泛地符合一般经济学理论。在他的方案中,应得在排除再分配税收时扮演着消极的角色。然而,曼昆自己也认识到,民众不相信所有的市场结果都是"应得的"。想想他列举的有裙带关系的董事会或接受政府救助红利的CEO的例子。至少按照民众的标准,这些支出不是理所应当的。假如我们严肃地按照其自身的标准来定义应得,并探讨何种税收政策是与应得相符的,那将会如何呢?

严肃地对待应得,可能将我们的研究和政策结论带往不同的方向。首先,它将限制由富裕者向贫困者或中产阶级的潜在再分配的范围。对史蒂夫·乔布斯这样的人来说,他参与创造的产品具有创新性和非凡的价值,被数以百万的消费者所喜爱,即使他获得的财产具有环境运气成分,我们也不能根据他的收入(仅仅因为他收入不菲)来要求进行重新分配。

其次,我们应该对由于运气带来的意外收获征收高税率。例如,彩票中奖者在获得收入的过程中只付出了很少的积极努力,他们的收入不是"应得的",那么,可以对其征收高税率或可能追加税费。对享受公共救助的公司高管,其额外津贴可能也属于此类。

现在区分环境运气(应得理论接受的)和完全运气(应得理论不接受的),从现实来看是很困难的,可能这会使得我们将意外所得的范围限定得非常窄。此外,有些看起来是意外所得的收入,实际上可能并不是。例如,想象一家大公司的副总裁们和其他潜在领导者对CEO职位所进行的典型"竞争"。公司的薪酬结构可能被设计成对CEO给予极高的报酬,以激励王权宝座的觊觎者。这场"竞争"的胜利者可能可以赚得难以置信的高薪,这从某种角度被视为过高薪酬,甚至是意外所得。尽管竞争的最终胜利者确实从某些环境运气中受益,但是他也必须进行一场数年的竞争,并在这个位子上长时间地辛苦工作。成为CEO并不是真的在这些环境中取得意外收入。最后,修正的民间公平原则也建议我们不能对意外所得征收没收税。在某种意义上,意外收入可以被视为一场反向的独裁者游戏,我们可以决定从中攫取多少财富。实际上，独裁者并不把持所有的收入，他们也会将其中一些财富送出。

在一场对遗产税的讨论中，詹姆斯·海恩斯(James Hines)就对意外收入征税的限制表达了类似的观点：

> 事实上，政府并不对富人获得的这些或那些意外收入进行100%的征税，而为何不这么做很值得思考。第一个原因是，界定意外收入和从经济活动中获得的正常或可预期收入是困难的，这也可以大致同样地应用于从其他类似资源中获得的报酬上。但是第二个原因是，我们对于税收公平的理解，是对任何形式的收入都不征收100%的税率，不管其来源是意外所得还是其他收入。[31]

应得概念影响税收政策的第三个方面是区别对待"劳动所得"和"非劳动所得"。在美国和其他国家，我们的税收法规曾数次对此做出区分，将来自资本的收入——如利息、股息和资本利得认定为"非劳动所得"，课以高税率。[32] 例如，在20世纪70年代的美国，股息和利息收入被征收最高70%的税率，相比而言，工资收入或"劳动所得"面对的最高税率只有50%。人们一直赞同对资本利得征收更优惠的税收，但是区别主要来自政府和对资本收入双重征税的关注，而不是因为资本利得比以股息或利息形式获得的收入更理所应当。然而，到了1981年，美国摒弃了对劳动收入和非劳动收入的区分，但保留了对普通收入和资本利得的区分。

这个应得理论的具体应用，与现在许多对税收政策的思考的方向南辕北辙。事实上，如果说现在还有什么工资收入和资本收益的税率关系的一致之处，那就是资本收益应该比工资收入的税率低。对资本施以低税率的潜在经济解释是，对资本（和因此带来的储蓄）课税所产生的重大扭曲将带来经济效率的巨大损失。即使在以广发福利而著称的北欧国家，也有"双重"税收系统，对资本收益征收较低的单一税率，而对工资收入征收较高的累进税率。[33]

然而，对资本收益课以低税率，确实可能使基于应得的税收方案产生问

---

[31] Hines(2009—2010)，第196页。
[32] 英联邦从1909年开始征收很低的所得税税率，见Atkinson(2004)。
[33] 关于这些税收的讨论和发展历史，见Kleinbard(2010)。

题。一个富人家庭的儿子或女儿继承了一笔财富,并仅仅依靠资本收益而生活,那会怎么样呢?如果资本收益面对的是低税率(甚至零税率),那么富人的儿子或女儿将因几乎不用缴税而享受到高品质的生活。如何能说这些收入和他们的生活方式是"应得的"呢?

因此,应得原则的第四个方面是建议征收继承税。目前我们的遗产和赠与税制度聚焦于已故者或捐赠人,而对赠与的接受者或受赠人是免税的。当高于一定的起征点时,遗产和赠与将被课以高税率。正如我们在第四章中详细讨论的一样,遗产和赠与税是非常不受欢迎的,因为它们看起来与提倡财富积累和鼓励美国梦的根深蒂固的美国精神背道而驰。

尽管对此观点尚无明显的证据,但我还是认为征收继承税不能和征收遗产税产生同样的情感共鸣。当我们对遗产征税时,税收名义上是施加在这笔财富的赚得者身上。从心理学角度看,这是对同一个人课税两次,产生了明显的"双重征税"现象。另一方面,对财富继承者的征税则是将课税主体从财富赚取人转移到了继承者身上,从心理距离上看起来更远,相对更容易接受。诚然,对捐赠者的赠与征税和对受赠人征税造成的结果有时候是一样的,但是并非总是如此。继承税下对赠与的分配也是这样。例如,分层次的累进的继承税将对分散财富产生激励,传统的遗产和赠与税则不会如此。㉞

最后,应得原则可以通过消费而不是收入来实现税收公平,原因如下:首先,从类似的心理学角度看,消费行为是从为获得收入而必须进行的工作和努力中的偏离。当然,收入是消费必须的前提,但是从获得收入的初始努力到最终消费之间,还有许多干扰决定和时间。我们尊重劳动收入的道德直觉确实看起来和尊重消费的直觉不同,即使无论现在还是以后消费最终所用的资金来源于同样的收入。做出将收入花掉而不是储蓄的决定,打破了获得收入所付出的努力和该收入所用于最终消费之间的直接心理联系。詹姆斯·海恩斯和爱德华·麦卡弗里将消费税称为"税收累进的最后希望",他们认为恰恰是这个原因,使得对消费税施以高税率和更多的财富重新分配是可能的。㉟

海恩斯和麦卡弗里以及许多其他税务专家已经建议用现金流消费税取代

㉞ Batchelder(2009—2010)有一个详细的提议,分析用继承税替代遗产和赠与税。Hines(2009—2010)对转到一种继承税提出了一些实际的问题。

㉟ McCaffery 和 Hines(2010)讨论过这个观点。

现有的所得税。现金流消费税始于收入，但在对剩余财富征税前扣除了净储蓄。我们非常熟悉该税种的结构，因为它是对现有个人退休金账户（IRA）或退休金税收方案的映射。我们投入个人退休金账户或退休金系统的资金可以暂时免税，但在资金最终被取出时将被征税。在现金流消费税中，个人可以将收入存入银行账户，并在计算税费时扣除此部分储蓄额。这使得个人可以将收入储蓄下来，以供未来使用，而不是立刻支付税金；人们可以仅在取出资金消费时才缴税。此外，如麦卡弗里所强调的，现金流消费税使得继承财产的纨绔子弟在沉溺于消费时立刻承担税收义务，但如果将资金用于储蓄和投资时可以推迟缴税。㊱

构成消费税有许多不同的方式，但是允许储蓄抵扣的现金流消费同样有另一个特点，即从设计一个与应得相符的税收制度的角度看，它是令人满意的。在此类制度中，来自资本的超额回报——以市场利率衡量的超出一般市场收益的收入——将被全额征税。例如，如果一个人在计算缴税额前，从收入中扣除1万美元用于投资股票市场，那么当钱从股市取出时将被全额征税。如果股市投资的市值远大于普通预期，那么政府将从投资的超额收益中分享到一部分。本质上，在这1万美元的初始投资中，政府变成了一个沉默的合伙人，分享投资的收益和损失，而税率则决定了其分享的百分比。

在以应得为动机的税收政策中，对意外所得的征税可以更容易，因为它们确实不是劳动所得。如果超过一般回报的投资收益被征税，即使所征的是比例税，最终结果可能也是累进的，因为从定义来看，意外所得归于相对更富有的人。根据应得的观点，现在人们可以声称职业投资人或即使是懂行的业务投资者在投资活动中获得超额回报是应得的，因为他们为此付出了勤奋和努力。如果这些确实属实，那么在这个例子中，努力和运气之间的相对平衡肯定将倾向于运气的一边。这里征收的税不是没收税，而仅仅是普通税率的税收。

努力与成功

基于应得的奖惩理论必须明确，获得的奖励应该基于什么标准。对此，我

㊱ McCaffery（2002）提供支持消费税的一个坚定的非技术的观点。

们已经假设对社会贡献的某些量度是恰当的,并讨论了市场回报在何种程度上反映了社会贡献。问题在于多大程度的市场贡献是应得的?因为它们不在参与者的控制范围内,并且即使情况属实,获得的奖励与其做出的社会贡献是否成比例或者二者存在一个合理的关系?

然而,还可能基于其他一些考虑做出奖励。一个常见的应得的基础是努力。在我们关于洛罗·琼斯和道恩·哈珀的故事中,她俩所付出的努力使得我们在某种程度上认为,她们应该得到我们的尊敬、赞扬和重视。此外,在道恩·哈珀的例子中,我们也认为她应该得到那块奖牌。大多数理论家在描述关于应得的内容时,都很强调努力的作用。

但是,过分强调努力的作用,可能也会削弱市场结果的正当性。想象一下,英语或历史专业的博士学生会花费八年的时间完成论文,在博士学业上投入尽可能多的努力,而经济学专业的博士学生则可以五年完成论文,然后,赚取更高的薪水。这是一个非常常见的现象。他们提出了诸如比较价值这类概念背后的观点,认为支付薪水的高低建立在工作之前的训练和工作中获得的技能的基础上。产出和绩效无法衡量的城市就业已经采用可比价值的观点。这些理念最开始是用于减少男性和女性员工在就业方面的差距上,比较价值的哲学基础也是基于一些应得的理念。

在大多数大官僚体制中,至少部分工资是基于以代理人技能和责任感的标准确定的。若有证据说明一个特别的工作需要特别的技能,或受教育程度,或增加"直接上报"的数量,人力资源部会将这些部门的员工"重新分类"。当然,人力资源部必须在某种程度上对市场环境做出回应,但在许多大的组织机构中,市场环境只是薪酬设置的一个部分。

对于那些热衷于通过自由市场的结果来衡量对社会贡献的人,认为比较价值是一种很糟糕的观念,但其实这两种方法同样都是基于应得理论,差异仅仅是他们所认可的应得基础不同。以市场为基础的支持者可能自然而然地认为,没有效果的努力并不是衡量奖励的合适的方式。努力的支持者认为一种更正确的衡量应得的方式取决于市场结果,虽然市场结果可能受许多因素的影响,但和道德标准无关。

研究应得的理论家意识到应得基础的多重性和在应得理念中内涵的多样

性。然而，本章重点关注作为回报的一个基础的应得，也许更多学者的关注点是放在应得和惩罚的作用上。[37] 应得的概念既有利又灵活，但就像一个有弹性的橡皮圈，如果我们拉得太长，也有可能会断。

观点总结

这一章从伦理学角度探索了应得的理论，与心理学的公平理论很相似，民间正义是我们的标准之一。不过，许多哲学家认为，应得在他们的伦理学理论中只发挥有限的作用，最近的哲学实验研究和我们自己的直觉都表明，不论是在实施中的特殊制度结构，还是所经历过的优势，个人因他们的行为而应获得真正的奖励，包括货币的或非货币的回报。当然，这一直觉也被大量关于公平理论的心理学文献所认同。

心理学的公平理论和道德哲学的应得理论都反映在我们的税收政策中。有一个强烈的感性观点是，赚得的收入——与条件运气一样——属于那些付出了努力的人。也许应得理论最重要的作用就是表现在对再分配的态度上。如果公众认为市场奖励理所应当，他们自然反对征税对其的限制。

认真考虑应得的概念，让我们在新的层面上思考一些税收的种类。应得理论赞同我们对意外所得课税，尽管很难定义意外所得，并且我们对公平的感觉可能限制我们接受高税率的意愿。在以应得为基础的框架中，继承税可能发挥更重要的作用。这在一定程度上同样可被看作是对意外所得的征税，然而是从对直接留下遗产的人征收遗产税的一步到位的解决方案，避免了"双重征税"的标签。应得规则也认为消费税应起到更重要的作用。允许将净储蓄扣除的累进的个人消费税，实际上也对意外所得征税。消费是对所得的直接扣除，对消费征税与直接征收所得税相比，应得的感觉相对不明显。在当今学术型的税收专家中，无论他们提议是要增加对意外所得还是遗产或消费的税收，每一个人的每一个观点背后都有大量的支持者。但是，另一个基于应得原则所提出的税收政策，即对非劳动所得的征税税率要高于劳动所得，目前也许并不被大部分税务专家所看好。

---

[37] Sher(1987)的主要观点之一。

如果我们改变从市场收入到努力的应得测量标准,也许会偏离合理有效的经济规则所指向的路径。比较价值理论可能就是这样一个结果,因为该理论将补偿建立在过去和现在的努力的基础上,而非实际的生产力上。应得规则可能构成了好的经济思维的一个有成效的来源,该经济思维与经济学和我们自己的心理状态相一致。但在评估基于应得规则的政策观点时,我们需要更加小心谨慎。

第七章　结束语与展望

运用民间正义这个概念,正好可以对最近发生的政治和社会事件进行现实的检验。在金融和税收领域涌现的一些引人瞩目的政治争议中,公平理论、程序正义和有限度的公平等理念都有一席之地。

公平理论在最近的次贷危机和试图弥补它的政策建议中表现得非常突出。关于这个理论一个最著名的例子是:记者里克·圣泰利(Rick Santelli)针对一个关于次贷危机的解决建议,在 CNBC(美国全国广播公司财经频道)上现场发表了一番言辞激烈的演讲。以下是政治分析师迈克尔·巴罗内(Michael Barone)对这场演讲的描述:

"政府正在助长坏的行为。"圣泰利这样开头,他所嘲讽的对象是奥巴马政府出台的《房屋所有者可支付能力及稳定性计划》,该计划意图帮助房主拖欠贷款。

"这就是美国!"圣泰利宣称,"你们有多少人愿意为你们有多余的卫生间却付不起房钱的邻居买单?"

固然,这些表述并不像托马斯·杰斐逊或是约翰·亚当斯的文字那样优雅,但是其思想非常明确。圣泰利是在说明,用比尔·克林顿的话来说,那些"努力工作并且遵从规则"的人,不应该资助那些借债却无力偿还的人。[1]

巴罗内认为,圣泰利的呼吁的一大特征是,他的观点是直接基于公平理论

---

[1] Michael Barone(2010)。

的。即使在今天日常的对话中,你也可以听到类似的观点。例如,住房危机的产生,是由于一些人借款买房而把钱拿去买船和车,总的来说,就是他们实际的生活质量高于他们的能力所能负担的水平。公平理论对道德危机和大众可能的欺骗行为很敏感。

在最近政府处置"财富缩水"房主的一些尝试举措中,也经常可以看到同样的态度和意见。这些房主的欠款高于他们房屋的价值,因此,通常这些人拖欠贷款的可能性更大。奥巴马政府通过减少本金或借款未清余额的方式,支持并帮助处于"水深火热"中的房主以减轻他们的贷款负担,从而使他们得以摆脱困境。一项由州律师领袖和五家最大的贷款服务公司签订的协议引发的建议呼吁,主要针对那些拖欠或即将拖欠贷款的缩水房主进行本金的减除。[②]如此设定资金用途的论据是:已拖欠贷款的人更有可能继续拖欠;财富缩水房主中拖欠贷款的人数比未拖欠贷款的人数更少,所以如果限定在小范围内推广这个项目,需要花费的钱会更少。

当然,这个建议在公众中产生了道德危机的危险信号。通过把这个项目限定在政策公布时拖欠贷款者的范围内,可以减轻公众对道德危机的担心。但是如果这样做,会对目前仍在支付贷款的缩水房主传达什么样的信息?

这里的问题与诚实的纳税人发现周围的人都在偷逃税款类似。即使只是对目前有贷款的缩水房主提供帮助,也会加剧道德危机和公平理论的问题。虽然许多房主财务很紧张,但其中有一些明显是花费在买房子支出上面的钱太少了,也有可能他们是利用新兴的融资便利和市场便利,买到了比他们过去拥有的大得多的房子。此外,2007年并不是美国的第一个房产衰退期。比如,在20世纪90年代早期,加州的缩水贷款很常见,导致很严重的房产衰退。但是,为什么当前的贷款者能够得到优惠?当专家继续争论帮助房主项目的错综复杂的建议时,随着他们对公平理论重要性的评价和他们自己的公平意识的变化,他们潜意识的反应(这一反应确实会引导专家的观点)也会发生改变。

程序正义和财产税也对2012年欧元危机产生了重要的影响,但效果还尚未可知。希腊政府2011年开设了全国范围的财产税,为政府筹集资金,从而

[②] Greyer(2012).

第七章 结束语与展望

完成为取得国际货币基金组织和其他国家提供财政支持所必需的收入目标。即使是以欧洲标准来衡量，希腊的财产税也非常低，所以表面上这看起来是一个筹集收入的合理途径。③ 然而，在实行中，这项新的税收改革触犯了几乎所有程序正义的准则。以发达国家的标准来说，这项财产税非常粗糙简陋，仅仅是根据财产的规模、使用寿命和所在地来评估，是一种推定税收。与所有发达国家的实践征收依据不同，这种财产税并不是基于市场价值或哪怕是分级市场价值而征收的。作为一个全国性税收，这种财产税并没有地方可以申诉或者调整的程序。此外，这种税被直接加于家庭公用事业费的账单之上，只是因为电力公司可以帮忙收税。

可预测到的是，这种税会直接导致大众的不满。一些纳税人会撤回对公用事业公司的支付；法院后来声明，对于屋主因为没缴财产税而断电是违反宪法的。对这种税的积极抵抗壮大了反对势力。反对势力的力量反过来又导致政治方面的征税更加无能为力。

新的财产税粗略且未经试点就被强加给公众。任何形式的意见都无法发声，其征收机制本身也被设计为强制的。也许人们并没有期待希腊在危机中会像威尔士政府那样明智地进行税收管理实践，但也很难相信真的会发生这种对程序正义原则完全的践踏。这样做的结果是造成了戏剧性的动荡局面以及得不到支付的公用事业费账单和财产税。

目前对这种税收灾难作出解释的一种回应是，应该尽可能降低程序正义的影响，重视税收显著性的作用。由于房主一般会认真审阅这种每月金额变动很大的公用事业费账单，所以体现在此账单上的财产税，相比于包含在向银行月付的固定贷款中的税额，会显得格外打眼。这个问题是否真的很突出，并且不符合程序正义？也许不是。财产税不显著倒是很少见的。此外，这种税实际上没有经过公众的理解和讨论就推出，考虑得特别不周全。

然而，提到显著性的问题，就会引出一个更加广泛的话题，即行为经济学和民间正义中的规范含义。如果人们做出不知情的和反复无常的选择，并且因无关的担心而摇摆，政府该如何制定政策？这是一个古老的问题，但随着行为经济学的复兴，这个问题吸引了新的关注。这个问题的答案从严格的家长

---

③ 参见 Forelle(2012)对此经验的描述。

式管理(禁止产品),到更加细微的推进(为个人设计选择),再到自由主义者要求的允许个人自己做选择,一直处在变化中。政府官员同样受制于行为偏差,也许更正偏差的动力更弱,他们做出决定的影响不论好坏都会通过社会被放大。当考虑到这一点时,对此问题的分析会更加复杂。[4]

在税收领域,考虑到行为经济学的一个因素——显著性,这个问题被深入讨论。大卫·加米奇(David Gamage)和达里恩·施安斯克(Darien Shanske)区分了市场显著性(个人是否意识到商品价格中包含了税收)和政治显著性(选民是否意识到他们自己所缴纳的税款)的概念。[5] 这些概念也许存在差异。在个人对含税价格有反应时,增值税具有较高的市场显著性,而当选民没意识到税收的时候,具有较低的政治显著性。有一些研究我们在之前的章节中已经提到,尽管实证证据有限,但他们仍相信有令人信服的研究确定了市场显著的重要性。他们同样也赞同那些强调政治显著的逻辑的人,但认为还没有充足的实证证据来支持这些理论。

加米奇和施安斯克认可可以通过设计税收的形式来减少市场显著性。理由很简单:税收会扭曲市场选择,导致偏离最优非税状态,低显著的税收对市场选择的扭曲更少。如果税收市场的显著性非常低,消费者会有效地忽略税收的影响。结果就是,他们的实际选择会更接近于他们在没有税收时的选择。这里有一些值得注意的因素:例如,如果没有意识到一种低显著性的税收,消费者可能会对纳税的资金准备不足。然而,总的来说,他们对低市场显著性的支持是基于效率的考虑。

对于政治显著性,他们的分析结论还不够确凿。我们在第二章讨论的墨菲和纳格尔提出的问题也造成了一些困扰,因为来自税收的支持在一定程度上决定了税前收入的政府结构,他们很难得出应该增加还是减少政治显著性的明智的结论。在墨菲和纳格尔看来,税前状态没有道德重要性。如果增值税确实减少了政治显著性,在缺乏完全罗尔斯主义风格的分析的情况下,我们如何知道增加的收入和扩张的政府是好是坏? 在第二章中,关于墨菲和纳格尔研究方法的局限性,我们已经表达了我们的观点;这恰恰是说明如何导致政

---

[4] 参见 Glaeser(2006)对这一观点的讨论。
[5] Gamage 和 Shanske(2011)对此问题进行了深入的探讨。

治瘫痪的又一个例子。

然而,还可以从另一个规范的角度来分析。在对市场显著性的讨论中,加米奇和施安斯克写道:"即使这样做会产生灾难性的后果,我们也不考虑减少市场显著性是否有某些固有的错误。"⑥他们对政治显著性有着相似的评价:"我们只考虑减少政治显著性的终点,而不考虑到达终点的潜在手段。"⑦不管怎样,他们意识到这个方法的限制。比如,并不利于政府"半夜从纳税人的口袋中偷钱"。⑧ 但是,为什么不?他们对市场和政治显著性的规范分析都没有解释这一点。

考虑到程序正义,可以发现加米奇和施安斯克进行的这种研究和其他对行为经济学和政治规范含义的探索都存在很大的局限性。发声是程序正义的完整的组成部分之一,也许是其中一个最有力的因素。为了让发声更加有意义,必须深刻意识到,它必须是一种"知情的发声"。公民和选民有权知道政府提案的逻辑,并且需要将提案的优缺点在公众领域充分讨论。这意味着信息不应该只为少数特权"可得",而应该被更广泛地接受和理解。我们在第三章提到的成功和不成功的财产税变革的经验告诉我们,发声与否关乎到政治变革从长期来看是否会被接受。

所有的半家长式管理方式对行为偏差的危害是其会从根本上损害发声、过程和程序。政治家有时会从行为偏差中获利,比如,通过逐步停止来掩盖边际税率的增加。但是,根本的税收改革自然无法在这个基础上持续下去。

发声的机会有很多形式,其中一些相对来说会更常见。这些机会具有一些共同的特征。它们也许会提供机会去暴露和消除能被感知的偏差。它们会以深入人心的信念和担心为基础,包括公平理论的观点和应得的概念。这也许意味着背离专家意愿的政治妥协,比如等级财产税或工作福利制。根据政府尊重公众意愿的程度,我们希望这些妥协在长期内会有持续性。

在最近几年,(最有钱的)"前1%"这个说法在电视和网络中泛滥。占领华尔街运动(一项始于纽约的有组织的针对特权的抗议)把这个主题作为运动的一部分;编辑和政客自然会响应此诉求来应对种种问题。我们通过这本书

---

⑥ Gamage 和 Shanske(2011),第 61 页。
⑦ Gamage 和 Shanske(2011),第 82 页。
⑧ Gamage 和 Shanske(2011),第 80 页。

可以表明，税收公平是比再分配更加宽泛的概念。尽管累进所得税很明显是一个里程碑，但在公众脑海中，合理的再分配仍十分有限。对前1%的重新聚焦是不是意味着我们民间正义概念中的有限制的公平已经失去了它"有限制的"部分？

最近的两个政治故事说明，考虑到具体的税收建议，"前1%"夸张的修辞用意远超过它的实际影响。这个说法更多地被用于其他政治目的，而不是重新构建评价税收公平性的框架。

奥巴马总统又一次将再分配和税收公平作为他执政的政策中心。在他的第一届任期，他开始努力将此作为总体预算战略的一部分。奥巴马政府称其为"巴菲特规则"。亿万富翁、金融家沃伦·巴菲特控诉美国的税收制度，称他的秘书比他适用的税率更高。随后奥巴马政府提出"巴菲特规则"，即所得超过100万美元的纳税人应该适用至少30%的平均税率。在实践中，这意味着在我们目前的税制中增加了另一个可选最低税收来强制征收30%的税率。

巴菲特规则所提出的背景说明，百万富翁面临的税率非常低，甚至低于普通美国人。相反，根据城市布鲁金斯税收政策中心的计算，有效联邦税率随着收入而增加。2011年，个人平均有效联邦税率为18.8%。收入在前95%～99%的人的税率为25%，收入在前1%的人的税率为30.4%，收入在前0.1%的人（百万富翁及以上）的税率为32.1%。这个计算包含了包括工薪税、公司税和房产税在内的所有联邦税，基于税收政策中心的计算得出。⑨

那么，为什么巴菲特声称他比他的秘书适用税率低？有两个主要原因。第一，巴菲特仅考虑了他的个人纳税申报单上的税款，没有考虑他由于拥有金融资产而肯定会通过公司承担的联邦税。第二，就如同其他许多的亿万富翁一样，巴菲特很可能取得的是在个人纳税申报单上作为资本所得或股息红利的收入，这些收入比正常工资薪金收入适用的税率低。2011年，从股票和合格股息红利取得的长期资本所得的最高税率仅为15%，相比之下，工资薪金这种正常收入的最高边际税率为35%。

这个关于巴菲特的纳税申报的假设，与美国国税局对以调整后总收入衡量的前400名纳税人承担的所得税平均税率统计所得到的数据一致。2008

---

⑨ 城市布鲁金斯税收政策中心，表T12-0018，联邦税收平均有效税率。

年,这个群体的有效税率中值为 15%～20%。⑩ 同样,这只是指个人所得纳税申报单上所申报的收入,并且假设主要是股息红利或者资本所得这类资本收入。没有计算个人很可能为其拥有的公司或房产支付的联邦税以及遗产和赠与税。

奥巴马政府将巴菲特规则作为预算协商的一部分,坚持认为解决税收不公平是任何预算手段的必要部分。巴菲特规则的具体建议送到国会花了一些时间。最终到了国会的联合税务委员会手中,委员会评估了以新的最小 30% 的税率对收入超过 100 万美元的纳税人的调整后总收入(更少的慈善捐赠扣除)可以征收到的税收。在 10 年期里,增加的税收仅为 467 亿美元,平均每年少于 50 亿美元。⑪ 预算讨论的焦点在于填平超过 1 万亿美元的赤字,而增加的巴菲特税只够预算的零头,并不是有用的税收提案。

直到这个税收评估的结果众人皆知之前,巴菲特规则一直是政治协商中的有效武器。然而,一旦它对预算赤字微乎其微的作用大白天下,就失去了之前的政治影响。它不再被严肃的税收公平讨论所考虑,而且开始听起来更像是平常的抱怨——与民间正义观点的不和。巴菲特规则的终止同样让人们的关注回到更重要的和更有挑战性的问题上:资本所得应该怎么征税?对收入分配的考虑也许是这个更广的讨论的一部分,但肯定不是全部。因为经济效率和回报风险,以及企业家精神同样具有重要的地位。

经济学家保罗·克鲁格曼在他的著作中深入讨论了不平等问题。在《纽约时报》的专栏中,他也许是出于无心地揭示了对前百分之一的关注并不是真的有关税收公平本身。⑫ 克鲁格曼首先问道,"前 1%(或者更高,0.01%)的出现"是否要对最近的衰退负责。然后,他集中讨论了"前 0.01% 的人接管了我们政治的半壁江山"。他的论点是,位于收入最顶端的人会用他们大量的财富去有效获得一方政治党派(共和党)的支持,然后造成政治瘫痪。他在这篇专栏中的关注点不是对普通美国人来说不公平的加深所带来的福利的变化,而是对其政治后果的推测。

---

⑩ 城市布鲁金斯税收中心提供的税收数据,"1992～2008 年调整总收入前 400 位纳税人的有效(平均)税率"。
⑪ 美国国会,"联合税收委员会,备忘录"(2012 年)。
⑫ Krugman(2012)。

在我们看来,这种从前1%到前0.01%的重点的转移非常惊人且有启发性。这两个团体有着非常大的差异。2010年,家庭收入大概有35万美元就可以进入前1%,对比如有很高教育程度的人来说非常容易。然而,要进入前0.01%,门槛就非常高了,需要平均每年收入超过780万美元。[13] 同时,按照净财产价值,进入后一个团体的阈值是他们年收入的数十倍。

目前,那些处于财富榜的前0.01%的人并不是每天日常生活中可以轻易见到的,也不一定是我们怨恨和嘲讽的对象。比如,新奥尔良有36万居民,处于前0.01%的人数正好是36个,他们都是第四章提到的"富人国"的居民。在新奥尔良,前0.01%团体中的领袖成员是汤姆·本森,他很受爱戴,是新奥尔良圣徒队和新奥尔良大黄蜂队的老板。他对这个城市的超级体育赛事贡献很大,在被摄像机拍到的时候也会有粉丝为他的公民道德欢呼。克鲁格曼认为少数非常富裕的人会追求政治影响,这也许是对的,乔治·索罗斯和科赫家族就是典型的例子。但是很多人也有其他的兴趣和追求,就像汤姆·本森或比尔·盖茨,他们打造的商业帝国的范围从体育王朝到世界健康,不一而足。

所有的这些并不会对普通个体所感受到的税收公平产生多少影响。就如我们从《富人国》那里所学到的,那些非常有钱的人不像我们其他人,在日常生活中和我们没有交集。他们通过商业、娱乐和体育为人们熟知。我们已经讨论过,公众对于处在财富金字塔顶端的人有着非常矛盾的情感和道德判断。金·卡戴珊被公众所诟病,并不是因为她出色的商业才能或财富,而是因为她个人生活中被人们看到的不检点的行为。另一方面,人们崇敬米克·贾格尔和大卫·鲍威的生平成就,并不在意他们积累的大量财富。如我们所见,公众并不喜欢因为富人的成就本身而惩罚他们。

对于"前1%"的关注提醒我们,公平确实是民间正义的组成部分,但是它也总是受到公平理论、津贴制度和应得等概念的限制。公平观念并不是要求对富人征税,也不能为了其他人而忽略被征税者的福利,要求对非常有钱的人适用某个税率来简单地最大化税收收入——所谓的拉弗曲线最大化收入。一种假设非常富有的人边际效用为零的最优税收理论,就是建议以上述方式对非常富有的人征税的。在这种情况下,从超级富豪手中拿走他们本身用不上

---

[13] 这一标准基于 Saez(2011)所提出的 2010 年的数据表格。

的一块钱的"代价"就不存在了，只留下激励效应。

公平理论反映的公众态度，表现出对这种类型的政策和方法的自然抵触。公众并不想完全不顾富人的需要而决定对他们征税的税率。另外，甚至是最优税收理论都意识到，像巴菲特规则这样的噱头，或是集中对精英增加税收，并不能保证充足的税收收入。对所有人的超边际税收才能给公众财富带来真正的收入。

民间正义的原则也许是有局限性的，但如果能与个人心理达成一致，仍允许有效的再分配。美国当今最大的反贫困项目是劳动所得税收减免（EITC），超过了食品救济券和其他的扶贫项目。[14] 尽管此项目的规模很大，仍然得到了民众广泛的支持，并且没有成为党派攻击的对象。劳动所得税收减免成功的主要原因是，它是一种对工资的补贴，符合公平理论。为了享受劳动所得税收减免的优惠，人们必须工作，这样才会取得与投入相匹配的收益。

在全书中，我们花了很多篇幅讨论了制度正当化理论，这一理论从心理机制角度解释了相对弱势群体为什么会维护现有的社会体制。但是，理解了弱势群体有机会影响全社会的基本价值观后，这种心理机制也可以得到解释。事实上，无论他们在社会中的相对地位如何，他们都强烈地支持现在的体制。与其将这些态度当成心理缺陷的一部分，不如看作一种慷慨和仁慈。他们的信念可以被看作是反映了对一种共同体事业的共享归属意识，这种共同体事业尊重机会和人的主动性。如此看来，他们与社会中的其他人地位平等，正是因为他们共享相同的核心价值观。尽管他们享有的物质财富并不多，但他们作为一个公民，对社会所起到的作用是平等的。

哲学家塞缪尔·舍夫勒（Samuel Scheffler）也有相似的观点，对平等的承诺比单纯的分配商品更加基础和根本。我们对基本公平的感知认可了应得在公正中所起的作用："如果一个有天赋的职业运动员的合同比他的天赋不高的队友更丰厚，大部分人也不会觉得最不公平。"[15] 然而，应得并不能详尽地论述我们概念中的公平："如果一个很贫穷的被告因为经济上的考虑而被迫拒绝接受法律顾问，虽然被告无力支付律师费是由于其糟糕的财务决策所导致的，但

---

[14] 参见 Burman(2012)。
[15] Sheffler(2003)，第33页。

人们还是会觉得对此很难接受。"⑯在舍夫勒看来,以上判断都源于作为一个平等社会一分子的感觉——一方面,我们所崇敬的理念是奖励努力和天赋;另一方面,也为那些特别贫困的人共担一些责任。

舍夫勒认为,关于应得和责任的通常概念需要修改或完善,以达到一个平等主义者所希望的理想的社会关系。然而,他也并不排斥这种看法:"这里所提议的修订,必须与应得和责任在人的心理和社会关系中所扮演角色的现实描述相一致。"⑰

我们从劳动所得税收减免的经验和舍夫勒的观点可以得知,在致力于建立一个平等的社会的过程中,必须非常重视与民间正义相关的经验教训。税收体系不只是以最小的社会痛苦的方式对商品和服务进行再分配的工具,也是一个人们表达价值观的体系。只有能反映社会价值观的税收改革,才更可能被民众所接受。

---

⑯ 同上。
⑰ Sheffler(2003),第 24 页。

参考文献

Aaron, Henry. 1974. "A New View of Property Tax Incidence." American Economic Review 64, No. 2, Papers and Proceedings, May, pp. 212–221.
Adams, J. Stacey and William B. Rosenbaum. 1962. "The Relationship of Worker Productivity to Cognitive Dissonance About Wage Inequities." *Journal of Applied Psychology*, **46**: 161–164.
Aguirre, B. and F. F. Rocha. 2010. "Trust and Tax Morale in Latin American and Caribbean Countries." *Papers ISNIE 2010*.
Ahmed, E. and V. Braithwaite. 2005. "Understanding Small Business Taxpayers." *International Small Business Journal*, **23**(5): 303–326.
Akerlof, George A. 1978. "The Economics of 'Tagging' as Applied to the Optimal Income Tax, Welfare Programs, and Manpower Planning." *American Economic Review*, **68**: 8–19.
Alesina, Alberto and Paola Giuliano. 2009. "Preferences for Redistribution." National Bureau of Economic Research Working Papers, #14825.
Allingham, M. and A. Sandmo. 1972. "Income Tax Evasion: A Theoretical Analysis." *Journal of Public Economics*, **I**: 323–338.
Alm, James. 2013. "Measuring, Explaining, and Controlling Tax Evasion: Lessons from Theory, Experiments, and Field Studies." *International Tax and Public Finance* (forthcoming).
Alm, J., B. R. Jackson, and M. McKee. 1992. "Estimating the Determinants of Taxpayer Compliance with Experimental Data." *National Tax Journal*, **45**: 107–114.
  1993. "Fiscal Exchange, Collective Decision Institutions, and Tax Compliance." *Journal of Economic Behavior and Organization*, **22**(3): 285–303.
Alm, J. and B. Torgler. 2006. "Culture Differences and Tax Morale in the United States and in Europe." *Journal of Economic Psychology*, **27**: 224–246.
Anderson, Nathan B. 2007. "Property Tax Limitations: How, What, Where and Why?" *State Tax Notes*, **15**: 93–100.
Anderson, Nathan B. and Andreas D. Pape. 2010. "A Reassessment of the 1970s Property Tax Revolt." unpublished manuscript.
Anstett, Andy. 2002. "Ontario: The Inside Story of So-Called Property Tax Reforms." *Assessment Journal* (May/June): 37–47.
Aronson, Elliot and J. Merril Carlsmith. 1963. "Some Hedonic Consequences of the Confirmation and Disconfirmation of Expectances." *Journal of Abnormal and Social Psychology*, **66**: 151–156.

Atkinson, A. B. 2004. "Income Tax and Top Incomes over the Twentieth Century." *Revista de Economia Publica*, **168**: 123–141.
Baldassare, Mark. 2006. "At Issue: California's Exclusive Electorate." Public Policy Institute of California, San Francisco. Available at http://www.ppic.org/content/pubs/atissue/AI_906MBAI.pdf Accessed July 2, 2012.
Barker, Ernest. 1968. *The Politics of Aristotle*. Oxford: Oxford University Press.
Barone, Michael. 2010. "The Transformative Power of Rick Santelli's Rant." Creators.Com. Available at: http://www.creators.com/opinion/michael-barone/the-transformative-power-of-rick-santelli-s-rant.html Accessed May 1, 2013.
Bartels, Larry M. 2005. "Homer Gets a Tax Cut: Inequality and Public Policy in the American Mind." *Perspective on Politics*, **3**(1): 15–31.
⸺ 2009. "Public Opinion and the Politics of Tax Policy: From Bush to Obama." Prepared for a conference on Tax Policy in the Obama Administration, UCLA School of Law, January 30.
Batchelder, Lily L. 2009–2010. "What Should Society Expect From Heirs? The Case for a Comprehensive Inheritance Tax." *NYU Tax Law Review*, **62**: 63–112.
Bauman, Christopher W. and Linda J. Skitka. 2009. "Moral Disagreement and Procedural Justice: Moral Mandates as Constraints to Voice Effects." *Australian Journal of Psychology*, **61**: 40–49.
BBC News. 2005. "Council Taxes 'Best in Britain.'" Available at: http://news.bbc.co.uk/2/hi/uk_news/wales/4381035.stm Accessed July 2, 2012.
⸺ 2005. "Have Your Say: Council Tax Revaluations." Available at: http://news.bbc.co.uk/2/hi/programmes/moneybox/4402513.stm Accessed July 2, 2012.
Bergman, M. S. 2002. "Who Pays for Social Policy? A Study on Taxes and Trust." *Journal of Social Policy*, **31**(2): 289–305.
Bernardi, L. and M. Bernasconi. 1996. "L'evasione fiscale in Italia: evidenze empiriche." *Il fisco*, **38**(96): 19–36.
Besley, Timothy and Stephen Coates. 1992. "Understanding Welfare Stigma: Taxpayer Resentment and Statistical Discrimination." *Journal of Public Economics*, **48**: 165–183.
Bies, R. J. and T. R. Tyler. 1993. "The Litigation Mentality in Organizations: A Test of Alternative Psychological Explanations." *Organization Science*, **4**: 352–366.
Bies, Robert, Thomas Tripp, and Margaret Neale. 1993. "Procedural Fairness and Profit Seeking: The Perceived Legitimacy of Market Exploitation." *Journal of Behavioral Decision Making*, **6**(4): 243–256.
Bieto, David T. 1989. *Taxpayer in Revolt*. Chapel Hill: The University of North Carolina Press.
Blasi, Gary and John T. Jost. 2006. "System Justification Theory and Research: Implications for Law, Legal Advocacy, and Social Justice." *California Law Review*, **94**: 1119–1168.
Blizzard, Christina. 1996. "A Golden Tax Goose for Tories." *The Toronto Sun*, January 19.
Blumkin, Tomer, Yoram Margalioth, and Efraim Sadka. 2008. "The Role of Stigma in the Design of Welfare Programs." CESifo Working Paper No. 2305.
Bowman, Karlyn. 2009. "What Do Americans Think about Taxes?" *Tax Notes*, **123**: 99–105.
⸺ 2011. "Public Opinion on Taxes: 1937 to Today." American Enterprise Institute. Available at: http://www.aei.org/paper/100097 Accessed July 2, 2012.

Braithwaite, John. 1989. *Crime, Shame and Reintegration.* Cambridge: Cambridge University Press.
Braithwaite, V. 2009. "Community Hopes, Fears and Actions." Canberra: Australian Data Archive, The Australian National University.
Brehm, Jack W. 1956. "Post Decision Changes in the Desirability of Alternatives." *Journal of Abnormal and Social Psychology,* **52**: 384–389.
Brennan, Geoffrey. 2005. "'The Myth of Ownership' Liam Murphy and Thomas Nagel." *Constitutional Political Economy,* **16**: 207–219.
Brewer, Mike, Emmanuel Saez, and Andrew Shephard. 2008. "Means-Testing and Tax Rates on Earnings." Prepared for the Report of a Commission on Reforming the Tax System for the 21st Century, Chaired by Sir James Mirlees, Institute for Fiscal Studies.
Brockner, Joel and Batia M. Wiesenfeld. 1996. "An Integrative Framework for Explaining Reactions to Decisions: Interactive Effects of Outcomes and Procedures." *Psychological Bulletin,* **120**: 189–208.
Burman, Len. 2013. "Pathways to Tax Reform." *Public Finance Review* (forthcoming).
Burnham, David. 1989. "Misuse of the IRS: The Abuse of Power." *The New York Times,* September 3, p. 25.
Cabral, Marika and Caroline Hoxby. 2012. "The Hated Property Tax: Salience, Tax Rates, and Tax Revolts." NBER Working Paper #18514.
Calabresi, Guido. 1970. *The Costs of Accidents.* New Haven, CT: Yale University Press.
Camerer, Colin and Richard H. Thaler. 1995. "Anomalies: Ultimatums, Dictators and Manners." *Journal of Economic Perspectives,* **9**: 209–219.
Casebeer, William D. 2003. *Natural Ethical Facts: Evolutionism, Connectionism, and Moral Cognition.* Cambridge, MA: MIT Press.
Chetty, Raj, Adam Looney, and Kory Kroft. 2009. "Salience and Taxation: Theory and Evidence." 99(4): 1145–1177.
Chorvat, Terrence. 2003. "Perception and Income: The Behavioral Economics of the Realization Doctrine." *Connecticut Law Review,* **36**: 75–124.
Christopherson, Robert C. 2005. "Missing the Forest for the Trees: The Illusory Half-Policy of Senior Citizen Property Tax Relief." *Elder Law Journal,* **13**: 195–226.
Clark, Andrew. 2010. "Anger over Obama Block on Gulf of Mexico Oil Drilling after BP Disaster." *The Guardian,* June 9. Available at: http://www.guardian.co.uk/business/2010/jun/09/obama-block-deepwater-drilling-causes-anger Accessed July 2, 2012.
Clarke, Conor. 2009. "Taxing Height: Emmanuel Saez Responds to Mankiw." *The Atlantic,* Available at: http://www.theatlantic.com/politics/archive/2009/05/taxing-height-emmanuel-saez-responds-to-mankiw/18486/ Accessed July 2, 2012.
Cohen, Jonathan D. 2005. "The Vulcanization of the Human Brain: A Neural Perspective on Interactions between Cognition and Emotion." *The Journal of Economic Perspectives,* **19**: 3–24.
Coleman, Jules. 2003. "The Grounds of Welfare." *Yale Law Journal,* **112**: 1511–1544.
Congress of the United States. 2012. "Joint Tax Committee, Memorandum." Available at: http://taxprof.typepad.com/files/joint-committee.pdf Accessed May 1, 2013.
Cowell, Frank. 1990. *Cheating the Government.* Cambridge, MA: MIT Press.
Coyle, Diane. 2010. *The Soulful Science.* Princeton, NJ: Princeton University Press.

223

Cummings, R. G., J. Martinez-Vazquez, M. McKee, and B. Torgler. 2009. "Tax Morale Affects Tax Compliance: Evidence from Surveys and an Artefactual Field Experiment." *Journal of Economic Behavior & Organization*, **70**: 447–457.

Davies R., M. Orton, and D. Bosworth. 2007. "Local Taxation and the Relationship between Incomes and Property Values." *Environment and Planning C: Government and Policy*, **25**(5): 756–772.

Dijke, M. and P. Verboon. 2010. "Trust in Authorities as a Boundary Condition to Procedural Fairness Effects on Tax Compliance." *Journal of Economic Psychology*, **31**: 80–91.

Dolan, Paul, Richard Edlin, Peter Verboon, and Marius Dijke. 2007. "It Ain't What You Do, It's the Way That You Do It: Characteristics of Procedural Justice and Their Importance in Social Decision-Making." *Journal of Economic Behavior & Organization*, **64**: 157–170.

Dworkin, Ronald. 2002. *Sovereign Virtue: The Theory and Practice of Equality*. Cambridge, MA: Harvard University Press.

Farber, Daniel. 2003. "What (If Anything) Can Economics Say About Ethics?" *Michigan Law Review*, **101**(3): 1791–1823.

Fatemi, Darius J., D. John Hasseldine, and Peggy Hite. 2008. "Resisting Framing Effects: The Importance of Prior Attitudes on Estate Tax Preferences." *American Accounting Association*, **30**(1): 101–121.

Fehr, Ernest and Klaus M. Schmidt. 1999. "A Theory of Fairness, Competition, and Cooperation." *The Quarterly Journal of Economics*, **114**: 817–868.

Feld, Lars P. and Bruno S. Frey. 2002. "Trust Breeds Trust: How Taxpayers are Treated." *Economics of Governance*, **3**: 87–89.

——— 2007. "Tax Compliance as the Result of the Psychological Tax Contract: The Role of Incentives and Responsive Regulation." *Law & Policy*, **29**(1): 102–120.

Festinger, Leon, Henry Riecken, and Stanley Schachter. 1956. *When Prophecy Fails: A Social and Psychological Study of a Group that Predicted the Destruction of the World*. New York: Harper-Row.

Festinger, L. and J. M. Carlsmith. 1959. "Cognitive Consequences of Forced Compliance." *Journal of Abnormal and Social Psychology*, **58**(2): 203–210.

Fisher, Glenn W. 1996. *The Worst Tax? A History of the Property Tax*. Lawrence: University of Kansas Press.

Fjeldstad, O.-H. 2004. "What's Trust Got to Do With It? Non-Payment of Service Charges in Local Authorities in South Africa." *Journal of Modern African Studies*, **42**(4): 539–562.

Frank, Robert. 2007. *Richistan: A Journey Through the American Wealth Boom and the Lives the New Rich*. New York: Crown Publishing.

Frey, B. 1997. "A Constitution for Knaves Crowds Out Civic Virtues." *The Economic Journal*, **10**: 1043–1053.

Frey, B. and L. P. Feld. 2002. "Deterrence and Morale in Taxation: An Empirical Analysis." CESifo Working Paper No. 760. Available at: http://www.ifo.de/portal/pls/portal/docs/1/1190098.PDF Accessed July 2, 2012.

Frey, Bruno S., and Benno Torgler. 2007. "Tax Morale and Conditional Cooperation," *Journal of Comparative Economics*, **35**: 136–159.

Freiman, Christopher and Shaun Nichols. 2011. "Is Desert in the Details?" *Philosophy and Phenomenological Research*, **82**(1): 121–133.

Galle, Brian. 2008. "Tax Fairness." *Washington and Lee Law Review*, **65**: 1323–1380.

Gamage, David and Darien Shanske. 2011. "Three Essays on Tax Salience." *Tax Law Review*, **65**: 19–88.

Geuss, Raymond. 2008. *Philosophy and Real Politics*. Princeton, NJ: Princeton University Press.

Geyer, Ted. 2012. "How Many Borrowers Might Qualify for Principal Reduction Under the Mortgage Settlement?" Brookings Up Front. Available at: http://www.brookings.edu/up-front/posts/2012/03/01-mortgage-agreement-gayer Accessed July 2, 2012.

Glaeser, Edward. 2006. "Paternalism and Psychology." *University of Chicago Law Review*, **73**: 133–156.

Goffman, Erving. 1952. "On Cooling the Mark Out: Some Aspects of Adaptation and Failure." *Psychiatry*, **15**: 451–464.

Gold, Laura J., John M. Darley, James L. Hilton, and Mark P. Zanna. 1984. "Children's Perceptions of Procedural Justice." *Child Development*, **55**: 1752–1759.

Gombu, Phinjo. 1998. "Merchants Mobilize for Tax Fight. Businesses Say Increases Will Kill Them." *The Toronto Star*, March 12.

Graetz, Michael J. and Ian Shapiro. 2005. *Death by a Thousand Cuts: The Fight over Taxing Inherited Wealth*. Princeton, NJ: Princeton University Press.

Gravelle, Jennifer. 2007. "Who Pays Property Taxes? A Look at the Excise Tax Effects of Property Taxes Across the States." Proceedings from the National Tax Association 100th Annual Conference, pp. 94–97. Available at: http://www.ntanet.org/publications/nta-proceedings/132.html Accessed July 2, 2012.

Greenberg, Jerald. 1990. "Employee Theft as a Reaction to Underpayment Inequity: The Hidden Cost of Pay Cuts." *Journal of Applied Psychology*, **75**: 561–568.

Greene, Joshua. 2003. "From Neural 'Is' to Moral 'Ought': What Are the Moral Implications of Neuroscientific Moral Psychology?" *Nature Reviews Neuroscience*, **4**: 847–850.

Gruber, Jonathan. 2011. *Public Finance and Public Policy*. New York: Worth Publishers.

Gruber, Jonathan and Emmanuel Saez. 2000. "The Elasticity of Taxable Income: Evidence and Implications." National Bureau of Economic Research Working Paper No. 7512.

Hare, R. M. 1981. *Moral Thinking: Its Levels, Method, and Point*. Oxford: Oxford University Press.

Harries, Kate. 1998. "Merchants Create a Ghost Town." *The Toronto Star*, September 25.

Hartley, James E., Steven M. Sheffrin, and J. David Vasche. 1996. "Reform during Crisis: The Transformation of California's Tax System during the Great Depression." *Journal of Economic History*, **56**: 657–678.

Heath, A. 1976. *Rational Choice and Social Exchange*. Cambridge: Cambridge University Press.

Henrich, Joseph. 2000. "Does Culture Matter in Economic Behavior? Ultimatum Game Bargaining among the Machiguenga of the Peruvian Amazon." *American Economic Review*, **90**(4): 973–979.

Henrich, Joseph, Robert Boyd, Samuel Bowles, Colin Camerer, Ernst Fehr, Herbert Gintis, and Richard McElreath. 2001. "In Search of Homo Economicus: Behavioral Experiments in 15 Small-Scale Societies." *Economics and Social Behavior*, **91**: 73–78.

Hickson, Gerald B., Ellen W. Clayton, Penny B. Githens, and Frank A. Sloan. 1992. "Factors That Prompted Families to File Medical Malpractice Claims Following Perinatal Injuries." *Journal of the American Medical Association*, **267**: 1359–1363.

Hines, James R. Jr. 2009–2010. "Taxing Inheritances, Taxing Estates." *NYU Tax Law Review*, **63**: 189–207.

Homans, G. C. 1958. "Social Behavior as Exchange." *American Journal of Sociology*, **63**(6): 597–606.

Hsieh, Nien-He. 2000. "Moral Desert, Fairness, and Legitimate Expectations in the Market." *The Journal of Political Philosophy*, **8**(1): 91–114.

Institute for Fiscal Studies. 2006. "A Survey of the UK Tax System." London.

Internal Revenue Service. 2013. "Tax Quotes." Available at: http://www.irs.gov/uac/Tax-Quotes Accessed May 1, 2013.

———. 2013. "Estate Tax." Available at: http://www.irs.gov/publications/p950/ar02.html Accessed May 1, 2013.

Jeffrey, Terence. 1990. "Sleuthing and Policies of the IRS Simply Too Taxing." *The Washington Times*, March 12, p. E7.

Jenkins, Holman W. Jr. 2010. "Jeternomics and the CEO." *Wall Street Journal*, December 1. Available at: http://online.wsj.com/article/SB10001424052748704679204575646591275493492.html Accessed July 2, 2012.

Jost, John T., Mahzarin R. Banaji, and Brian A. Nosek. 2004. "A Decade of System Justification Theory: Accumulated Evidence of Conscious and Unconscious Bolstering of the Status Quo." *Political Psychology*, **25**: 881–919.

Jost, John T., Brett W. Pelham, and Mauricio R. Carvallo. 2002. "Non-Conscious Forms of System Justification: Implicit and Behavioral Preferences for Higher Status Groups." *Journal of Experimental Social Psychology*, **38**: 586–602.

Kahneman, Daniel, Jack L. Knetsch, and Richard Thaler. 1986. "Fairness as a Constraint of Profit-Seeking: Entitlements in the Market." *American Economic Review*, **76**(4): 728–741.

Kaplow, Louis. 1989. "Horizontal Equity: Measures in Search of a Principle." *National Tax Journal*, **42**: 139–154.

———. 2008. *The Theory of Taxation and Public Economics*. Princeton, NJ: Princeton University Press.

Kaplow, Louis and Steven Shavell. 2002. *Fairness versus Welfare*. Cambridge, MA: Harvard University Press.

Kaus, Mickey. 2001. "TANF and 'Welfare': Further Steps towards the Work-Ethic State." Summer. Available at: http://www.brookings.edu/research/articles/2001/06/summer-welfare-kaus Accessed May 1, 2013.

Kenyon, Daphne. 2007. *The Property Tax-School Funding Dilemma*. Cambridge, MA: Lincoln Land Institute.

King, Sharmila and Steven M. Sheffrin. 2002. "Tax Evasion and Equity Theory: An Investigative Approach." *International Tax and Public Finance*, **9**: 505–521.

Kinsey, K. A. and H. G. Grasmick. 1993. "Did the Tax Reform Act of 1986 Improve Compliance? Three Studies of Pre- and Post-TRA Compliance Attitudes." *Law and Policy*, **15**: 239–325.

Kirchler, E. 1998. "Differential Representations of Taxes: Analysis of Free Associations and Judgments of Five Employment Groups." *Journal of Socio-Economics*, **27**(1): 117–131.

Kirchler, Erich. 2007. *The Economic Psychology of Tax Behaviour*. Cambridge: Cambridge University Press.
Kleinbard, Edward. 2010. "An American Dual Income Tax: Nordic Perspectives." *Northwestern Journal of Law and Social Policy*, **5**: 41–86.
Knobe, Joshua. 2005a. "Theory of Mind and Moral Cognition: Exploring the Connections." *Trends in Cognitive Science*, **9**: 357–359.
  2005b. "Ordinary Ethical Reasoning and the Ideal of 'Being Yourself.'" *Philosophical Psychology*, **18**: 327–340.
  2005c. "Cognitive Processes Shaped by the Impulse to Blame." *Brooklyn Law Review*, **71**: 929–937.
Knobe, Joshua and Brian Leiter. 2007. "The Case for Nietzschean Moral Psychology," in *Nietzsche and Morality*, eds. B. Leiter and N. Sinhababu. Oxford: Oxford University Press, pp. 83–109.
Kocakulah, Mehmet C. and Galen M. Gower. 2000. "Modernizing the Bureaucracy: Government Information Systems and Technology." *The National Public Accountant*, October. Available at: http://www.questia.com/library/1G1-66497909/modernizing-the-bureaucracy-government-information Accessed May 1, 2013.
Krugman, Paul. 2012. "Plutocracy, Paralysis, Perplexity." *New York Times*, May 3, A29.
Kuziemko, Ilya and Michael Norton. 2011. "The 'Last Place Aversion' Paradox." *Scientific American*, October 12. Available at: http://www.scientificamerican.com/article.cfm?id=occupy-wall-street-psychology Accessed July 2, 2012.
Lakey, Jack. 1998. "Tax Notices Spark Fear and Confusion." *The Toronto Star*, February 20.
Lebergott, Stanley. 1975. *Wealth and Want*. Princeton, NJ: Princeton University Press.
Leder, S., L. Mannetti, E. Holzl, and E. Kirchler. 2009. "Regulatory Fit Effects on Perceived Fiscal Exchange and Tax Compliance." *The Journal of Socio-Economics*, **39**: 217–277.
Lederman, Leandra. 2003. "Tax Compliance and the Reformed IRS." *Kansas Law Review*, **51**: 971–1011.
Ledgerwood, Alison, Ido Liviatan, and Peter Carnevale. 2007. "Group Identity Completion and the Symbolic Value of Property." *Psychological Science*, **18**: 873–878.
Ledgerwood, Alison, Anesu N. Mandisodza, John T. Jost, and Michelle Probi. 2011. "Working for the System: Cognitive and Behavioral Defenses of Meritocratic Beliefs." *Social Cognition*, **29**(2): 322–340.
Lerner, Melvin J. 1980. *The Belief in a Just World: A Fundamental Delusion*. New York: Plenum Press.
Lewis, A., S. Carrera, J. Cullis, and P. Jones. 2009. "Individual, Cognitive and Cultural Differences in Tax Compliance: UK and Italy Compared." *Journal of Economic Psychology*, **30**: 431–435.
Lind, E. Allen and Tom R. Tyler. 1988. *The Social Psychology of Procedural Justice*. New York and London: Plenum Press.
List, John A. and Todd L. Cherry. 2008. "Examining the Role of Fairness in High Stakes Allocation Decisions." *Journal of Economic Behavior and Organization*, **65**(1): 1–8.
Local Government Finance Review Committee. 2006. "A Fairer Way." Edinburgh. Available at: http://www.scotland.gov.uk/Publications/2006/11/06105402/0 Accessed July 2, 2012.

Lupia, Arthur, Adam Levine, Jesse Menning, and Gisela Sin. 2007. "Were Bush Tax Cut Supporters 'Simply Ignorant'?" *Perspective on Politics*, **5**(4): 773–784.

Lyons, Sir Michael. 2007. "Lyons Inquiry into Local Government." Available at: http://www.lyonsinquiry.org.uk/ Accessed July 2, 2012.

MacCoun, Robert J. 2005. "Voice, Control, and Belonging: The Double-Edged Sword of Procedural Fairness." *Annual Review of Law and Social Science*, **1**: 171–201.

Mankiw, N. Gregory. 2010. "Spreading the Wealth Around: Reflections Inspired by Joe the Plumber." *Eastern Economic Journal*, **36**: 285–298.

Mankiw, N. Gregory and Matthew C. Weinzierl. 2010. "The Optimal Taxation of Height: A Case Study of Utilitarian Income Redistribution." *American Economic Journal: Economic Policy*, **2**: 155–176.

Martin, Isaac William. 2008. *The Permanent Tax Revolt*. Stanford, CA: Stanford University Press.

McBarnet, Doreen. 2003. "When Compliance Is Not the Solution but the Problem: From Changes in Law to Changes in Attitude," in *Taxing Democracy*, ed. Valerie Braithwaite. London: Ashgate, pp. 229–243.

McCaffery, Edward J. 2002. *Fair Not Flat: How to Make the Tax System Better and Simpler*. Chicago: University of Chicago Press.

2005. "A New Understanding of Tax." University of Southern California. Available at: http://law.bepress.com/usclwps-lewps/art31/ Accessed May 1, 2013.

McCaffery, Edward J. and Jonathan Baron. 2006. "Thinking about Tax," *Psychology, Public Policy, and Law*, **12**: 106–135.

McCaffery, Edward J. and James Hines. 2010. "The Last Hope for Progressivity in Tax." USC CLEO Research Paper No. C09–7, USC Law Legal Studies Paper No. 09–8.

McCaffery, Edward J. and Joel Slemrod. 2006. *Behavioral Public Finance*. New York: Russell Sage Foundation.

McCluskey, William J., Francis A. S. Plimmer, and Owen P. Connellan. 2002. "Property Tax Banding: A Solution for Developing Countries." *Assessment Journal* (March/April): 37–47.

Mezvinsky, Edward and Bill Adler, Jr. 1989. "Blackmail, Bribery, Corruption: The File on the I.R.S." *The New York Times*, July 24, p. 17.

Miller, David. 1999. *Principles of Social Justice*. Cambridge, MA: Harvard University Press.

Miller, Jim. 2009. "Cut to Property Tax Deferral Program for Senior Homeowners Sparks Worries." *The Press-Enterprise*, March 15. Available at: http://www.pe.com/localnews/inland/stories/PE_News_Local_S_property16.41847ce.html Accessed July 2, 2012.

Minnesota Department of Revenue. 2008. *Limited Market Value Report 2007 Assessment Year*. Available at: http://archive.leg.state.mn.us/docs/2008/mandated/080307.pdf Accessed July 2, 2012.

Mirrlees, James. 1971. "An Exploration in the Theory of Optimum Income Taxation." *Review of Economic Studies* (April): 175–208.

Moffitt, Robert. 2006. "Welfare Work Requirements with Paternalistic Government Preferences." National Bureau of Economic Research, Working Paper 12366, July.

2008. "Welfare Reform: The US Experience." Available at: http://citeseerx.ist.psu.edu/viewdoc/summary?doi=10.1.1.153.2217 Accessed July 2, 2012.

Murphy, Kristina. 2003. "Procedural Justice and Tax Compliance." *Australian Journal of Social Issues*, **38**(3): 379–408.

Murphy, Liam and Thomas Nagel. 2002. *The Myth of Ownership*. Oxford: Oxford University Press.
Nozick, Robert. 1974. *Anarchy, State, and Utopia*. New York: Basic Books.
Oakshott, Michael. 1962. *Rationalism in Politics and Other Essays*. London: Methuen.
Oates, Wallace. 1999. "Local Property Taxation: As Assessment." *Land Lines* 11 (May). Lincoln Institute for Land Policy. Available at: http://www.lincolninst.edu/pubs/356_Local-Property-Taxation--An-Assessment Accessed July 2, 2012.
Office of Tax Policy Research. 2011. University of Michigan. Available at: http://www.bus.umich.edu/otpr/books.htm#peopletaxes Accessed July 2, 2012.
Ong, Qiyan, Yohanes E. Riyanto, and Steven M. Sheffrin. 2012. "How Does Voice Matter? Evidence from the Ultimatum Game." *Experimental Economics*, **15**: 604–621.
Ontario. 2004. "A Bulletin on the New Property Tax Assessment and Taxation System in Ontario." Available at: https://ospace.scholarsportal.info/bitstream/1873/3843/1/243228.pdf Accessed July 2, 2012.
O'Sullivan, Arthur, Terri A. Sexton, and Steven M. Sheffrin. 1995. *Property Taxes and Tax Revolts: The Legacy of Proposition 13*. New York and Cambridge: Cambridge University Press.
Oxoby, Robert J. and John Spraggon. 2008. "Mine and Yours: Property Rights in Dictator Games." *Journal of Economic Behavior & Organization*, **65**: 703–713.
Peterson, Bill. 1989. "IRS Fares Poorly in Audit by Taxpayers." *The Washington Post*, January 13, p. A3.
Phillips, Mark D. 2011. "Reconsidering the Deterrence Paradigm of Tax Compliance." Available at: http://www.irs.gov/pub/irs-soi/11resconreconsider.pdf Accessed May 1, 2013.
Picton, John. 1992. "You Think Our Tax Collector Is Tough? Try Uncle Sam." *The Toronto Star*, March 29, p. A1.
Pinker, Steven. 2008. "The Moral Instinct." *New York Times Magazine*, January 13. Available at: http://www.nytimes.com/2008/01/13/magazine/13Psychology-t.html Accessed July 2, 2012.
Pitman, Brent. 1989. "A Taxpayer's Bill of Rights." *Christian Science Monitor*, April 7, p. 19.
Plimmer, Francis, W. J. McCluskey, and Owen Connellan. 2000. "Equity and Fairness within Ad Valorem Real Property Taxes." Lincoln Institute of Land Policy Working Paper. Available at: http://www.lincolninst.edu/subcenters/property-valuation-and-taxation-library/dl/plimmer_etal.pdf Accessed July 2, 2012.
Pommerehne, W. and H. Weck-Hannemann. 1996. "Tax Rates, Tax Administration and Income Tax Evasion in Switzerland." *Public Choice*, **88**(1–2): 161–170.
Posner, Richard A. 1981. *The Economics of Justice*. Cambridge, MA: Harvard University Press.
Pritchard, R. D., M. D. Dunnette, and D. Jorgenson. 1972. "Effects of Perceptions of Equity and Inequity on Worker Performance and Satisfaction." *Journal of Applied Psychology Monographs*, **56**: 75–94.
Rabin, Matthew. 1993. "Incorporating Fairness into Game Theory and Economics." *American Economic Review*, **83**(5): 1281–1302.
Rawls, John. 1971. *A Theory of Justice*. Cambridge, MA: Harvard University Press.
Reed-Arthurs, Rebbecca and Steven M. Sheffrin. 2010. "Understanding the Public's Attitudes towards Redistribution through Taxation." Tulane University Economics Working Paper 1005.

Reed-Arthurs, Rebbecca and Steven M. Sheffrin. 2011. "Windows into Public Attitudes towards Redistribution." *Proceedings of the National Tax Journal*, **2009**: 165–173.

Riley, Karen. "IRS 'customer' not always right, but chief aims to see him smile." *The Washington Times*, May 10, 1991, p. C1.

Rohrer, Finlo. 2010. "Just How Angry Are People at BP?" BBC, June 4. Available at: http://www.bbc.co.uk/news/10233882 Accessed July 2, 2012.

Rosen, Jan M. 1988. "Tax Watch." *The New York Times*, August 1, p. 2.

Roth, A. E., V. Prasnikar, M. Okuno-Fujiwara, and S. Zamir. 1991. "Bargaining and Market Behavior in Jerusalem, Ljubljana, Pittsburgh, and Tokyo: An Experimental Study." *American Economic Review*, **81**: 1068–1095.

Saez, Emmanuel. 2002. "Optimal Income Transfer Programs: Intensive Versus Extensive Labor Supply Responses." *Quarterly Journal of Economics*, **117**: 1039–1073.

——— 2011. "Tables and Figures on Income Inequality." Available at: http://elsa.berkeley.edu/~saez/ Accessed July 2, 2012.

Scheffler, Samuel. 2003. "What Is Equalitarianism?" *Philosophy and Public Affairs*, **31**(1): 5–39.

——— 2005. "Choice, Circumstance and the Value of Equality." *Politics, Philosophy, and Economics*, **4**: 5–28.

Schmid, Randolf E. 2008. "Studies Show Dogs Have Sense of Fairness," *Associated Press*, December 8. Available at: http://www.utsandiego.com/news/2008/dec/08/sci-no-fair-120808/ Accessed July 2, 2012.

Schmidtz, David. 2006. *Elements of Justice*. Cambridge: Cambridge University Press

Sen, Amartya. 2009. *The Idea of Justice*. Cambridge, MA: The Belknap Press of Harvard University Press.

Sheffrin, Steven M. 1994. "Perceptions of Fairness in the Crucible of Tax Policy," in *Tax Progressivity and Income Inequality*, ed. J. Slemrod. Cambridge: Cambridge University Press, 309–334.

——— 2009. "Re-Thinking the Fairness of Proposition 13," in *After the Tax Revolt: California's Proposition 13 Turns 30*, eds. J. Citrin and I. Martin. Berkeley, CA: Berkeley Public Policy Press, 117–132.

——— 2010. "Fairness in Market Value Taxation," in *Challenging the Conventional Wisdom on the Property Tax*, eds. R. Bahl, J. Martinez, and J. Youngman. Cambridge, MA: Lincoln Institute for Land Policy, pp. 241–262.

Sheffrin, Steven and Robert Triest. 1992. "Can Brute Deterrence Backfire? Perceptions and Attitudes in Taxpayer Compliance," in *Why Do People Pay Taxes? Tax Compliance and Enforcement*, ed. J. Slemrod. Ann Arbor: The University of Michigan Press, 193–218.

Sheffrin, Steven M. and Janine L. F. Wilson. 2005. "Understanding Surveys of Taxpayer Honesty." *FinanzArchiv: Public Finance Analysis*, **61**: 256–274.

Sher, George. 1987. *Desert*. Princeton, NJ: Princeton University Press.

Skitka, L. J., N. Aramovich, B. L. Lytle, and E. Sargis. 2009. "Knitting Together an Elephant: An Integrative Approach to Understanding the Psychology of Justice Reasoning," in *The Psychology of Justice and Legitimacy: The Ontario Symposium, Vol. 11*, eds. D. R. Bobocel, A. C. Kay, M. P. Zanna, and J. M. Olson. Philadelphia: Psychology Press, pp. 1–26.

Skitka, Linda J. and Elizabeth Mullen. 2002. "Understanding Judgments of Fairness in a Real-World Political Context: A Test of the Value Protection Model of Justice Reasoning." *Personality and Social Psychology Bulletin*, **28**: 1419–1429.

2008. "Moral Convictions Often Override Concerns about Procedural Fairness: A Reply to Napier and Tyler." *Social Justice Research*, **21**: 529–546.

Slack, Enid. 2002. "Property Tax Reform in Ontario: What Have We Learned." *Canadian Tax Journal*, **50**(2): 567–585.

2008. "Financing Municipal Services and Infrastructure in Canada." PowerPoint presentation. Available at: http://www.utoronto.ca/mcis/imfg/resources.htm Accessed July 2, 2012.

Slack, Enid, Almous Tassonyi, and Richard Bird. 2007. "Reforming Ontario's Property Tax System: A Never-Ending Story?" International Tax Program Paper 0706, Toronto, Canada. Available at: http://www.rotman.utoronto.ca/iib/ITP0706.pdf Accessed July 2, 2012.

Slemrod, Joel, ed. 1992. *Why People Pay Taxes: Tax Compliance and Enforcement*. Ann Arbor: The University of Michigan Press.

2002. "Trust in Public Finance." NBER Working Paper No. 9187.

2006. "The Role of Misconceptions in the Support for Regressive Tax Reform." *National Tax Journal*, **59**(1): 57–75.

2007. "Cheating Ourselves: The Economics of Tax Evasion." *Journal of Economic Perspectives*, **21**(1): 25–48.

2010. "Buenas Notches: Lines and Notches in Tax System Design." University of Michigan Economics Working Paper.

Slemrod, Joel and Jonathan Skinner. 1985. "An Economic Perspective on Tax Evasion." *National Tax Journal*, **38**(3): 345–353.

Smolka, Martim and Fernando Furtado. 2001. "Lessons from the Latin American Experience with Value Capture." *Land Lines*, Lincoln Institute for Land Policy 13 (July). Available at: https://www.lincolninst.edu/pubs/233_Lessons-from-the-Latin-American-Experience-with-Value-Capture Accessed July 2, 2012.

Sommers, Tamler. 2009. *A Very Bad Wizard*. Believer Books.

South Wales Echo. 2004. "Back Door Tax Will Hit Hard." September 2.

2004. "Hit for Six." November 17.

2004. "It's So Unfair." November 4.

2005. "Forum Was a Good Exercise." January 25,.

South Wales Evening Post. 2003. "Band Move Is Upsetting Taxpayers." March 28,.

2005. "'Guinea Pig' Claim on Tax." November 8,.

Spicer, M. W. and S. B. Lundstedt. 1980. "Fiscal Inequity and Tax Evasion: An Experimental Approach." *National Tax Association*, **33**: 171–175.

St. Petersburg Times. 1988. "Taxpayer Bill of Rights Needed to Fight IRS Abuses." March 26 p. 13A.

Stalans, L. J. and E. A. Lind. 1997. "The Meaning of Procedural Fairness: A Comparison of Taxpayers' and Representatives' Views of Their Tax Audits." *Social Justice Research*, **10**(3): 311–331.

Surowiecki, James. 2010. "Soak the Very, Very Rich." *The New Yorker*, August 16. Available at: http://www.newyorker.com/talk/financial/2010/08/16/100816ta_talk_surowiecki Accessed July 2, 2012.

Tabibnia, G., A. B. Satpute, and M. D. Lieberman. 2008. "The Sunny Side of Fairness: Preference for Fairness Activates Reward Circuitry (and Disregarding Unfairness Activates Self-Control Circuitry)". *Psychological Science*, **19**: 339–347.

Tax Foundation. 2006. "Annual Survey of U.S. Attitudes on Tax and Wealth." Tax Foundation Special Report No. 141.

2007. "What Does America Think About Taxes?" Tax Foundation Special Report No. 154.

Tax Policy Center. 2010. "Distribution of Estate Tax 2001–2009." December 17. Available at: http://www.taxpolicycenter.org/taxfacts/displayafact.cfm?Docid=51& Topic2id=60 Accessed July 2, 2012.

2011. "Effective Federal Tax Rates for All Households by Comprehensive Income Quintile, 1979–2007." Available at: http://www.taxpolicycenter.org/taxfacts/displayafact.cfm?Docid=456 Accessed July 2, 2012.

2011. "Tax Topics: Estate and Gift Taxes." Available at: http://www.taxpolicycenter.org/taxtopics/estatetax.cfm Accessed July 2, 2012.

Thaler, Richard. 1999. "Mental Accounting Matters," *Journal of Behavioral Decision Making*, **12**: 183–206.

The Globe and Mail. 1997. "Toronto Urban Life at Risk with Property-Tax Bill." April 8.

The Times (London). 2005. "Debating Delay in Tax Reform." October 4.

The Toronto Star. 1997. "Property Tax Reform Long Overdue." January 17.

Thibaut, J. and L. Walker. 1975. *Procedural Justice: A Psychological Analysis*. Hillsdale, NJ: Lawrence Erlbaum.

Thurow, Lester. 1971. "The Income Distribution as a Pure Public Good." *Quarterly Journal of Economics*, **85**: 327–336.

Torgler, B. 2005. "Tax Morale and Direct Democracy." *European Journal of Political Economy*, **21**: 525–531.

2006. "The Importance of Faith: Tax Morale and Religiosity." *Journal of Economic Behavior & Organization*, **61**: 81–109.

Torgler, B. and Schaffner, M. 2007. "Causes and Consequences of Tax Morale: An Empirical Investigation." CREMA, Working Paper No. 2007–11.

Tversky, Amos and Daniel Kahneman. 1974. "Judgment under Uncertainty: Heuristics and Biases." *Science*, **185**(4157): 1124–1131.

1981. "The Framing of Decisions and the Psychology of Choice." *Science*, **211**: 453–458.

Tyler, Tom R., Robert Boeckmann, Heather Smith, and Yuen Huo. 1997. *Social Justice in a Diverse Society*. Boulder, CO: Westview Press.

Tyler, Tom R. and E. Allan Lind. 2002. "A Relational Model of Authority in Groups." *Advances in Experimental Social Psychology*, **25**: 115–191.

Urban-Brookings Tax Policy Center. 2012. The Numbers, Browse Tax Tables, T12–0018 – Baseline Tables: Effective Federal Tax Rates by Cash Income Percentile; Baseline: Current Law, 2011 (February 8, 2012); Tax Facts, High Income, "Effective Tax Rates for Taxpayers with the Top 400 Adjusted Gross Income, 1992–2008." Available at: http://www.taxpolicycenter.org Accessed July 2, 2012.

Valuation Office Agency. 2005. "Council Tax Revaluation Wales 2005: Post Evaluation Review of the Operational Aspects of the Project." Available at: http://www.voa.gov.uk/publications/cr-reval-project-evaluation/ct-reval-wales-2005-project-evaluation.pdf Accessed July 2, 2012.

Walster, Elaine, G. William Walster, and Ellen Berscheid. 1978. *Equity: Theory and Research*. Boston: Allyn & Bacon.

Wanagas, Don. 1998. "Merchants of Venom St. Clair Biz Preaching Tax Revolt." *The Toronto Sun*, March 14.

Warwick Bulletin. 2004. "Wealth Rich but Income Poor?" Warwick Institute for Employment Research, No. 75, University of Warwick.

The Washington Times. 1992. "More Rights for Taxpayers." February 25, p. F2.

Webley, P., H. Robbens, and I. Morris. 1988. "Social Comparison, Attitudes and Tax Evasion in a Shop Simulation." *Social Behavior*, **3**: 219–228.

Weinstein, Jonathan. 2011. "Fairness and Tax Policy: A Response to Mankiw's Proposed 'Just Deserts'." *Eastern Economic Journal*, **37**: 313–320.

Welsh Assembly Government. 2002. "Council Tax Revaluation and Rebanding 2005: A Consultation Paper from the Welsh Assembly Government." Available from British Library Document Supply Centre- DSC:m03/11702.

———. 2002. "Freedom and Responsibility in Local Government: A Policy Statement from the Welsh Assembly Government." Available from British Library Document Supply Centre-DSC:m02/22209.

———. 2003. "Council Tax Revaluation and Rebanding 2005: Decisions and Revised Proposals for New Valuation Bands – A Supplementary Consultation Paper from the Welsh Assembly Government." Available from British Library Document Supply Centre- DSC:m03/32371.

Wenzel, Michael. 2002. "The Impact of Outcome Orientation and Justice Concerns on Tax Compliance: The Role of Taxpayers' Identity." *Journal of Applied Psychology*, **87**: 629–645.

———. 2003. "Tax Compliance and the Psychology of Justice: Mapping the Field," in *Taxing Democracy*, ed. Valerie Braithwaite. London: Ashgate, pp. 41–69.

The Western Mail. 2005. "Like Nicking Someone's Sofa and Giving Them a Biscuit." October 18.

White, Stuart Gordon. 2003. *The Civic Minimum: On the Rights and Obligations of Economic Citizenship*. Oxford: Oxford University Press.

Wildavsky, Rachel. 1996. "How Fair Are Our Taxes?" *Wall Street Journal*, January 10, p. A12.

Wolpert, Stewart. 2008. "Brain Reacts to Fairness as It Does to Money, Chocolate." *UCLA News*, April 21. Available at: http://newsroom.ucla.edu/portal/ucla/brain-reacts-to-fairness-as-it-49042.aspx Accessed July 2, 2012.

Wong, John D. 2006. "Kansas Tax Incidence Study: Who Pays Kansa Kansas Individual Income, Residential Property, and Retail Sales Taxes." Available at: http://www.ksrevenue.org/pdf/kstaxincidencestudy.pdf Accessed July 2, 2012.

Wood, Richard. 2006. "Supreme Court Jurisprudence of Tax Fairness." *Seton Hall Law Review*, **36**: 421–479.

Worthington, Peter. 1989. "When the Tax Man Runs Out of Control." *The Financial Post*, January 30.

Zelinsky, Edward. 1997. "For Realization: Income Taxation, Sectoral Accretionism, and the Virtue of Attainable Virtues." *Cardozo Law Review*, **19**: 861–961.